GUIDE DU
VOYAGEUR AVERTI

DES MÊMES AUTEURS

Marie Chantal Labelle et Michel Houde

Guide du voyage en famille, Éditions Stanké, 2006.

Marie Chantal Labelle

Maman, je mange, tome I, Éditions Stanké, 1999, 2004.

Maman, je mange, tome II, Éditions Stanké, 2004.

Michel Houde

Un rendez-vous avec les étoiles, Éditions du Roseau, 2004.

MICHEL HOUDE | MARIE-CHANTAL LABELLE

GUIDE DU VOYAGEUR AVERTI

La trousse des départs

Catalogage avant publication de Bibliothèque et Archives nationales
du Québec et Bibliothèque et Archives Canada

Labelle, Marie-Chantal, 1965-
Guide du voyageur averti : la trousse des départs
ISBN 978-2-7604-1046-6

1. Voyages - Guides. 2. Voyage - Aspect sanitaire. I. Houde, Michel, 1962- .
II. Titre.

G151.L32 2007 910.2'02 C2007-941631-4

Infographie et mise en pages: Marike Paradis
Maquette de la couverture: Marike Paradis
Illustration de la couverture: Katy Lemay
Photo des auteurs: Robert Etcheverry

Remerciements
Les Éditions internationales Alain Stanké reconnaissent l'aide financière du gouvernement du Canada par l'entremise du Programme d'aide au développement de l'industrie de l'édition (PADIÉ) pour ses activités d'édition.
Gouvernement du Québec – Programme de crédit d'impôt pour l'édition de livres – gestion SODEC.

Les Éditions internationales Alain Stanké
Groupe Librex inc.
La Tourelle
1055, boul. René-Lévesque Est
Bureau 800
Montréal (Québec) H2L 4S5
Tél.: 514 849-5259
Téléc.: 514 849-1388

Dépôt légal – Bibliothèque et Archives nationales du Québec
et Bibliothèque et Archives Canada, 2007

ISBN 978-2-7604-1046-6

Diffusion au Canada:
Messageries ADP
2315, rue de la Province
Longueuil (Québec) J4G 1G4
Téléphone: 450 640-1234
Sans frais: 1 800 771-3022

Diffusion hors Canada: Interforum

L'amour est la toute première loi de l'univers.
Tout bon voyageur porte en lui cette boussole de vérité.

SOMMAIRE

AVANT-PROPOS 19

INTRODUCTION

LES AUTEURS 21

LE PLAISIR DE VOYAGER 22

UNE ÉTAPE À LA FOIS 23

ICI ET AILLEURS 24

CHAPITRE.01 LA PLANIFICATION 27

RÉFLÉCHIR ET FAIRE DES CHOIX 27

LE CHOIX D'UNE DESTINATION 28

POUR COMBIEN DE TEMPS? 28

Partir pour une semaine ou moins 29

Partir pour deux semaines 32

Partir pour trois semaines 33

Les voyages de longue durée 35

LE BON TEMPS DE L'ANNÉE 37

CLIMAT FROID, TEMPÉRÉ OU CHAUD? 39

LES PROBLÈMES DE COMMUNICATION 40

MES ATTENTES 43

EN AUTONOMIE OU EN VOYAGE ORGANISÉ 45

LES EXPÉDITIONS 51

LISTE DE RAPPEL : :
LE CHOIX D'UNE DESTINATION 57

LE BUDGET 59

DE COMBIEN D'ARGENT JE DISPOSE? 59

DE COMBIEN D'ARGENT AI-JE BESOIN? 60

Transports 61

Allocation quotidienne 61

Activités spéciales 61

Souvenirs 61

Imprévus 62

LE PRIX À PAYER 63

BUDGET D'AVANT DÉPART 65

VOYAGER SEUL OU ACCOMPAGNÉ 65

VOYAGER SEUL 65

LA FEMME VOYAGEANT SEULE 68

Choisir sa destination 68

Reconnaître les limites que m'impose ma condition de voyageuse solitaire 69

Se vêtir de façon appropriée 70

Une attention redoublée 71

VOYAGER EN COUPLE OU ENTRE AMIS 71

VOYAGER AVEC UN AUTRE COUPLE 74

VOYAGER AVEC SES PARENTS 75

VOYAGER ENCEINTE 77

QUAND? 77

LA PRÉPARATION 78

LES BAGAGES D'UNE FEMME ENCEINTE 79

LA NOURRITURE 80

L'ALTITUDE 80

L'ACCOUCHEMENT PRÉMATURÉ 81

LES TRANSPORTS 83

L'ITINÉRAIRE 85

LES RECHERCHES SUR INTERNET 85

LES LIVRES-GUIDE 85

CHOISIR SON VOL 88

LES POINTS PRIVILÈGES 91

LES TARIFS ÉTUDIANTS 91

PRÉPARER LE CALENDRIER 92

CHOISIR SON HÔTEL 97

LES AUTRES TYPES D'HÉBERGEMENT 101

Les Auberges de jeunesse ou internationales 101

Le *guest house* 103

Chez l'habitant 103
Les B&B (ou le gîte du passant ou maison d'hôte) 104
La location d'appartement 104
L'échange de maison 105
Le camping 106
Le véhicule récréatif 108
Le kibboutz 108
L'ashram 109

LISTE DE RAPPEL : ÉTAPE PLANIFICATION 111

CHAPITRE.02 LES PRÉPARATIFS 113

LEUR IMPORTANCE 113

LES FAMEUX BAGAGES 113

LE SAC À DOS OU LA VALISE? 113
VOYAGER LÉGER 116
LES VÊTEMENTS 118
LES VÊTEMENTS POUR FEMME SEULEMENT 119
CHAUSSURE À SON PIED 120
LECTURES POUR TOUS 121
LES SACS DE COUCHAGE 121
LES ARTICLES DE SPORT 123

QUESTIONS D'ARGENT 124

LES CHÈQUES DE VOYAGE 124
LES CARTES DE DÉBIT, LES CARTES DE CRÉDIT 125
L'ARGENT LIQUIDE 127

LES TAUX DE CHANGE 128

LES VIREMENTS OUTRE-MER 129

LES DOCUMENTS ET LES FORMALITÉS 130

LES PASSEPORTS 130

LES VISAS 132

PASSER LA FRONTIÈRE 133

LE PERMIS DE CONDUIRE INTERNATIONAL 134

LES PRÉCAUTIONS EN CAS DE PERTES OU DE VOL 135

LES RÉSERVATIONS D'HÔTEL AVANT LE DÉPART 137

RÉSERVER SON HÉBERGEMENT PAR INTERNET 140

LA RÉSERVATION DES SIÈGES D'AVION 141

TOUT PRÉVOIR POUR DEMEURER EN BONNE SANTÉ 142

LA TROUSSE MÉDICALE DU VOYAGEUR 143

Une petite trousse pour un court séjour 144

Pour longs séjours en pays occidentalisé 144

Pour longs séjours en pays non occidentalisé 145

LES PREMIERS SOINS 146

LES ANTIBIOTIQUES 147

LES CAPSULES DE YOGOURT 147

LE CHARBON VÉGÉTAL ACTIVÉ 148

LES ALLERGIES SOUDAINES 148

LES MÉDICAMENTS CONTRE LA DIARRHÉE 149

LES SERINGUES 149

LES MÉDICAMENTS SPÉCIFIQUES 149

LES PRODUITS ET PROCÉDÉS DE DÉSINFECTION DE L'EAU 150

LES ANTIMOUSTIQUES 153

LA MOUSTIQUAIRE 155

LA PERMÉTHRINE POUR DES VÊTEMENTS ANTIMOUSTIQUES 155

LES VITAMINES 157

L'IMMUNISATION 157

UNE DÉCISION PERSONNELLE 157

VACCINS RECOMMANDÉS POUR LES VOYAGEURS 159

PROTECTIONS CONTRE LE PALUDISME (MALARIA) 161

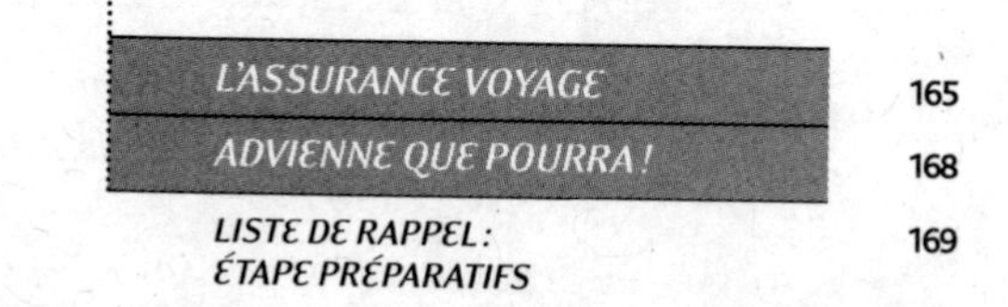

L'ASSURANCE VOYAGE 165

ADVIENNE QUE POURRA ! 168

LISTE DE RAPPEL : ÉTAPE PRÉPARATIFS 169

CHAPITRE.03 LE VOYAGE 173

L'ADAPTATION 173

MES ATTENTES, MES LIMITES 173

LE CHOC CULTUREL 174

LE CONTACT AVEC LES GENS 177

ON APPORTE AVEC SOI CE QUE L'ON EST 178

LES TRANSPORTS 180

À QUAND LA « TÉLÉPORTATION » ? 180

LES AÉROPORTS 180

L'AVION	182
LE TRAIN	183
L'AUTOBUS	185
LE TAXI	186
LA VOITURE AVEC CHAUFFEUR	187
LA VOITURE DE LOCATION	190
LES TRANSPORTS LOCAUX	192
LE MAL DES TRANSPORTS	193
LE DÉCALAGE HORAIRE	194

SUR LA ROUTE... COMMENT VOYAGER	196
LA PLANIFICATION DE LA JOURNÉE	196
UN GUIDE POUR LA JOURNÉE	202
TROUVER À SE LOGER	202
VIVRE À L'HÔTEL	205
CHOISIR SON RESTAURANT	206
Y A-T-IL UN MÉDECIN SUR LA ROUTE?	206
L'HYGIÈNE	207
LES MOUSTIQUES	209
Les insectifuges	209
Les moustiquaires	209
LES ANIMAUX DANS LES RUES	210
LA BAIGNADE	211
LA FATIGUE ET LE SOMMEIL	213
LE VOL	214
LES AGRESSIONS ET LES ARNAQUES DE TOUS GENRES	216
Les arnaques	216
Les articles protégés	218
La drogue	218
Les endroits peu recommandables	219
L'agression sur la personne	220

	LES GUERRES ET LE TERRORISME	222
	LES SPORTS À RISQUES	224
	LES NOUVELLES PAR INTERNET	225
	LA PAUSE « JOURNAL DE BORD »	226
	L'ACHAT DE SOUVENIRS	226
	L'ASSISTANCE CONSULAIRE EN CAS DE BESOIN	227
	LA NOURRITURE	229
	NOTRE COMBUSTIBLE!	229
	L'EUROPE, L'AMÉRIQUE DU NORD, ET... LE RESTE DU MONDE	229
	Ce que l'on peut manger en tout temps	230
	Ce que l'on peut manger avec modération	230
	À proscrire	230
	MANGER AU RESTAURANT	231
	LE WESTERN FOOD	233
	LES BOISSONS	234
	LES PRODUITS LAITIERS	236
	LES FRUITS ET LÉGUMES	237
	LES ALLERGIES ALIMENTAIRES	237
	LISTE DE RAPPEL : ÉTAPE VOYAGE	241
CHAPITRE.04	LA SANTÉ EN VOYAGE	243
	LA PRÉVENTION AVANT TOUT	243
	LES GRANDES ET PETITES INQUIÉTUDES	243
	LES RÈGLES DE BASE	244

LES SYMPTÔMES INQUIÉTANTS 245

LA DIARRHÉE DU VOYAGEUR 245

LA CONSTIPATION 246

LE VOMISSEMENT 247

RÉINTÉGRER LA NOURRITURE 248

LA DÉSHYDRATATION 249

Se réhydrater 250

LA FIÈVRE 251

L'ÉPUISEMENT CAUSÉ PAR LA CHALEUR 251

LES COUPS DE CHALEUR 252

LES DANGERS DU SOLEIL 252

LES PROBLÈMES QUE CAUSE L'ALTITUDE 253

LES MALADIES CAUSÉES PAR LES PLAIES INFECTÉES 257

QUE FAIRE EN CAS DE BLESSURE MINEURE? 257

QUE FAIRE EN CAS DE MORSURE? 258

LA RAGE 259

LE TÉTANOS 260

LES MALADIES CAUSÉES PAR L'EAU ET LA NOURRITURE 260

LA GASTROENTÉRITE 260

LES INTOXICATIONS ALIMENTAIRES 261

LA DYSENTERIE 262

LA FIÈVRE TYPHOÏDE 262

LE CHOLÉRA 263

PETITE PAUSE... HISTOIRE DE SOUFFLER UN PEU ! 263

LES INSECTES PIQUEURS ET LEURS CONSÉQUENCES 265

- QUELLES SONT CES « BIBITTES » QUI PIQUENT ? 265
- LE PALUDISME (MALARIA) 266
- LA FIÈVRE DENGUE 267
- LA FIÈVRE JAUNE 268

LES MALADIES VIRALES 269

- LA ROUGEOLE 269
- LA DIPHTÉRIE 270
- LA MÉNINGITE 270
- LA POLIOMYÉLITE 271

LES HÉPATITES 271

- L'HÉPATITE A (VHA) 271
- L'HÉPATITE B (VHB) 272
- L'HÉPATITE C (VHC) 273

LISTE DE RAPPEL : ÉTAPE SANTÉ 275

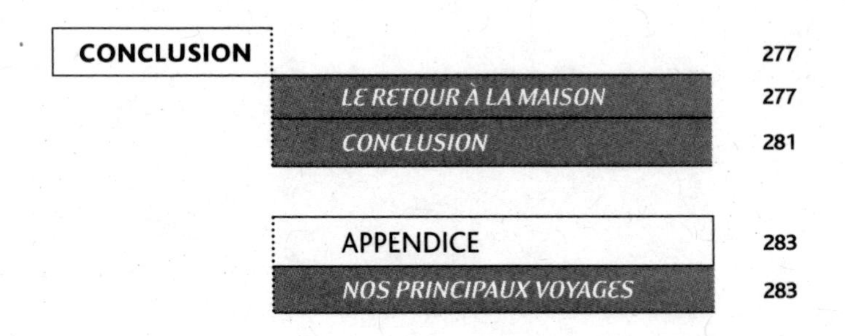

CONCLUSION 277

LE RETOUR À LA MAISON 277

CONCLUSION 281

APPENDICE 283

NOS PRINCIPAUX VOYAGES 283

AVANT-PROPOS

N'HÉSITEZ PLUS !

Si vous avez ce livre-guide entre les mains c'est que, probablement, quelque part en vous, le goût du voyage et de l'aventure palpite déjà.

Voyager est en vérité une expérience unique, incroyablement enrichissante. Peu d'événements, dans la vie, sont aussi chargés d'émotions et de moments inoubliables.

En voyage, le temps nous appartient, la vie est à nous, et l'intensité de chaque instant est décuplée. Si vous ajoutez à cela un décor de montagnes ou de plages de sable blanc, la magie d'une autre culture ou une rencontre particulière, l'expérience devient alors carrément divine.

Mais le grandiose a lui aussi ses exigences, dont la première — et non des moindres — est une bonne préparation. Le but de ce livre est de guider le futur voyageur, tant pour la planification et la préparation d'un voyage : choix de destination, budget, préparatifs matériels, psychologiques, financiers et autres, que pour les diverses étapes de son déroulement : comment trouver les bons endroits où coucher et manger, comment se déplacer, où se procurer les articles de nécessité courante, la santé, la nourriture, etc.

Bien sûr, ce guide ne saurait éliminer les inévitables hauts et bas d'un voyage à l'étranger, mais il vous fournira assurément une foule de moyens de minimiser les moments difficiles, d'en atténuer les effets indésirables et de susciter nombre de moments agréables, voire grandioses, faisant ainsi de votre voyage une expérience sensationnelle.

Et soyez assuré de ceci : quand l'heure du bilan arrivera et que vous regarderez derrière vous le chemin parcouru, vos voyages compteront parmi vos plus belles et vos plus inoubliables expériences de vie.

Alors, si vous avez le goût de vivre quelque chose de différent et d'extraordinaire, familiarisez-vous avec ce guide, suivez les indications qu'il vous donne et n'hésitez plus : **partez pour l'expérience de votre vie !**

Michel Houde et Marie-Chantal Labelle

Notes :

Même si nous avons écrit ce livre à deux, pour en simplifier l'écriture et la lecture, c'est Michel qui parle, dans le texte, à la première personne du singulier.

INTRODUCTION

LES AUTEURS

Ce qui nous a unis, lorsque les hasards de notre métier de comédien ont provoqué notre première rencontre, au théâtre, en mai 1989, c'est une passion commune : celle de voyager, de partir au loin explorer le monde, de connaître d'autres cultures, de s'imprégner de nouvelles sensations et de découvrir le sens de la vie avec les yeux et le cœur.

Entre décembre 1989 et février 1990, nous réalisions un rêve commun en parcourant le Népal et l'Inde pendant dix semaines. Au retour de ce voyage, nous étions un couple uni et avons poursuivi nos carrières de comédiens respectives. Depuis, nous avons connu, soit seul, soit en couple, ou avec nos filles, en gestation ou encore à nos côtés, le Vietnam, l'Indonésie, le Tibet, la Chine, la Thaïlande, la Malaisie, le Myanmar, le Mexique, l'Inde, le Sri Lanka, le Pérou, la Bolivie, l'Argentine, la Tanzanie, le Chili, l'Italie et l'Espagne.

Avant notre rencontre, nous cumulions, à deux, des expériences de voyages dans une vingtaine de pays : Maroc, Pays-Bas, France, Belgique, Allemagne, Tchécoslovaquie, Finlande, Suisse, Espagne, Portugal, Italie, Turquie, Venezuela, Pérou, Mexique, Costa Rica, Thaïlande... ainsi que le Canada et les États-Unis d'Est en Ouest et le Grand Nord québécois.

LE PLAISIR DE VOYAGER

Nous avons tous nos raisons pour partir en voyage. Certains quittent avec l'idée d'aller à la découverte d'une nature et de paysages grandioses, d'autres espèrent plutôt faire des rencontres enrichissantes, nouer de nouveaux liens, rencontrer des gens aux mœurs et aux cultures différentes. Quelques-uns partiront pour fuir une routine qui, leur semble-t-il, les anesthésie au quotidien. Ils s'envoleront alors vers une aventure dans l'espoir de se retrouver, de se sentir vivre. Certains partiront dans l'unique but de se dépasser, de repousser leurs limites, de vaincre de vieilles peurs, d'aller voir là-bas s'ils y sont. D'autres réaliseront un rêve en se rendant sur place contempler pour la première fois, de leurs propres yeux, tel coin du monde sur lequel ils ont si longtemps lu et étudié. Enfin, d'autres encore partiront simplement pour laisser la fatigue et le stress du travail et prendre un repos régénérateur avec une formule où l'on ne s'occupe de rien d'autre que soi-même.

Mais qu'est-ce qui peut bien nous pousser à laisser ceux qu'on aime, à quitter notre maison, notre ville, notre pays pour partir au loin chercher l'inconnu ? Justement pour cet inconnu, qui parfois fait peur mais qui sait si bien nous faire grandir. Dans notre quotidien, avec le travail et les préoccupations journalières, nous sommes en liberté surveillée. En voyage, nous sommes en liberté tout court. C'est souvent la raison pour laquelle le voyage nous attire.

Malgré les temps troublés dans lesquels nous vivons, malgré la peur qui s'insinue en chacun de nous, conséquence du terrorisme et des attentats des dernières années, le voyage demeure une des plus belles récompenses que l'on puisse s'offrir. Une pure gâterie, histoire de se rappeler que la vie est remplie de merveilles et de beautés et qu'elle vaut la peine d'être savourée à plein.

Il y a beaucoup de barrières à abaisser avant de pouvoir se retrouver dans l'avion, prêt à partir. Mais ne vous laissez pas décourager et n'écoutez pas trop les rabat-joie. « Et ta carrière, tu y as songé ? Et tes REER ? Et ta santé ? Et tes études ? Et puis… et puis quoi encore, t'es pas un peu fou, tu cours au-devant des problèmes ! »

Des problèmes, il y en aura, c'est sûr. Où se loger, comment s'y rendre, quoi manger, quoi ne pas manger. Il y aura des jours où rien n'ira plus et où vous vous demanderez ce que diable vous êtes venu faire dans cette galère. Mais pour tous les autres jours, la majorité d'entre eux d'ailleurs, où vous serez ébloui devant un site, un spectacle, un paysage, une ville, un village, des gens ou un simple moment de détente ou de repos, vous pourrez dire : « Voilà, c'est ça. C'est ça que je suis venu faire dans cette galère. » Et vous sourirez intérieurement en pensant : « Ça en vaut largement la peine ! »

Le voyage restera toujours une expérience de vie unique, une façon sans égale de revenir à l'essentiel pour vivre pleinement le moment présent.

UNE ÉTAPE À LA FOIS

Comme vous allez le constater en parcourant ces pages, ce livre-guide contient une masse d'informations afin que, quelles que soient votre destination et votre façon de voyager, vous y trouviez votre compte. Alors, choisissez les informations qui vous concernent et vous conviennent, selon le type de voyage que vous envisagez, et oubliez les autres. Rappelez-vous aussi que les décisions que vous aurez à prendre, les choix que vous aurez à faire, se prendront un peu chaque jour, au fur et à mesure de votre visite. Ainsi, si le chapitre sur la santé en voyage vous semble un peu inquiétant de prime abord, sachez qu'en vingt ans d'aventures autour du monde, il ne nous est jamais rien arrivé de vraiment grave. Mais mieux vaut être averti, car c'est en étant bien informé que l'on est le plus à même de revenir heureux et en santé de son voyage. Préparer son départ est un moment exaltant, chargé d'anticipation, alors… amusez-vous ! Allez-y une étape à la fois, dans le plaisir d'un départ prochain et avec l'assurance que tout ira pour le mieux.

ICI ET AILLEURS

Il peut sembler difficile, *a priori*, pour le voyageur débutant de réaliser qu'il y a peu de différence entre l'organisation d'un départ pour la France et l'organisation d'un départ pour la Tanzanie, qu'il y a aussi nombre de similitudes entre planifier une journée de visite à Boston (États-Unis) ou à Bangkok (Thaïlande). C'est pourtant la vérité. Toutes les grandes villes du monde sont à peu près faites sur le même modèle, quel que soit le pays. Elles ont toutes un aéroport ou une gare d'autobus, des hôtels, des restaurants, des taxis, un système de transports en commun et des sites d'intérêts. C'est la distance qui les sépare de notre pays ou de notre « maison » qui effraie, c'est la différence de culture et de mode de vie qui nous dérange.

Voyez simplement ; vous habitez la ville de Québec et vous voulez aller passer trois jours à Montréal (que vous ne connaissez pas). Comment allez-vous y arriver ? Vous allez planifier votre visite ; comment vous y rendre ? Le train. Où dormir ? Dans un *bed & breakfast* au centre-ville que vous aurez repéré sur Internet. Que voir ? Le Stade olympique et le jardin botanique, etc.

Vous allez vous préparer ; qu'apporter ? Vêtements en fonction de la saison, livres-guide et informations sur Montréal qui vous proposeront quelques bons restaurants, etc. Et vous allez vous retrouver à visiter Montréal ; le voyage proprement dit ; vous vous déplacerez en autobus, en métro ou en taxi, mangerez dans un des restaurants qui vous auront été recommandés et évaluerez si votre choix de *bed & breakfast* est le bon.

La vérité, c'est que vous vous prépareriez sensiblement de la même façon pour aller à San Francisco, Florence ou São Paulo. Ce qui nous facilite les choses, ici, avec Montréal, c'est notre connaissance du coin de pays, des mœurs des gens, de leur langue parlée et de leur façon de vivre. On se sent en sécurité parce qu'on sait à quoi s'attendre. On devine à peu près de quoi notre voyage sera fait. On n'a pas peur des gens et de leur différence. Mais, concrètement, quelle que soit la ville, il faut se loger, manger et se rendre visiter les lieux d'intérêts. Bien entendu, et vous allez le découvrir au cours de la lecture de ce livre-guide, il y a plusieurs autres variantes à prendre en considération pour rendre son voyage le plus « facile » et le plus agréable possible, mais il n'en demeure pas moins que, quelle que soit votre destination, à peu d'exceptions près, c'est sensiblement la même planification et la même préparation qui s'applique. Alors, n'en faites pas une montagne. Amusez-vous à planifier et à vous préparer. Ce sont là deux étapes exaltantes qui vous permettront de vous immerger dans votre voyage des semaines, voire des mois avant le départ, et de pouvoir vivre ainsi la fébrilité d'un départ bien avant d'être assis dans l'avion. Savourez ces moments, ils font partie intégrante de votre voyage.

CHAPITRE.01 LA PLANIFICATION

RÉFLÉCHIR ET FAIRE DES CHOIX

La première étape d'un voyage réussi est celle de la planification. C'est l'étape durant laquelle, avant de commencer les préparatifs proprement dits, vous établirez les grands paramètres du voyage: le genre de voyage que vous souhaitez faire, le choix d'une destination, la période de l'année idéale pour visiter le pays choisi, la décision de voyager seul, avec un(e) ami(e), un autre couple ou même avec vos parents et, bien entendu, le budget disponible.

Cette étape est essentielle et demande beaucoup de réflexion, car c'est aux décisions qui seront prises à ce moment-là que vous vous référerez constamment lors de l'étape suivante: celle des préparatifs. Si vous l'escamotez ou n'y apportez pas suffisamment de réflexion, vous serez souvent en butte à des interrogations et obligés d'y revenir durant les préparatifs. Vous risquez également d'oublier certaines choses lors des préparatifs, et ainsi ne pas obtenir les résultats attendus durant le voyage.

Cette étape des plus excitantes doit commencer plusieurs semaines, voire plusieurs mois, avant les préparatifs et le départ proprement dit.

LE CHOIX D'UNE DESTINATION

Choisir la bonne destination n'est pas toujours chose facile. La liste des endroits intéressants est sans fin. C'est pourtant un point important pour revenir heureux et satisfait de son voyage. Inspirez-vous de livres de photos, de documentaires, ou allez voir les films conférences des grands explorateurs. Parlez-en à ceux que vous connaissez qui ont déjà voyagé, perdez-vous sur Internet à la recherche d'images, de récits de voyage et d'informations. Tous les moyens sont bons pour vous aider à préciser une destination.

Le choix d'une destination s'établit en combinant les réponses recueillies en répondant aux questions suivantes : **combien de temps** puis-je partir, est-ce **le bon temps de l'année** pour visiter la région ou le coin du monde qui m'intéresse, quel est **le climat** idéal que je recherche pour mes vacances, est-ce que **la communication** dans un pays qui parle une langue qui n'est pas la mienne sera difficile, quelles sont **mes attentes** vis-à-vis de mon voyage, le tout adossé à la question fondamentale : voyagerai-je **en autonomie ou en voyage organisé ?** Enfin, la somme de toutes ces réponses sera soumise au plus impitoyable des impératifs : le **budget.** Vous choisissez une destination qui vous apparaît idéale en répondant aux questions citées plus haut et vous la comparez aux deux points majeurs du budget : de combien d'argent est-ce que je dispose ? De combien d'argent aurai-je besoin pour réaliser cette aventure ?

POUR COMBIEN DE TEMPS ?

Il n'y a pas de durée idéale pour un voyage. Tout dépend de votre budget, de votre disponibilité, de l'endroit où vous voulez aller et de votre degré de tolérance à l'éloignement.

La plupart des gens disposent d'une à trois semaines de vacances, quelquefois quatre, parfois un peu plus en fonction du genre d'emploi qu'ils occupent. Le choix de votre destination doit impérativement tenir compte du nombre de semaines ou de jours de vacances dont vous disposez. Avec trois semaines de vacances (vingt et un jours), vous pouvez considérer aller à peu près où vous voulez sur le globe. En deçà de vingt et un jours, vous devez commencer à considérer le temps consacré, pour ne pas dire perdu, en transport vers la destination et à soustraire également de votre temps de visite réelle le temps de transport à l'intérieur du pays ou de la destination choisie.

TRUC

PARTEZ IDÉALEMENT DU NOMBRE DE JOURS dont vous disposez pour établir le choix d'une destination. Voyez à partir de ce nombre de jours, le temps que vous passerez en transport vers votre destination, le temps des déplacements sur place entre les villes et les sites d'intérêts et le temps de «visite réel» que vous passerez à savourer votre voyage. Vous serez à même de visualiser si votre choix est intéressant.

L'Europe est toujours un choix judicieux pour les voyages de courte durée parce qu'elle offre, dans un rayon réduit, une culture unique, variée et une multitude de points d'intérêts qui sont d'accès faciles. Les États-Unis offrent aussi un choix exceptionnel de villes à découvrir comme Boston, New York, Chicago ou encore San Francisco ainsi que de superbes États comme l'Alaska, l'Oregon ou le Colorado où les amants de la nature peuvent se recueillir. Les îles des Caraïbes comme Cuba, la Martinique, Sainte-Lucie, sont autant de choix judicieux pour un court voyage; des vols courts, et souvent directs, nous relient à ces destinations.

Partir pour une semaine ou moins

Lorsque l'on dispose de quatre, cinq ou sept jours, on veut éviter à tout prix de perdre du temps. Perdre du temps en transports vers notre destination, perdre du temps en transports locaux une fois sur les lieux et, enfin, perdre du temps à la recherche d'un endroit où dormir. Voilà pourquoi les voyages organisés sont si populaires pour les séjours de courte durée. Mais avec un peu de préparation, il est tout à fait possible d'organiser soi-même son séjour et de le personnaliser en accord avec nos propres goûts.

Pour un voyage de sept jours et moins, il est préférable de se concentrer sur un objectif bien précis comme la visite d'une ville, la découverte d'un petit coin de pays avec un minimum de distance entre chaque point d'intérêt ou de se consacrer à une activité prédéterminée comme le golf, la plongée sous-marine, le ski, le vélo ou le bronzage sur une plage. De plus, si vous réservez tout votre hébergement avant le départ avec l'aide d'Internet ou de votre agent de voyage, vous gagnerez beaucoup de temps. Calculez qu'il faut prévoir entre deux et cinq heures pour se trouver un endroit à notre goût pour dormir lorsque l'on n'a rien de réservé. Notre temps est trop précieux, sur un voyage d'une semaine, pour le passer à visiter des chambres d'hôtels...

ESPAGNE/SÉVILLE ⋮ **2005** ⋮ MARIE-CHANTAL_39 ANS

Nous voilà bien installés. Il est 16 h 15. Marie-Hélène voulait cette fois-ci un hôtel un peu plus chic. Mais mon Dieu qu'on a cherché. On marchait dans les petites rues de la ville, impossible avec la voiture, on visitait chaque place... trop sale, mal située ou simplement complet. Arrivées à Séville à 10 heures ce matin, cela aura pris la journée. Je suis passée au moins quatre fois devant la superbe cathédrale gothique, pas le temps d'y entrer, on verra ça demain. J'ai horriblement faim. On n'a pas pris le temps dans la journée, de peur de ne pas trouver de place pour dormir, et à cette heure-ci tous les restos sont fermés... Il me reste les peanuts salées de l'avion et une banane achetée au marché de Cordoue ce matin.

Vous planifiez, par exemple, un séjour à Londres. Vous disposez d'une semaine. Vous réaliserez assez rapidement que deux jours entiers seront consacrés au transport. Il vous en reste donc cinq. « Oui, me direz-vous, mais aller à Londres ne prend que six ou sept heures, pas une journée ! » Très juste. Mais il faut compter les trois heures à l'aéroport avant le départ, les deux ou trois heures consacrées à l'arrivée, c'est-à-dire reprendre possession de ses bagages, passer la douane, sortir de l'aéroport, se rendre à hôtel pour y déposer ses bagages et sécuriser sa première nuit. En additionnant le tout, on arrive à douze heures de déplacement réel (de la porte de votre maison à la porte de votre chambre d'hôtel) et ce, dans les meilleures conditions (c'est-à-dire sans retard ni délais). Et tout cela, sans parler du décalage horaire qui ajoutera à la fatigue générale. Ce calcul fait, il vous reste donc cinq jours pleins pour voir la ville, et c'est amplement pour l'apprécier. Vous pourrez prendre votre temps et savourer les beautés de la capitale britannique.

Mais vous avez entendu parler de la petite ville de Brighton, au sud de Londres, et vous songez à vous y rendre pour une nuit de rêve dans un charmant petit hôtel sur le front de mer. En aurez-vous le temps sans coincer tout le reste de votre séjour à Londres ? Vous vous renseignez en parcourant un livre-guide sur l'Angleterre ou en entrant « Brighton » sur un moteur de recherche sur Internet, et vous apprenez que cette petite ville balnéaire n'est qu'à 55 minutes de Londres. En réservant votre hôtel à l'avance pour ne pas avoir à chercher sur place où vous loger et en planifiant un départ de Londres par le premier train du matin, vous pourrez disposer de deux jours et d'une nuit sur vos cinq jours afin de vous offrir cette escapade sur le bord de la mer. C'est tout à fait faisable, une joyeuse idée. Mais ajoutez à cela une visite supplémentaire à Birmingham et la semaine se transforme en course. Vous rentrerez au pays sans avoir vraiment vu Londres, votre premier choix au départ.

Beaucoup de villes d'Europe comme Prague, Berlin, Francfort, Zurich, Barcelone, représentent des destinations de choix pour des gens disposant d'une seule semaine. Plus près de chez nous, Boston, New York, San Francisco ou Vancouver sont assurément aussi de magnifiques destinations. Le danger étant toujours d'essayer de tout voir pour constater au retour que tout est allé beaucoup trop vite et que l'on n'a pas eu le temps de savourer. Essayons d'imaginer un Européen qui viendrait chez nous pour une semaine et qui, pendant ses cinq jours réels de temps de visite au pays, désire voir Montréal, Québec et Charlevoix. Est-ce faisable ? Oui. Est-ce souhaitable ?... À chacun son rythme !

EXEMPLE D'UN VOYAGE DE QUATRE JOURS NEW YORK/ÉTATS-UNIS

VENDREDI	SAMEDI	DIMANCHE	LUNDI
Départ à 7 h (voiture) — Arrivé à New York (vers 14 h) — Time Square	Visite de Ground Zero — Soho et Little Italy — Souper dans Little Italy	Visite du Bronx et de Harlem — Spectacle sur Broadway	Visite de Central Park — Départ à 14 h (voiture) — Arrivée à Montréal (vers 21 h)

Partir pour deux semaines

Avec deux semaines de voyage, plusieurs choix et destinations s'ajoutent aux possibilités du voyageur. On peut décider d'aller plus loin parce qu'on a plus de temps, on peut choisir de voir plus en profondeur parce qu'on a plus de temps, on peut se promener de villes en villages, on peut envisager l'option de voler vers une ville et de repartir d'une autre à la fin de notre circuit. On peut voir beaucoup en deux semaines. On peut même se permettre de partir sans avoir préalablement réservé tous nos hôtels. On peut laisser une place plus grande à l'aventure et à l'inconnu. Comment allons-nous employer le temps supplémentaire qui nous est alloué ? Sept jours de plus, ça compte. Mais attention, il faut être réaliste et ne pas s'imaginer qu'on a maintenant amplement le temps de faire le tour de la France, faire un saut à Venise et terminer l'aventure sur une plage de la Costa del Sol en Espagne tout en conservant le rythme détendu qu'on s'est fixé.

Avec quatorze jours en poche, on peut choisir de manière réaliste d'aller visiter la fameuse cité interdite de Beijing qu'on a toujours voulu voir… tout en acceptant qu'un tel voyage ne sera qu'une incursion dans cet immense pays qu'est la Chine. Il faut calculer vingt-sept heures de transport total avec les arrêts, les attentes et les transferts pour se rendre à Beijing. De la porte de votre résidence à la porte de votre hôtel à Beijing, c'est une estimation plus ou moins juste. J'ai déjà mis trente-deux heures pour aller de Montréal jusqu'à Rangoon au Myanmar, trente-cinq pour atteindre Singapour via Helsinki en Finlande et trente-trois pour revenir de la Tanzanie, sans retard ou délais. À vos heures de transport, il faut ajouter le temps de rattrapage du décalage horaire ; certainement deux jours durant lesquels vous serez très peu fonctionnel si vous êtes en Asie et une journée si vous séjournez en Europe ou en Afrique. Donc, pour votre visite de Beijing, transport et décalage inclus, il faut déjà amputer quatre ou cinq jours sur les quatorze dont vous disposez. Voilà comment il faut calculer la chose. Il vous reste donc neuf ou dix jours pour visiter Beijing et ses environs. Ce qui est tout à fait possible avec une bonne préparation.

Vous pouvez aussi choisir de visiter un pays qui se trouve sur le même fuseau horaire (où il n'y a aucun décalage horaire). En six heures de vol, vous atterrissez à Tuxtla Gutiérrez (au Mexique), avec un transit à Mexico City. De là, on entame la visite de la magnifique province du Chiapas dont la ville de San Cristobal de las Casas est le point central. Le Mexique profond avec sa culture, sa spiritualité et sa population très accueillante est vraiment fascinant et ce, sans aucun décalage horaire. Le Chili est assurément plus loin que le Mexique (douze à quatorze heures de Montréal), mais comme son cousin espagnol, malgré la distance qui nous sépare de ce pays, il n'y a pas de décalage horaire, un avantage non négligeable.

Bref, lorsque l'on dispose de quatorze jours pour un voyage, on peut penser aller loin, surtout si on a quelque chose de très précis en tête que l'on veut vraiment voir. Mais il faut garder à l'esprit que les longs déplacements et le décalage horaire consomment un temps qui nous est précieux et que, plus on choisit une destination près de chez nous, plus on conserve temps et énergie pour apprécier et savourer notre voyage. Tout est toujours une question de choix.

EXEMPLE D'UN VOYAGE DE DOUZE JOURS ⋮ CHIAPAS/MEXIQUE

SAMEDI	DIMANCHE	LUNDI	MARDI	MERCREDI	JEUDI	VENDREDI
Départ de Montréal — Tuxtla Gutiérrez	Tuxtla Gutiérrez (excursion au Cañon del Sumidero)	Départ pour San Cristóbal de las Casas	San Cristóbal de las Casas	San Cristóbal de las Casas	Départ pour Palenque (arrêt à Agua Azul)	Palenque (visite du site archéologique)
Palenque (visite du site archéologique)	Départ pour Oaxaca (avion)	Oaxaca Visite de la ville	Oaxaca Visite de la ville	Départ de Oaxaca (avion) — Arrivée à la maison		

Partir pour trois semaines

Vous aurez beaucoup de latitude en voyage sur une période de trois semaines. On peut même envisager de diviser son voyage en deux étapes: une semaine à la mer et deux passées à visiter le pays. Le rythme est différent, on peut prendre son temps. Les choix seront peut-être d'autant plus déchirants parce que l'on se surprend à considérer beaucoup d'avenues. On peut faire ceci, cela, aller ici ou là. Retenez simplement qu'avec trois semaines vous pouvez envisager d'aller où bon vous semble en sachant que vous aurez toujours assez de temps pour bien profiter de la culture et des merveilles que le pays a à offrir.

Le piège avec trois semaines, s'il en est, c'est de se dire que l'on a beaucoup de temps, ce qui est vrai, et de remplir ses journées en conséquence.

CONSEIL

QUE CE SOIT POUR UNE, DEUX OU TROIS SEMAINES, vous devez toujours vous interroger sur le rythme que vous voulez adopter en voyage.

Changer d'hôtel tous les deux jours convient à certaines personnes mais pas à tout le monde. À ce rythme, vous reviendrez sûrement très emballé de votre séjour mais certainement bien fatigué. Ce ne sera pas facile de retourner au travail vingt-quatre heures après votre retour. Sur votre itinéraire de trois semaines, tentez de rester, pour une fois au moins, un minimum de trois nuits et trois jours sans vous déplacer, à la mer, à la montagne ou dans un village pittoresque et paisible. Les voyages sollicitent énormément notre physique et notre mental. Gare à l'épuisement !

EXEMPLE D'UN VOYAGE DE TROIS SEMAINES VIETNAM

SAMEDI	DIMANCHE	LUNDI	MARDI	MERCREDI	JEUDI	VENDREDI
Départ de Montréal (avion)	Ho Chi Minh	Ho Chi Minh	Delta du Mékong	Delta du Mékong	Delta du Mékong	Retour à Ho Chi Minh
Ho Chi Minh — Hoi An	Hoi An	Hoi An	Hoi An — Hue	Hue	Hue	Hue — Hanoï
Hanoï	Hanoï	Hanoï — Sapa	Sapa	Sapa — Hanoï	Hanoï — Baie d'Halong	Retour à Hanoï (avion)
Arrivée à Montréal						

Les voyages de longue durée

Qu'est-ce qui distingue un voyage de courte durée d'un voyage de longue durée ? Principalement le coût et l'absence prolongée du travail et de la maison. Au niveau des préparatifs du voyage, un, deux ou huit mois, c'est sensiblement la même chose : un sac à dos ou une valise, des vêtements, les articles de pharmacie, quelques livres-guide et de l'argent. Le côté plus technique d'une absence prolongée (comptes à payer, réacheminement du courrier, annulation de la livraison des journaux, sous-location de la résidence, s'il y a lieu) est plus complexe. Il y a nécessairement beaucoup de choses à considérer et à prévoir. De l'accès par une personne désignée à notre compte de banque jusqu'à l'arrosage des plantes, le déneigement ou le gardiennage de votre perroquet. Ce sont des choses qui se préparent sur une plus longue période.

En fait, c'est probablement au niveau humain que la différence entre trois semaines et trois mois peut le plus se faire sentir. Vous n'avez jamais quitté votre ville et vous envisagez de partir, comme première expérience, pour un voyage de deux mois ? Vous travaillez cinquante heures par semaine depuis dix ans, vous n'avez jamais pris plus de huit à dix jours consécutifs de vacances avec votre conjoint et vous voulez vous lancer dans une aventure de quatre mois à l'étranger, où vous serez ensemble vingt-quatre heures sur vingt-quatre ? Vous ne connaissez votre compagnon ou compagne de voyage que depuis deux mois et vous voulez partir pour un tour du monde ensemble ? Est-ce bien raisonnable ? Oui à toutes ces questions si vous y avez bien réfléchi. Puis, ne négligez rien dans la préparation.

CONSEIL

RIEN NE REMPLACE L'EXPÉRIENCE. Tentez une aventure d'un mois avant de vous lancer pour un tour du monde de un an. Vous saurez exactement à quoi vous en tenir.

Sur le terrain, un voyage de longue durée offre aussi des avantages merveilleux, le premier étant probablement de pouvoir prendre son temps, c'est-à-dire de se donner la possibilité de vivre au rythme du pays que l'on visite avec les gens et selon leurs coutumes au lieu de passer simplement en spectateur. C'est un véritable plaisir de pouvoir s'arrêter une semaine dans une ville ou un village et de commencer à reconnaître les gens parce qu'on les côtoie sur une base quotidienne depuis quelques jours. C'est ce qui se produit si vous déjeunez plusieurs matins de suite au même petit restaurant ou si vous passez tous les après-midi au même petit commerce vous ravitailler en fruits. Après quelques jours, la curiosité aidant, le serveur ou le commerçant sera plus enclin à entrer en communication avec vous. Dès lors, vous entrez dans son monde, vous avez accès à ce petit quelque chose de plus que permet un voyage de longue durée.

ARUSHA/TANZANIE : **2007** : MARIE-CHANTAL_41 ANS

Douze jours de safari… la tête pleine d'images de nature et d'animaux. Notre chauffeur et guide, Pierre, nous a fait faire un petit détour avant de nous ramener à notre hôtel. Il voulait nous présenter ses quatre filles âgées de 5 à 16 ans ! Nous avons passé un après-midi délicieux en compagnie de la famille Lyimo. Les filles de Pierre sont mignonnes comme tout, polies et elles parlaient bien anglais. Ça s'est terminé avec de grosses accolades, des bisous et quelques larmes…

Il est surprenant de constater que partir pour un voyage de longue durée peut ne pas revenir beaucoup plus cher qu'un voyage de deux ou trois semaines durant lequel on choisit de ne rien se refuser. Lorsque l'on a beaucoup de temps ; cinq, six, huit ou douze semaines, il est plus facile de diminuer les coûts de notre voyage parce que l'on va moins vite, que l'on a davantage de temps pour trouver le petit hôtel et le resto bon marché. Économiser de l'argent est davantage une priorité que de gagner du temps. La planification et les préparatifs demeurent les mêmes, bien que, sur la route, davantage de surprises soient à prévoir puisque davantage de place aura été laissée à la spontanéité et aux rencontres. Voilà certainement un des plus beaux avantages du voyage de longue durée.

LE BON TEMPS DE L'ANNÉE

Les dates que vous aurez arrêtées pour votre voyage détermineront aussi, dans une certaine mesure, les lieux où vous pourrez et où vous ne pourrez pas aller. Les pays de la planète ne sont pas tous agréables à visiter à n'importe quelle période de l'année. Il faut respecter les saisons du pays visité. Choisir de visiter l'île de Bali (Indonésie) en pleine mousson (décembre et janvier) n'est décidément pas le meilleur choix. De même, il faut savoir qu'en Grèce, le mois de décembre est trop froid pour se baigner, comme toutes les plages européennes de la Méditerranée d'ailleurs. Si la baignade ne vous dit rien et que vous désirez plutôt une température fraîche et peu de touristes, alors l'idée peut être excellente. Vos deux semaines de vacances tombent, cette année, en novembre ? Oubliez l'Angleterre et l'Écosse, il y pleut sans arrêt ou presque.

Toutes ces informations sont bien indiquées dans les livres-guide et sur les sites Internet des pays ou des villes visitées. Pour la plupart, il y a même un graphique décrivant, pour chaque mois de l'année, la température moyenne et le taux de précipitation moyen. On vous signalera aussi si le pays que vous envisagez de visiter possède plus d'une zone climatique, comme c'est le cas pour le Pérou par exemple. En fait, vous devez essayer d'éviter les périodes de mousson (pluie chaque jour) pour les pays où il y en a et de bien évaluer la température des étés ou des hivers des pays où ces saisons s'appliquent.

EN VISITANT LES SITES INTERNET de différentes agences de voyages, vous verrez assez rapidement les dates proposées par ces voyagistes pour la destination qui vous intéresse. Si vous voyez sur deux ou trois sites qu'aucun voyagiste n'offre de forfait en janvier pour la Sicile, vous pouvez en déduire qu'il y a sûrement une bonne raison.

Ne négligez pas non plus de porter une attention particulière aux dates des événements, fêtes et célébrations, religieuses ou autres, qui auront lieu dans le pays que vous comptez visiter. Une fête comme, par exemple, le Nouvel An chinois, peut signifier une atmosphère totalement incroyable lors de votre passage dans une ville asiatique. Mais ce même Nouvel An peut aussi signifier une cruelle pénurie de logement. Il ne faut pas négliger non plus les événements culturels qui rassemblent beaucoup de monde, comme c'est le cas, par exemple, pour la ville de Cannes, en France. Lors du festival de cinéma qui a lieu chaque année en mai, les prix des chambres peuvent tripler.

De même, pour tout voyageur comptant séjourner en pays musulman, il est fortement recommandé d'éviter le mois du ramadan, où la population jeûne pendant la journée et ne mange qu'une fois le soleil couché. Le ramadan est un mois particulier de l'année pour plus d'un milliard de musulmans à travers le monde. C'est le rite religieux musulman le plus universellement observé. Le ramadan a lieu le neuvième mois du calendrier lunaire islamique. Le premier jour du jeûne n'est pas le même d'un endroit à l'autre car, à certains endroits, on se base sur l'observation de la lune, et à d'autres, on se réfère entièrement aux calculs. Pour beaucoup de musulmans pieux, cette période est marquée par une intensité spirituelle propice à la réflexion intérieure, à prier Allah et à réciter le Coran. Vous comprendrez donc que la population, pendant ce mois, n'est pas très portée sur la fête et que les chances de rencontrer des gens intéressants au restaurant, pendant la journée, sont minces. Mieux vaut le savoir.

Il y a des avantages certains à voyager hors des périodes touristiques (la haute saison) ; moins de monde, plus de facilité à se loger à des prix avantageux, moins de file d'attente devant les attractions à visiter. D'un autre côté, en basse saison la température est souvent moins agréable, moins clémente, certaines attractions peuvent être fermées ou offertes à des heures de visite réduites, certains restaurants et terrasses seront clos et parfois encore certaines compagnies aériennes ou maritimes auront interrompu leur liaison avec telle île ou telle destination désertée pendant la basse saison. Certaines activités ou certains sports que vous envisagiez de faire seront peut-être aussi impossibles à pratiquer.

ITALIE/CÔTE AMALFITAINE ⋮ **AVRIL 2006** ⋮ MARIE-CHANTAL_40 ANS

Longue journée. Nous sommes bien fatigués mais content d'être à Positano. J'avais prévu être ici à midi mais nous sommes arrivés au début de la soirée. En haute saison, un traversier assure la liaison Capri – Positano. En trois heures nous aurions atteint notre destination. Mais voilà que cette traversée n'est offerte que de mai à septembre. Je ne le savais pas. À la place, nous avons dû revenir à Naples, attendre et prendre un autre bateau pour Sorente et ensuite un autobus pour Positano. Ouf... on n'a fait que ça de toute la journée !

CLIMAT FROID, TEMPÉRÉ OU CHAUD?

Lorsque vient le moment de choisir une destination, la différence entre le choix d'un pays au climat chaud ou tempéré ou celui d'un pays au climat froid est considérable. Votre vie dans son quotidien en sera affectée directement. Certaines personnes supportent très mal la chaleur, d'autres vous diront que le froid est leur pire ennemi.

Climat froid

Si le thermomètre ne dépasse pas les 10 °C en plein après-midi, on peut parler de climat froid. Plus il fera froid, plus le matériel que vous devrez emporter sera imposant : vêtements chauds, bottes, gants, etc. Peut-être devrez-vous apporter un sac de couchage si vous voyagez hors des sentiers battus comme pour une visite du Ladakh en septembre ou de la Bolivie en mars, des pays où le confort est souvent modeste et le chauffage, quasi inexistant.

Un des côtés les plus intéressants du choix d'un pays au climat froid ou d'une saison froide est que, généralement, pour tout ce qui concerne les maladies, bactéries, « bibittes » piqueuses et autres, c'est beaucoup plus sûr. Choisir de visiter un pays comme la Grèce, l'Italie, la Tunisie ou le Maroc en novembre ou en mars, hors de la haute saison touristique, peut aussi s'avérer très agréable. Il y a moins de touristes et la chaleur est beaucoup moins accablante. Pour rendre vos nuits confortables et en tenant compte de votre budget, vous pouvez choisir d'augmenter le standard de vos hôtels pour vous assurer d'avoir du chauffage et de l'eau chaude.

Et n'oubliez pas que les pays de l'hémisphère sud (Chili, Argentine, Afrique du Sud, Australie, Nouvelle-Zélande...) ont des hivers en juillet, à l'opposé de nous.

Climat tempéré

Le climat tempéré et sans pluie est une bénédiction pour la plupart des voyageurs. C'est dans ce genre de climat (entre 12° et 20 °C la nuit, entre 15° et 25 °C le jour) que vous serez le plus en mouvement, le moins fatigué et c'est aussi ce qui vous permettra de voir un maximum de choses. Mais il n'existe pas de pays avec un climat tempéré à longueur d'année. Si vous désirez voyager dans ce type de climat, il faudra bien choisir le temps de l'année.

Climat chaud

On parle de climat chaud ou tropical lorsque le thermomètre se situe au-dessus de 25 °C le jour et jamais en dessous de 20 °C la nuit. Certaines personnes adorent la chaleur et ne s'en plaignent jamais. D'autres sont très incommodées par le temps humide et tropical, l'énergie leur manque et elles cherchent continuellement l'air climatisé ! Nous sommes des gens nordiques et notre corps est adapté à ce climat. Partir en plein mois de janvier à –25 °C et atterrir à Rio de Janeiro au Brésil alors que les températures frisent les 35 °C à l'ombre est un choc violent pour notre organisme ! Il faut lui donner une chance de s'adapter. Cependant, le plaisir de se promener en tenue plus légère et de pouvoir rester sur les terrasses jusqu'à une heure avancée de la nuit sans le moindre frisson est un grand plaisir. Ce sont les visites en plein après-midi qui sont les plus difficiles.

LES PROBLÈMES DE COMMUNICATION

Selon la destination choisie, la communication, à cause de la barrière de la langue, peut s'avérer une difficulté supplémentaire importante. Vous ne parlez pas un mot d'anglais et vous voulez vous rendre en Australie ? C'est possible, mais ce sera certainement un peu plus (pour ne pas dire beaucoup plus) compliqué pour vous sur le terrain. J'ai tout de même rencontré des gens, en voyage, surtout des Français, qui ne parlaient que très peu l'anglais. Je me souviendrai toujours de M. Doucet, 62 ans, originaire de Marseille et rencontré à Lhassa au Tibet qui s'était lié d'amitié avec nous. L'homme parlait deux mots d'anglais et je me demandais, interloqué, comment il avait bien pu arriver jusqu'à Lhassa. Communiquer avec l'extérieur pour se loger et commander sa nourriture devait être, pour lui, une préoccupation de tous les instants. Et c'est sans compter l'isolement dans lequel son unilinguisme devait le placer par rapport aux autres voyageurs. Converser avec d'autres voyageurs venus du monde entier est toujours un grand plaisir et l'anglais est la langue privilégiée par tous. Nul besoin d'être parfaitement bilingue, mais une base d'anglais vous facilitera énormément la vie en voyage.

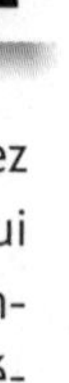

SI VOUS NE PARLEZ PAS L'ANGLAIS, ne vous laissez pas arrêter ; il y a beaucoup de pays, en dehors de la France, où le français est couramment parlé : le Maroc, par exemple, et aussi plusieurs pays d'Afrique ou d'Europe. Cherchez de ce côté.

Suivre un cours de base de la langue du pays que vous allez visiter peut, dans certains cas, s'avérer une excellente idée qui facilitera les contacts et ouvrira la porte à de très belles rencontres une fois sur place. Par exemple, l'Amérique du Sud et l'Amérique centrale, tout comme le Mexique, sont résolument hispanophones. L'anglais, comme langue seconde, n'y est que très peu parlé. Dans un tel contexte, un cours d'espagnol avant le départ peut s'avérer fort utile. D'un autre côté, un cours d'hindi, si vous comptez visiter l'Inde, est, cette fois, nettement moins indispensable puisqu'en Inde, l'anglais (langue seconde) est couramment parlé par la plupart des gens qui ont un tant soit peu affaire aux touristes.

MEXIQUE/SAN CRISTÓBAL DE LAS CASAS ⋮ **2000** ⋮ MARIE-CHANTAL_35 ANS

La visite des grottes de San Cristóbal s'est avérée encore plus agréable que prévu. Sur le site, nous avons rencontré une charmante famille mexicaine en vacances, comme nous. Ils ont un petit garçon de 6 ans et un bébé de 3 mois. C'est très bon pour pratiquer l'espagnol, mais c'est dur pour la matière grise. Je crois que mon cerveau a chauffé ! La grotte était très impressionnante par sa hauteur et sa profondeur. Ce soir, nous mangerons avec la petite famille que nous avons rencontrée. Vamos a hablar español !

Sur le terrain, avec seulement quarante à cinquante mots, on peut arriver à se loger, à s'alimenter et à demander son chemin. Ajoutez à cela les signes universels, le langage du corps et on peut circuler sans trop de contraintes.

MUNISSEZ-VOUS ABSOLUMENT D'UN PETIT MANUEL DE CONVERSATION (Attention ! Celui-ci, pour être pratique, se doit d'être petit. Favorisez le format de poche). Le manuel de conversation permet une communication de base et propose des séries de mots ou de phrases toutes construites concernant la plupart des situations de la vie courante. C'est très utile sur la route. Il ne s'agit pas, avec ce manuel, de parfaire vos règles de grammaire.

Le français est plus largement parlé qu'on a tendance à le croire. Voici la liste des pays et États de la francophonie. Bien entendu, tous ces pays ne sont pas nécessairement complètement francophones, mais, selon l'endroit où vous vous rendez, vous pourrez vous accommoder de la langue française.

Pays et États membres de la francophonie

- **PAYS ET ÉTATS D'EUROPE :**

Belgique, France, Luxembourg, Monaco, Suisse, Albanie, Roumanie, Slovénie, Bulgarie, Lituanie, Moldova, Pologne, République Tchèque, Slovaquie.

• **Pays d'Afrique :**

Bénin, Burkina Faso, Burundi, Cameroun, Cap-Vert, Comores, Côte d'Ivoire, Djibouti, Égypte, Gabon, Guinée, Guinée-Bissau, Guinée équatoriale, Liban, Madagascar, Mali, Maroc, Île Maurice, Mauritanie, Niger, République centrafricaine, République démocratique du Congo, République du Congo, Rwanda, Sénégal, Seychelles, Tchad, Togo, Tunisie.

• **Pays et États des Amériques :**

Dominique, Haïti, Sainte-Lucie, Canada.

MES ATTENTES

Avant tout, posez-vous des questions.

Vous détestez l'avion mais vous aimez voyager ? Privilégiez alors un pays des Amériques et évitez les vingt-quatre heures d'avion que nécessite la visite de l'île de Bornéo. Vous avez besoin de repos et désirez de la chaleur, des palmiers et du sable blanc ? Évitez de vous embarquer dans un tour des plus belles cathédrales d'Europe. Questionnez-vous, attendez le coup de cœur.

Comme nous l'avons déjà dit, le nombre de jours et l'argent dont vous disposez sont assurément les variantes qui influeront le plus sur le choix final de votre destination. Vous avez beaucoup de temps mais peu d'argent ? Le choix d'un pays au coût de la vie peu élevé devrait être favorisé. Vous avez beaucoup d'argent mais peu de temps ? Inutile de traverser la planète et de vous rendre dans un pays où, en plus de la distance aller-retour, il y aura plusieurs longs déplacements à l'intérieur même du pays. Vous disposez de dix jours et souhaitez voir la mer ? Est-ce bien raisonnable de choisir les Maldives comme destination ? Rien que pour vous y rendre et mettre les pieds dans le sable, vous devrez amputer trois à quatre jours de transport sur vos vacances, sans compter le décalage horaire qui vous bousillera facilement deux journées une fois à destination. Une île des Caraïbes serait un bien meilleur choix.

Il faut être prudent et très bien évaluer ses attentes et ses goûts face à son voyage.

Vous recherchez l'aventure et le dépaysement ? Le repos et la contemplation ? La sécurité avant tout ? Une facilité à vous déplacer et à organiser votre quotidien ? Il est aussi essentiel de bien connaître ses propres limites physique et psychologique (le choc culturel).

Vous voulez tenter un premier voyage en autonomie et vous n'avez que très peu voyagé : il serait peut-être plus sage de choisir une destination plus touristique comme la France, la Grèce, l'Italie, les États-Unis, le Mexique, et de remettre à une prochaine fois la traversée en chameau du désert de Gobie. En revanche, les pays plus exotiques comme la Thaïlande, le Népal, l'île de Bali en Indonésie, l'Argentine ou le Chili, pour ne nommer que ceux-là, sont des pays relativement faciles à visiter pour le voyageur expérimenté, mais peuvent représenter un trop grand défi pour le voyageur débutant. À vous de voir.

Encore une fois, posez-vous les bonnes questions : qu'est-ce qui m'intéresse, moi, dans un voyage ? Voir des paysages, rencontrer des gens, visiter des lieux chargés d'histoire, découvrir les trésors artistiques des peintres et sculpteurs du monde ? Pratiquer mon sport favori, n'avoir aucune obligation d'aucune sorte et pouvoir faire ce que je veux quand le goût m'en vient ? Un peu de tout ?

Qu'est-ce que je déteste, moi, en voyage ? Les foules, la saleté, la pauvreté, les monuments historiques, la nourriture trop différente de la mienne ? Est-ce le premier et probablement l'unique voyage que je ferai dans ma vie ? Est-ce le début d'une longue série ? Si vous voyagez à deux ou plus, il vous faudra également tenir compte des goûts et intérêts des autres voyageurs.

En outre, les mœurs et coutumes du peuple que vous choisirez d'aller rencontrer influeront beaucoup sur votre séjour. Certains pays, de par leur façon de faire, sont définitivement plus dépaysants que d'autres. Le Bangladesh, l'Iran, l'Éthiopie et la Mongolie font résolument partie de ce groupe. De même, la différence est grande entre le choix d'une visite dans un pays musulman ou un pays bouddhiste, dans un pays du tiers-monde ou un pays industrialisé et occidentalisé.

Il y en a pour tous les goûts, il s'agit de savoir ce qui vous convient et de quoi vous avez envie. Visez juste. Un voyage est fait pour se faire plaisir.

C'est pourquoi il est important de définir le degré d'exotisme ou d'aventures que vous désirez dans votre voyage. *Le Petit Robert* donne une assez juste définition de ce qu'est l'exotisme : « Qui n'appartient pas à nos civilisations de l'Occident, qui est apporté de pays lointains » (1984). Il propose cette définition de l'aventure : « Un ensemble d'activités, d'expériences qui comportent du risque, de la nouveauté, et auxquelles on accorde une valeur humaine » (1984). Fondamentalement, ce qui distingue le voyage d'aventure du voyage plus conventionnel, c'est la part d'inconnu. Et parce qu'aventure est synonyme d'inconnu, on doit donc tenir compte de plus de variables, comme le climat du pays, la situation politique, la salubrité générale, le degré de violence, la facilité d'accès aux soins de santé, etc. Le voyage d'aventure implique souvent la découverte d'un pays et d'une culture qui nous est étrangère. Il nécessite habituellement plus de planification et de préparation. Vous seul pouvez décider de ce qui vous convient. Le minimum de l'un peut égaler le maximum de l'autre.

JUSQU'OÙ ÊTES-VOUS PRÊT À ALLER DANS L'AVENTURE ? Quelle expérience de voyage avez-vous ? Il ne faut pas confondre peur et prudence, pas plus qu'il ne faille mélanger goût de l'aventure et témérité. On voyage par plaisir, ne l'oublions pas.

CONSEIL

EN AUTONOMIE OU EN VOYAGE ORGANISÉ

En autonomie ou en voyage organisé, un voyage, deux façons de faire ! Pour beaucoup de gens, la question de savoir s'ils vont voyager en autonomie ou en voyage organisé ne se pose pas, leur idée sur cette matière est déjà bien arrêtée et elle n'est nullement sujette à discussion. D'autres voyageurs jongleront avec l'idée à chaque nouveau départ. Sachez qu'il y a des pour et des contre des deux côtés. Aucune des formules n'est parfaite. Le voyage en autonomie implique, comme son nom l'indique, l'autonomie du voyageur. Cela signifie qu'il faudra planifier chaque étape, chaque déplacement, chaque réservation d'hôtel, etc. Le voyage organisé indique, de son côté, que l'on vous a organisé votre voyage ; avion, hôtel, transfert de l'aéroport, visites sur place, etc. Sont compris également dans cette option les séjours à la mer dans des complexes hôteliers où tout est inclus, les voyages de ski organisés, les croisières, les visites de villes organisées, bref, tous les forfaits voyage où tout est compris, réservé, sécurisé et prépayé (même si le voyageur ne voyage pas nécessairement en groupe).

D'une façon ou d'une autre, vous subirez les bons et les moins bons côtés de la formule que vous aurez choisie. Il s'agit avant tout d'orienter son choix en fonction de ses besoins et de ses attentes.

En autonomie

Vous êtes complètement libre de vos mouvements, de votre horaire, de votre itinéraire et de votre budget. Vous êtes en contrôle de votre voyage : vous ne visiterez pas une ville que vous considérez de peu d'intérêt et vous ne descendrez jamais à vingt, trente ou quarante d'un autobus pour entrer dans un restaurant qui accueille ce genre de groupe ou pour visiter un temple ou une église que vous auriez apprécié visiter seul afin de pouvoir vous y recueillir. Si vous n'avez rien réservé à l'avance et désirez rester quelques jours de plus pour visiter ou simplement flâner dans un quartier, dans un village ou un petit coin de paradis que vous venez de découvrir, vous le pouvez. Vous aimez les petits ***guest house*** peu dispendieux, où la chaleur des gens est propice aux rencontres et aux surprises ? Vous l'avez. Vous n'aimez pas l'atmosphère ou la situation de l'hôtel où vous êtes descendu ? Vous en changez. Vous voulez goûter la nourriture du pays, dans des restaurants fréquentés par les habitants du coin plutôt que celle servie dans les restaurants pour touristes ? Vous le pouvez. Vous voulez payer moins, vivre pour quelques dollars par jour, prendre le pouls du pays en y séjournant plusieurs mois, vous déplaçant au rythme des rencontres ? C'est possible. Vous aimez établir des contacts avec les gens du milieu, nouer parfois des amitiés temporaires ou susceptibles de durer au-delà du voyage ? Vous pouvez en prendre le temps. Vous voulez modifier votre itinéraire du tout au tout à cause d'une rencontre, d'un événement majeur dont vous n'aviez pas entendu parler ? Vous êtes votre propre patron, vous faites ce que vous voulez.

SRI LANKA/GIRITALE ⋮ **2002** ⋮ MARIE-CHANTAL_37 ANS

Notre chauffeur désirait faire un détour pour nous emmener voir une famille qu'il disait « authentique » de la région, qui tient une petite ferme au milieu de cette jungle remplie d'éléphants sauvages, de singes et de lézards voraces. Après nous avoir fait une démonstration du broyage du curry avec une pierre qui semblait dater de la période précambrienne, la femme de la maison accueillit un groupe d'Européens fraîchement débarqués de leur autobus devant sa modeste maison. Elle recommença le broyage du curry devant leurs caméras et leurs exclamations de Oh ! et de Ah ! Personnellement, j'ai préféré marcher dans le champ de maïs du voisin et découvrir les caches que les fermiers font pour surveiller les éléphants qui ravagent leurs cultures la nuit.

Mais, comme toute chose, la liberté a un prix. Un prix que vous paierez en temps : vous aurez à explorer les livres-guide et Internet avant le départ pour établir votre itinéraire afin de savoir où vous loger, où changer des devises, etc. Vous aurez à subir les exigences et les difficultés (elles ne sont pas négligeables) d'avoir à planifier, puis à organiser vous-même au quotidien durant le voyage, vos transports, vos excursions, vos visites, etc. Sur place, à moins que vous ne l'ayez fait préalablement (c'est possible), rien n'aura été réservé, organisé ou sécurisé. Tout sera à faire, selon vos goûts, bien sûr. En cas de pépin, si vous arrivez dans une ville tard le soir et que l'hôtel que vous aviez réservé n'a plus de chambres disponibles, vous serez seul avec votre problème. Vous ne pourrez pas refiler celui-ci à l'accompagnateur de votre groupe.

Lors de notre voyage en Tanzanie en 2007, nous avons calculé qu'une quarantaine d'heures, soit environ six jours, avaient été consacrés, pendant le voyage, à du temps d'organisation. Et ce, sans compter le temps que nous avons pris avant le départ, étalé sur plusieurs mois, à organiser tout le voyage. Mais six semaines de voyage en autonomie nous ont coûté le prix de trois semaines en voyage organisé. Et pendant ces quarante heures d'organisation sur la route, qui sont étalées sur six semaines, nous étions tout de même sur place à rencontrer des gens, à se renseigner, à négocier avec eux, et à profiter de ces échanges pour connaître davantage la mentalité des habitants !

Il faut aussi ajouter que, à cause du temps que vous devrez consacrer quotidiennement à la recherche d'un logement, à repérer les endroits intéressants à visiter et les moyens d'y parvenir, vous verrez sans doute un moins grand nombre de sites ou d'attractions, dans un laps de temps donné, que si vous étiez en groupe organisé. En outre, à chaque endroit, vous n'aurez pas un guide qui vous attend pour vous fournir toutes les explications. En bref, si, en deux semaines, vous voulez visiter huit villes d'Europe dans trois pays différents et avoir toute l'information sur les endroits visités, joignez-vous à un groupe organisé, vous n'y arriverez pas seul.

Mais d'un autre côté, si vous avez un penchant quelque peu humaniste, la qualité des visites et des contacts compensera amplement la quantité. Seule la liberté d'un voyage en autonomie peut vous offrir l'imprévu d'une nuit passée sur un bateau au Vietnam, la possibilité de passer trois jours avec un couple d'Allemands en vacances dans leur propre pays ou la visite guidée d'un chantier naval en Irlande du Nord qui ne reçoit jamais de groupes de plus de quatre personnes à la fois.

VIETNAM/DA NANG : **1991** : MARIE-CHANTAL_25 ANS

Les deux seuls touristes qu'on a rencontrés aujourd'hui étaient aussi perdus que nous. Ils se posaient les mêmes questions que nous au sujet des permis, visas, etc. Le Vietnam reste fascinant et vierge ; je me sens comme une pionnière, la première à ouvrir le chemin. Dans dix ans, ce sera comme la Thaïlande : facile pour les touristes et un McDonald en plein cœur de Saïgon... Mais ça semble encore très loin de ça.

Et, finalement, pour le voyageur autonome, il faut se demander si les difficultés rencontrées et les solutions trouvées ne font pas véritablement partie (après coup, peut-être) des plaisirs du voyage. Ne compteront-elles pas parmi les meilleurs souvenirs et les anecdotes le plus fréquemment racontées aux amis ? Alors !...

Le voyage organisé

Le voyage organisé, en groupe ou en indépendant, est conçu pour vous permettre de voyager et de voir le monde en vous épargnant du même coup le travail d'organisation de l'aventure. Ce type de voyage vous permet aussi de voir un pays dans ses attraits les plus intéressants sans avoir à les réserver ou à les connaître préalablement.

En termes de planification, vous n'avez qu'à établir le budget et le temps dont vous disposez et trouver un agent de voyage compétent qui vous proposera un voyage de groupe ou un itinéraire parfaitement adapté pour vous. Les préparatifs se résument à faire vos valises et à choisir le mode de transport pour vous rendre à l'aéroport.

Vous désirez aller skier une semaine au Chili ou en Suisse, faire un voyage de golf en Floride ou au Bahamas ou vous reposer à la mer ? Le voyage organisé s'avère un choix de premier ordre. Pourquoi vous casser la tête à organiser toute l'aventure alors que des agences de voyage peuvent vous vendre un forfait qui inclut tout ce dont vous allez avoir besoin à un prix qui risque même d'être inférieur à celui que vous pourriez avoir en magasinant chaque service séparément : avion, hôtel, repas, billets de ski, etc. Un court voyage organisé (une semaine) est souvent plus avantageux sur le plan financier qu'en autonomie.

Les agences qui vendent des voyages organisés offrent également des forfaits de groupe pour visiter par exemple le sud de l'Italie, la Turquie, le Vietnam du nord au sud... À ce moment-là, un accompagnateur engagé par votre agence part avec le groupe et s'occupe de tout une fois sur place. La plupart du temps un autre accompagnateur du pays, et qui parle votre langue, se joindra au groupe. Tout l'hébergement est réservé ainsi que les transports à destination et les visites de lieux d'intérêt. Vos deux accompagnateurs s'occupent du groupe, dans tous ses aspects. Vous êtes complètement encadrés. Il ne reste qu'à savourer ce que le pays et ses gens ont à offrir. Vous visiterez un nombre intéressant, pour ne pas dire impressionnant, de sites et d'attractions. Vous verrez en deux semaines ce qu'un voyageur en autonomie voit en un mois. De plus, pour la visite des lieux d'intérêt, vous aurez sur place un guide expérimenté et engagé par votre accompagnateur, pour vous expliquer dans votre langue, le contexte historique du lieu. En autonomie, vous aurez à choisir quelqu'un sur place, si le service est disponible, et donc aussi à négocier le prix.

L'inconvénient majeur d'une telle formule est que vous ne contrôlez rien. Remarquez qu'ici, il n'y a pas de surprise ; tout ce que vous ferez et verrez est décrit dans la brochure explicative que vous aurez préalablement consultée avant de vous engager. Très souvent une rencontre est prévue, quelques semaines avant le départ, avec le groupe et votre accompagnateur, pour vous donner plus de détails et vous aider dans vos préparatifs. Pendant le voyage vous suivrez un itinéraire et un horaire préétablis qui peuvent s'avérer parfois très chargés. Le rythme est vraiment différent de celui d'un voyage en autonomie et ce, sans compter que vous aurez à vivre avec un groupe d'inconnus tout au long de votre aventure. Dans les voyages organisés, la visite de lieux historiques est habituellement favorisée au détriment des rencontres et des contacts humains avec la population. Les lieux visités seront les plus connus et les plus accessibles. Justement, là où la population locale ne vit pas.

Il va sans dire que dans ce type de voyage, la part d'inconnu est moins grande, mais est-ce vraiment primordial pour vous ? Peut-être est-ce ce que vous souhaitez. Rien ne vous empêche aussi de vous joindre à un groupe organisé pour quelques voyages, histoire de prendre de l'expérience, pour ensuite voler de vos propres ailes.

Il importe de mentionner ici que le voyage organisé a bien évolué. Certaines agences offrent maintenant des voyages d'intérêts ; cours de langue, visites de musées accompagnés d'un guide historien, tour des théâtres ou des opéras d'Europe, voyages de ressourcements spirituels, etc. Certains offrent aussi des voyages pour « aventuriers ». L'aspect sportif est alors mis de l'avant et les organisateurs s'assureront même d'évaluer votre forme physique avant le départ. Il est possible de faire un *trekking* vers le mont Everest au Népal, un cyclotourisme au Vietnam ou passer une semaine dans le désert à dos de dromadaire en Tunisie, avec tous les avantages du groupe organisé.

LES EXPÉDITIONS

Avec l'engouement pour le plein air et l'ouverture du tourisme d'aventure au commun des mortels, une foule de possibilités s'offrent maintenant au voyageur qui désire repousser ses limites. Ce qui était autrefois réservé à une élite sportive : expédition d'escalade sur les grandes montagnes du monde, traversée du Groenland en ski de fond, vélo au Tibet, *trekking* en Patagonie en Argentine et autres, est maintenant ouvert à beaucoup de voyageurs en quête de défis et d'aventures hors du commun. Les possibilités sont immenses et merveilleuses. Mais ce type de voyage, s'il en est, demande encore plus de préparation et d'organisation. Vous devez aussi être davantage prêt à faire face à l'inconnu. Ne sous-estimez pas les dangers liés à ce genre d'aventure.

ARGENTINE/ EXPÉDITION SUR L'ACONCAGUA | 1999 | MICHEL_37 ANS

La température n'avait cessé de se détériorer depuis la fin de ma traversée et de la montée du Canaleta. Il ventait et il neigeait maintenant à gros flocons. J'avais atteint le sommet du Canaleta, le plus dur était derrière moi. C'est là que j'ai posé mon sac à dos, que j'ai bu et que j'ai réfléchi. Le sommet était à moi, je le voyais, si proche dans la tempête. Trois Français et un Argentin qui grimpaient ensemble me devançaient. Il n'y avait plus que nous. Chacun pris par son sommet. Et c'est alors que l'évidence du retour s'est imposée à moi. J'ai songé à mes deux petites filles, à mon amoureuse ; j'ai remis mon sac sur mon dos et j'ai fait demi-tour. Et c'est à ce moment-là que j'ai pris conscience — en regardant le chemin du retour — de la gravité de ma situation. J'étais seul, à 6 900 m, dans une tempête où on ne voyait plus ni ciel ni terre. Je n'avais que des traces — bientôt recouvertes par la nouvelle neige — pour ne pas me perdre. J'ai recroisé le corps gelé du Coréen, assis, sans vie, depuis maintenant trois jours, dans la neige du couloir et mes yeux se sont remplis de larmes.

Loin de moi l'idée de vous faire peur et de vous inciter à reculer, mais plutôt celle de vous aider à réaliser votre rêve de façon sécuritaire, pour votre plus grand plaisir et celui de votre famille de vous voir revenir heureux et avec tous vos morceaux. Dans ce but, une mise en garde sérieuse s'impose. La nature peut être mortelle pour le touriste imprudent ou téméraire. Que vous soyez sur une montagne au degré de difficulté technique bien conforme au grimpeur débutant que vous êtes, n'est en rien une garantie de sécurité. Par exemple, il serait téméraire de croire que la voie normale de l'Aconcagua (une montagne de près de 7000 m d'altitude située en Argentine), même si elle ne nécessite aucune habileté technique particulière pour le grimpeur, soit une simple balade en montagne. Les conditions climatiques et l'altitude y représentent des dangers bien plus sérieux que la difficulté technique. Pendant la période où j'y étais, il y a quelques années, il y a eu sept morts. Des décès principalement liés au mal de l'altitude et à l'hypothermie ; et certainement au manque d'expérience. Le manque d'expérience et la témérité ne pardonnent pas dans ces lieux où l'homme ne doit s'aventurer qu'en invité.

PRUDENCE

SUR L'EAU, EN MONTAGNE, DANS LE DÉSERT, DANS LA JUNGLE, partout où la nature règne en maître, la plus grande prudence est de mise. Un ami m'a raconté cette anecdote : lors d'un safari au Kenya, trois touristes imprudents ont décidé de rebrousser chemin à pied en pleine savane. « Le camp n'est qu'à quelques kilomètres », se disaient-ils. Or, sur le chemin du retour, ils se sont soudainement retrouvés encerclés par une meute de hyènes. Ils n'ont dû leur vie sauve qu'à un arbre sur lequel ils ont pu se réfugier.

BOLIVIE/ EXPÉDITION SUR LE SAJAMA	2001	MICHEL_39 ANS

Mort de fatigue. Jean et moi sommes montés au camp d'altitude à 5 700 mètres chercher équipement et nourriture qui y étaient entreposés. Une montée dans la neige jusqu'aux cuisses. Ce fut très, très dur. La température aura eu raison de nous. Il sera tombé pas moins de trois pieds de neige sur la montagne. Hier, un guide du village de Sajama est venu nous visiter. Avec toute cette neige qui tombait, il voulait savoir si tout allait bien pour nous. Nous avons longuement parlé de la montagne et des possibilités de sommiter. Je lui ai offert d'aller chercher son équipement et de revenir pour nous guider. Il a refusé, même quand je lui ai proposé double salaire. Il disait que la température était trop instable et que si ça se couvrait, il ne saurait plus comment redescendre. Nous avons alors déduit que si un guide qui connaît la montagne dix fois mieux que nous, qui vit à Sajama à l'année et qui, en plus, a tout à fait besoin d'argent, refuse de monter la montagne, c'est parce qu'il a de bonnes raisons. La voix de la sagesse venait de parler. Nous avons choisi de l'écouter.

Il est bon de se préparer psychologiquement et mentalement à la prudence : prendre conscience de ses limites (elles peuvent être d'ordre physique, psychologique, professionnel, familial ou autres...) et prendre la résolution de rebrousser chemin ou changer de direction si elles sont atteintes. Il faut aussi lire beaucoup et ne pas hésiter à demander de l'aide ou des conseils.

AVANT NOTRE EXPÉDITION EN ARGENTINE sur l'Aconcagua, nous avions retenu les services d'un grimpeur expérimenté pour nous donner un cours d'une journée sur la montagne et les préparatifs que ce genre d'expédition nécessitait. Ce fut de l'argent bien investi.

Utiliser l'expérience des autres s'avère toujours une bonne idée. Bien entendu, il y a toujours une première fois et vient aussi le moment où il faut plonger et aller voir par soi-même de quoi il en retourne.

Il y a maintenant une foule d'agences de voyage spécialisées dans l'aventure de grande envergure. On vous emmènera traverser une rivière gelée en hiver au Zanskar en Inde ou escalader le Kilimandjaro en Tanzanie. Vous avez l'embarras du choix. C'est plus cher que de tout organiser par soi-même, mais parfois cela peut vous permettre de réaliser une aventure que vous n'auriez, de toute façon, pas réussi à organiser vous-même. La logistique de ce genre d'expédition peut s'avérer passablement complexe : nourriture déshydratée, trousse de premiers soins adaptée, vêtements et équipement spécialisé, etc.

Deuxième mise en garde importante. Pour ce genre d'aventure, l'adage qui dit que la chaîne est aussi forte que son maillon le plus faible est particulièrement vrai. Lors de l'étape de la préparation de votre aventure, essayez d'être objectif et réaliste en ce qui concerne votre condition physique, sinon vous risquez d'en pâtir, voire d'en mourir.

CONSEIL

ESSAYEZ DE CONNAÎTRE AU MIEUX la forme physique et l'endurance de chacun des membres de votre groupe. Parlez-vous à cœur ouvert des buts et attentes de chacun. Il faut souvent investir plusieurs milliers de dollars dans une expédition, alors mieux vaut connaître les motivations, les capacités physiques et mentales et les attentes de chacun.

Un des membres de l'équipe est peut-être plus vieux et un peu moins en forme que les autres, mais son but à lui, est de partager l'aventure avec le groupe, de voir la montagne et, si ses forces ne lui permettent pas de dépasser le camp de base, eh bien, pour lui, ce sera déjà mission accomplie. Il est prêt à rester seul à une moindre altitude et à attendre le retour des autres. Voilà qui est clair. En montagne, dans la jungle ou dans le désert, il n'est souvent pas possible de laisser quelqu'un derrière. La plupart du temps, tout le groupe devra rebrousser chemin. Si vous êtes un nombre suffisant, quelqu'un pourra alors se sacrifier pour raccompagner ou rester avec l'élément le plus faible, mais laisser quelqu'un seul derrière n'est jamais une bonne idée, à moins que cette personne ait énormément d'expérience.

Partant de ce fait, soyez très lucide si un ami ou une connaissance décide de se rattacher à votre groupe à la dernière minute. Il est facile, dans son salon, de croire qu'une fois sur place on donnera tout ce qu'on a et que ça suffira. Mais l'expérience m'a appris que les choses ne fonctionnent pas ainsi et que lorsque les réserves d'énergie sont épuisées, elles sont épuisées et on doit s'arrêter, un point c'est tout.

LISTE DE RAPPEL

LE CHOIX D'UNE DESTINATION

Vous savez que vous voulez partir et vous avez mis en marche le processus qui vous mènera vers un départ. Vous avez éclairci les questions suivantes.

» *J'ai prévu une ou deux dates de départ potentielles et de retour;*

» *Je sais précisément combien de temps et d'argent je dispose pour mon voyage;*

» *Je me suis questionné sur mes goûts et mes attentes face à ce voyage;*

» *J'ai une bonne idée de quoi seront remplies mes journées une fois sur place: marche en montagne, visite de lieux historiques, lecture sur la plage, pratique de mon sport préféré, tour gastronomique des meilleurs restaurants, etc;*

» *J'ai une idée précise du temps de transport (aller-retour) qu'implique un déplacement vers le pays choisi;*

» *Je me suis renseigné sur le climat prévu au moment de mon séjour;*

» *J'ai décidé si mon voyage sera organisé par une agence ou si je voyagerai en autonomie.*

LE BUDGET

Pas besoin d'être riche pour s'offrir l'aventure d'un voyage. L'acte de voyager, aussi incroyable que cela puisse paraître, est davantage lié à une prise de décision, à un choix de priorité, qu'à l'argent. Même avec un budget réduit on peut aller loin et voir beaucoup. Choisir une destination en accord avec ses moyens tout comme accorder sa façon de voyager (son choix d'hôtel et de restaurant) à son budget revêt alors une importance capitale. Même si vos moyens sont réduits, envisagez toutes les possibilités et les options économiques avant de renoncer à votre voyage. Vous aurez peut-être à sacrifier quelques activités, descendre dans des hôtels à petit budget, manger plus simplement, mais vous partirez. Voyez ce qui vous convient.

DE COMBIEN D'ARGENT JE DISPOSE?

La réponse à cette question est bien souvent connue avant de se mettre à la recherche d'une destination. La plupart du temps on a une bonne idée du montant dont on dispose, à quelques centaines de dollars près, pour son voyage.

Vous avez donc choisi une destination en accord avec vos goûts et vos attentes, vous avez en tête le nombre de jours durant lesquels vous comptez voyager et votre budget est fixé, reste maintenant à confronter ces réponses à la prochaine grande question: de combien d'argent ai-je besoin ? Vous saurez ainsi si votre choix de destination et de temps de séjour est viable ou non, budgétairement parlant.

Sachez, avant de passer à la prochaine question, que la somme d'argent dont vous disposez pour votre voyage doit influencer non seulement la durée de celui-ci, mais tout particulièrement le choix de votre destination. Il est évident qu'en matière de budget, trois semaines passées à parcourir la Suède et la Finlande ne se comparent pas à trois semaines passées à sillonner la Thaïlande. Les prix des billets d'avion pour l'Europe sont un peu moins chers que pour l'Asie, mais l'allocation quotidienne (hébergement, repas et transports à destination) est assurément beaucoup élevée dans les pays européens. Pour approximativement le même coût, préférez-vous deux semaines au Portugal ou une semaine à Londres ? Deux mois au Laos et au Cambodge ou trois semaines au Japon ? Selon le pays choisi et le genre de séjour envisagé, la différence de coût de séjour peut s'avérer de l'ordre de deux pour un ou même trois pour un. Disposez-vous de plus de temps que de sous, ou de plus de sous que de temps ? Si vous avez les deux, alors le monde vous est ouvert.

DE COMBIEN D'ARGENT AI-JE BESOIN ?

Un des avantages non négligeables des voyages organisés ou des forfaits tout inclus est de connaître précisément, avant le départ, combien il en coûtera pour le voyage que l'on veut faire. En autonomie, il est plus difficile d'évaluer avec précision combien il en coûtera pour un voyage de X semaines dans un pays qui nous est inconnu. La possibilité de dépasser le budget préétabli est bien réelle. Une fois sur la route, il faut être vigilant et ne pas céder à l'impulsion de s'offrir la magnifique suite impériale dans un hôtel cinq étoiles quand on n'a le budget que pour un deux étoiles. Même chose en ce qui concerne les restaurants. Cela peut devenir une réelle tentation lorsque l'on visite des pays comme la France ou l'Italie. En autonomie, la meilleure source d'information pour établir un budget demeurera une de vos connaissances qui revient du pays où vous projetez de vous rendre ou un agent de voyage compétent. Cette personne pourra vous parler du prix des restaurants, de celui des chambres d'hôtel et des transports sur place. Assurez-vous au préalable qu'elle a séjourné dans la même catégorie d'hôtels et de restaurants que celle où vous comptez descendre. Les livres-guide sur votre destination vous donneront aussi beaucoup d'informations sur l'allocation quotidienne dont vous aurez besoin pour votre séjour. Recouper l'information avec un autre livre-guide vous assurera une plus grande précision dans l'estimation des coûts.

INTERNET

DES SITES DE RÉSERVATION D'HÔTEL COMME **www.venere.com** (qui ne se spécialise que pour l'Europe), **www.hoteltravel.com, www.accorhotels.com, www.booking.fr, www.hotel.ca,** vous donneront une idée assez juste du prix des différentes catégories d'hôtel. Mais pour les prix de la nourriture et des transports locaux, vous n'aurez pas beaucoup d'informations sur Internet.

Lorsque vous établissez votre budget, faites une distinction entre les points suivants :

- **Transport** : tous les déplacements vers le pays visité ainsi que les longs transports à l'intérieur du ou des pays visités (avion, train, autobus, bateau, location d'un véhicule, d'une voiture avec chauffeur...).
- **Allocation quotidienne** : comprend le montant alloué par jour pour manger, se loger, pour entrer sur les sites d'intérêts (musées, sites archéologiques, temples sacrés, etc.) et tous les petits transports locaux que l'on prend au quotidien (taxis, traversiers, bus locaux, métro, etc.).
- **Activités spéciales** : safari tout organisé, *trekking* en montagne avec guide, journée de ski, plongée sous-marine, location de moto, tour d'hélicoptère, croisière en tout genre, rafting, parapente, etc.
- **Souvenirs** : Si vous faites partie de cette catégorie de gens qui aiment rapporter des souvenirs de voyage (vêtements d'Italie, tapis du Maroc, grands vins de France, masques de Bali, tapisseries du Mexique, céramique d'Espagne, etc.), mieux vaut prévoir le coup et établir un montant en conséquence avant de partir. Pour éviter de rapporter des objets qui ne vous serviront à rien une fois de retour à la maison, avant de partir, faites le tour de votre demeure et voyez où pourraient aller tapis, sculptures, batik que vous aimeriez rapporter. Et surtout, très important, voyez de quelles dimensions doivent être les souvenirs en question pour les installer là où ils sont les plus appropriés.

- **Imprévus** : Les imprévus, s'il y en a, seront surtout engendrés par la décision de s'économiser de la peine ou de se payer un plaisir. Vous débarquez à 4 heures du matin dans les rues de Bangkok après quatorze heures d'autobus, les petits *guest house* n'ouvrent leurs portes qu'à 9 heures et les chambres ne se libèrent qu'à 11 heures, vous n'en pouvez plus et l'idée de patienter au coin de la rue jusqu'à l'ouverture des restaurants ne vous sourit guère. Vous choisissez l'hôtel trois étoiles plus dispendieux mais ouvert toute la nuit. Voilà une dépense imprévue (Je l'ai vécu !). Vous ne saviez pas que l'on offrait un cours pour obtenir la certification de plongeur autonome dans l'île de Tioman en Malaise ? Puisque vous y êtes, vous vous dites : « Quel merveilleux endroit pour suivre ce cours ! », et vous avez raison. Êtes-vous du genre « coup de tête » ou du genre réfléchi ? Vous choisissez de prendre l'avion entre l'île de Zanzibar et Arusha, en Tanzanie, plutôt que de traverser en bateau (deux heures) et ensuite passer neuf heures dans l'autobus. Êtes-vous du genre à vous en tenir au plan prévu ou à improviser selon l'humeur ? Soyez honnête avec vous-même et ajustez votre budget en conséquence, dès maintenant.

D'autres imprévus seront engendrés par des événements plutôt rares comme une hospitalisation soudaine (vous devrez peut-être débourser un montant d'argent à l'hôpital pour vous assurer d'un meilleur traitement, avant d'être remboursé par votre assurance au retour), la perte ou le vol d'un objet que vous devez absolument remplacer sur place, une catastrophe météo ou un conflit qui vous oblige à loger dans un hôtel de catégorie supérieure ou une caution à payer à un policier qui vous arrête pour vitesse au volant ou autres délits. Les nommer tous serait impossible, la liste peut être assez longue.

Il est possible qu'à la fin de cet exercice vous réalisiez déjà, sans avoir besoin d'aller plus loin dans vos recherches, que les coûts associés au voyage que vous désirez faire sont au-dessus de votre budget. Vous devriez alors envisager une autre destination, un temps de séjour plus court ou de considérer si le tout peut se faire à budget réduit en poursuivant la planification.

LE PRIX À PAYER

Lorsque l'on voyage en autonomie, il importe de bien évaluer les coûts journaliers (l'allocation quotidienne) en tenant compte des besoins, des goûts et de la tolérance de chacun des voyageurs. Si vous voyagez seul, pas de problème, vous contrôlez (notez, cependant, qu'il en coûte toujours un peu plus cher, proportionnellement, de voyager en solitaire), mais à deux, ce qui convient à l'un ne convient pas nécessairement à l'autre. Il est aisé, dans le confort de notre demeure, d'accepter l'idée de l'ami ou du conjoint qui nous propose de descendre uniquement dans des petits hôtels de troisième catégorie pendant les trois semaines que durera notre aventure africaine. Mais, une fois sur place, avec la fatigue accumulée, le choc culturel et les longs transports, il peut en être autrement. Il peut s'avérer sage d'envisager de séjourner dans un hôtel un peu plus luxueux une fois tous les cinq ou six jours, histoire de prendre une bonne douche à l'eau chaude et de dormir dans des draps propres. Encore une fois, tous n'ont pas besoin de s'offrir ce luxe pour apprécier leur voyage.

Sachez que la solution facile largement utilisée en voyage lorsqu'on est fatigué et que le moral est bas, c'est de dépenser. Dépenser en rentrant à l'hôtel en taxi au lieu de faire le trajet en autobus comme il était prévu, dépenser en se payant une bonne bouffe au resto pour se remettre de l'après-midi sous la pluie que l'on vient de passer, dépenser en s'offrant une belle chambre dans un hôtel cinq étoiles en se disant que notre degré de fatigue le justifie amplement.

Vivre le stress de dépasser son budget quotidiennement n'est pas agréable du tout. On songe alors au retour et on devine que le compte de carte de crédit va nous assaillir et nous tordre l'estomac jusqu'à nous faire regretter d'être parti. Dans la même veine, passer à travers la moitié des attractions d'un pays sans pouvoir y toucher pour avoir la possibilité de faire une semaine supplémentaire est une logique très discutable. Vous seul savez jusqu'où vous pouvez aller. Prenez une soirée ou deux pour réfléchir à cette question, descendez des colonnes de chiffres « réalistes » en partant de votre budget et, évidemment, consultez les autres membres de l'aventure.

NÉPAL/KATMANDOU ⋮ **1985** ⋮ MICHEL_22 ANS

Je suis de l'autre côté du monde et tout ce qu'il me reste dans mes poches c'est 150 $... Je me suis renseigné et l'argent demandé à nos proches peut prendre jusqu'à un mois avant de nous arriver ici. Ça me rend un peu nerveux. Nos lettres envoyées à nos parents dans lesquelles nous leur demandions de l'argent ne se sont peut-être pas rendues... Nous n'avons même plus assez d'argent pour quitter le Népal.

(Le lendemain)

Le soleil brillait sur Katmandou mais nous ne pouvions l'apprécier. Nous n'avions plus d'argent pour manger et notre visa pour le Népal expirait aujourd'hui : « Mr Houde, we have it .» L'argent était ici à Katmandou depuis une semaine, mais avait été envoyé à une autre banque. Vive le Népal.

Attention aussi à ceux qui ont voyagé étant jeunes et qui ne sont pas repartis depuis. Il y a des choses que l'on supporte le sourire aux lèvres à vingt ans et qui ne nous amusent plus du tout quinze, vingt ou trente ans plus tard. Prévoyez le coup. Avec l'âge, les façons de faire et les besoins changent, les coûts suivent en conséquence. À vingt ans, le seul fait de me retrouver à l'étranger, à l'aventure dans un autre pays, me suffisait amplement. Je pouvais très bien supporter de dormir dans un champ, à la belle étoile, de ne prendre qu'une douche tous les cinq jours et de manger sur le pouce un morceau de pain et un bout de fromage achetés au marché du coin. Je n'avais pas non plus le désir de goûter à tous les extras locaux comme le dromadaire dans le désert, la descente de rivière en kayak, le tour de péniche sur la rivière sacrée ou l'hôtel somptueux flottant au milieu du lac. Aujourd'hui, j'ai envie de goûter à ces possibilités.

En conclusion, soyez réaliste avec votre budget. Sinon, une fois sur la route, le spectre du manque d'argent vous suivra dans chacune de vos journées et à chaque décision à incidence pécuniaire, ce fantôme viendra souffler sur votre nuque. Voilà une préoccupation dont vous n'avez certes pas besoin en voyage. Il est possible de visiter l'Italie avec un budget de cinquante dollars canadiens par jour, mais soyez bien conscient des implications d'un tel choix. Vous aurez à composer au quotidien avec le manque d'argent et vous devrez faire des pirouettes journalières pour vous alimenter et vous loger. « Oui, me direz-vous, mais je serai en Italie au lieu d'être chez moi à en rêver. » D'accord, votre décision est bien réfléchie, je n'ai plus qu'à vous souhaiter un bon voyage.

BUDGET D'AVANT DÉPART

Prévoyez absolument une somme d'argent pour une foule de nécessités indispensables avant le départ. Les visas (s'il y a lieu) peuvent, par exemple, ajouter jusqu'à 250 $ à votre budget. De nouveaux passeports peuvent aussi s'avérer assez coûteux. Les vaccins, la trousse de premiers soins et les médicaments, un sac à dos neuf, quelques chandails, une paire de chaussures de marche neuves, une nouvelle carte mémoire pour la caméra, des piles de rechange, quelques livres pour le voyage en plus des livres-guide, etc. La liste peut s'allonger et vous dépouiller de plusieurs centaines de dollars assez rapidement.

VOYAGER SEUL OU ACCOMPAGNÉ

VOYAGER SEUL

De plus en plus de gens partent seuls pour un séjour à l'étranger. Que ce soit pour une escapade de quatre jours à Vancouver, une semaine de vacances à Rio, ou plus exotique, un pèlerinage bouddhiste au Népal de plusieurs semaines, la chose n'est plus considérée comme aussi extravagante qu'avant et n'est définitivement plus l'option de quelques cas isolés.

Peu de gens cependant choisiront de voyager seul par goût personnel. Cette option découlera le plus souvent d'un manque de choix. Votre conjoint ne veut pas voyager, vous vivez seul et aucun de vos amis n'est disponible ou n'a les moyens de s'offrir ce voyage auquel vous songez. Cette destination ne plaît à personne dans votre entourage, aussi irez-vous seul.

En vérité, voyager en solitaire est une façon unique de découvrir le monde. C'est un excellent moyen pour multiplier les rencontres, les contacts avec les habitants et les autres voyageurs. On est complètement libre de ses mouvements. Tous nos sens sont en éveils, le silence fait davantage partie de notre quotidien et chaque déplacement ou visite revêt un cachet particulier.

MAROC/MARRAKECH : **1986** : MICHEL_24 ANS

La petite fille que j'ai prise hier dans mes bras s'appelait Thamera. Si petite, si jolie, elle avait à peine deux mois. Je l'ai gardée longtemps dans mes bras, sa jeune mère tout près d'elle, la caressant, lui faisant boire un yogourt qu'elle avait acheté avec l'argent que je venais de lui donner. Au début, lorsqu'elle s'est approchée de moi, elle était voilée, maintenant elle a baissé son voile. Je lui offre un jus d'orange, elle finit par accepter. C'est un peu parce que je voyage seul que je puis entrer ainsi aussi étroitement en contact avec les gens. À deux, c'est plus difficile. Nous avions peu à nous dire, mais le seul fait d'être ensemble était un moment privilégié.

Voyager en solitaire revêt une signification bien différente pour chacun selon la destination, le type de voyage envisagé, sa durée, le genre de pays visité, l'expérience du voyageur ainsi que son sexe. Mieux vaut se connaître suffisamment avant d'entreprendre seul un voyage, car il ne fait pas de doute qu'une fois sur le terrain, dépassement de soi et introspection seront au rendez-vous. J'encouragerais le voyageur solitaire à ne pas oublier son journal de bord, sa musique préférée et un bon roman. Ce sont des inconditionnels pour accompagner ce type de voyage.

Voyager seul implique évidemment une façon différente de se comporter. Vous ne pouvez compter que sur vous-même. Que l'on parle de vol, de problèmes de santé, de rencontre louche ou carrément d'agression, vous êtes seul(e), donc plus vulnérable. Plus que jamais, vous devrez écouter et faire confiance à votre sixième sens, qui vous signalera immanquablement si un endroit n'est pas sûr, si une personne est suspecte, ou votre décision téméraire. En tant que voyageur solitaire, vous pourrez aussi, au gré des rencontres et selon votre humeur, vous greffer à un groupe de voyageurs pour quelques jours ou quelques semaines (c'est beaucoup plus facile que l'on pense). Ces expériences de voyage avec un groupe de voyageurs d'autres pays sont très agréables et elles ont l'avantage de reposer: moins grande vigilance, organisation simplifiée et économies (c'est moins cher en groupe et ça fait du bien de laisser les autres prendre les décisions pendant quelques jours). Et qui sait si vous n'allez pas y rencontrer l'âme sœur! Le voyageur solitaire s'ouvrira aussi beaucoup plus rapidement à la langue du pays puisqu'il ne peut pas compter sur un compagnon de voyage pour lui faire la conversation.

CONSEIL

IL IMPORTE DONC, PLUS QUE JAMAIS, de choisir une destination et un temps de séjour parfaitement adaptés à votre condition de voyageur solitaire.

Portez une attention toute particulière à vos attentes. Choisissez, en ayant en tête que vous visiterez seul telle ville ou telle région, que vous ne serez pas accompagné d'un conjoint ou d'un(e) ami(e) avec qui vous partagerez le moment. Au quotidien, voyez de quoi seront faites vos journées. Vous déjeunerez ou souperez peut-être seul plus d'une fois, l'apprécierez-vous ? Vous explorerez probablement seul la plage, les ruines, le théâtre, le vignoble ou la cathédrale, comment vous imaginez-vous, sur place, pendant votre visite en solitaire ? Pour ma part, si je vais à la mer, je sais que j'aime être entouré d'amis, aussi ne choisirai-je pas une telle destination sachant que je voyagerais en solitaire. Me connaissant, je sais qu'il me serait beaucoup plus agréable de visiter une ville comme Barcelone ou d'aller marcher en montagne en Corse. Revisiter un pays ou une ville où vous avez déjà séjourné peut être une excellente idée pour le voyageur qui en est à sa première expérience en solitaire. Interrogez-vous, cherchez ce qui vous convient, vous trouverez !

Économiquement, il en coûte un peu plus cher pour voyager en solitaire, principalement à cause de l'hébergement et des taxis.

En effet, un rabais insignifiant vous sera accordé pour la chambre comparativement au prix payé pour une occupation double et à chaque fois que vous prendrez un taxi, un *tuk tuk*, un *rickshaw*, bref un transport privé pour votre usage exclusif, vous ne pourrez pas partager le prix de la course.

LA FEMME VOYAGEANT SEULE

La femme désirant voyager en solitaire ne devrait pas hésiter à partir. Tous les avantages du voyage en solitaire sont autant de promesses d'un voyage réussi. Une femme voyageant seule peut faire un magnifique périple si elle sait choisir sa destination, si elle reconnaît les limites que lui impose sa condition de voyageuse solitaire, si elle sait se vêtir de façon appropriée et si elle porte une attention redoublée aux événements afin de reconnaître rapidement une situation qui pourrait devenir problématique.

Choisir sa destination

Certaines destinations sont assurément plus faciles pour une femme voyageant seule. Il y a des villes moins dangereuses que d'autres, des pays plus ouverts que d'autres, il faut bien choisir. Lisez beaucoup, allez sur des sites de forum de voyageurs sur le pays que vous envisagez de visiter, posez des questions, bref, informez-vous.

PRUDENCE !

DANS LA PLUPART DES VILLES OCCIDENTALES, le degré de prudence que vous appliquez ici s'appliquera là-bas. Le niveau de danger ne double pas par le seul fait de changer de pays ou de ville. Vous ne prenez pas le risque dans votre propre ville de vous aventurer seule dans une ruelle noire à 2 heures du matin ? Pourquoi le feriez-vous à Marseille ou à Sydney ?

Certains pays et certaines villes cependant, de par la culture et la religion qui y sont pratiquées, seront absolument moins conviviaux pour la femme qui voyage en solo. Dans certains pays musulmans, les femmes ne peuvent circuler seules sans un homme. Alors oubliez ça. On vous demandera toujours où est votre mari et il vous sera très difficile (voire impossible) de prendre une chambre à l'hôtel et même d'entrer dans un restaurant. Vous allez à coup sûr vous attirer des ennuis et peut-être plus grave encore.

MALAISIE/JOHOR BAHRU ⁝ 1991 ⁝ MARIE-CHANTAL_25 ANS

J'ai les mains liées. Je suis complètement dépendante de Michel. Habituellement on s'échange les tâches et j'aime bien négocier moi-même le prix de l'orange que je veux manger. Tout à l'heure à la gare, j'ai fait la file pour acheter nos billets d'autobus pour Mersing pendant que Michel surveillait nos sacs à dos un peu plus loin. À mon tour, la femme voilée au comptoir m'a totalement ignoré... comme si j'avais été invisible ! Je pensais qu'elle avait mal compris et j'ai reformulé ma demande sans succès. Quand j'ai commencé à perdre patience et à lever le ton, elle m'a dit en anglais, mais sans me regarder, que je devais demander à mon mari !!! Michel était trop loin pour que je puisse l'appeler et il a dû refaire la file... sans moi.

Il y a d'autres pays musulmans, comme le Maroc, où les femmes peuvent circuler plus librement. Mais encore là, tout est une question de choix. Dans toutes les possibilités qui s'offrent à vous ; le Maroc est-il la meilleure destination pour la voyageuse solitaire que vous êtes ? Vous seule pouvez répondre à cette question !

Reconnaître les limites que m'impose ma condition de voyageuse solitaire

Reconnaître les limites d'une situation c'est savoir s'ajuster à cette même situation. Vous êtes seule, vous êtes une femme, vous vous devez de redoubler de prudence lorsque vous faites une sortie. Évitez de vous retrouver seule dans un site que vous visitez. Si cela vous est possible, restez collée à un groupe ou à quelques voyageurs qui visitent le même site que vous. Plus il y a de monde autour, plus vous êtes en sécurité. Reconnaître ses limites et les accepter c'est aussi choisir de laisser passer une visite ou une sortie parce qu'on la juge trop hasardeuse.

Je vous recommande évidemment une grande prudence le soir et la nuit. Tentez, autant que possible, de vous faire accompagner par d'autres voyageurs en qui vous avez confiance pour revenir à votre hôtel. Il n'est pas si aisé d'évaluer le niveau de danger le soir dans une ville qui nous est étrangère. Il est donc préférable, si vous êtes seule, de ne prendre aucun risque de ce côté et de rentrer avant la tombée de la nuit. Marie-Chantal est déjà sortie d'un restaurant assez tard le soir en plein cœur de Paris. Elle était à environ un kilomètre de son hôtel et, à cette heure, aucun taxi ne passait dans les parages. Elle avait avec elle son sarong en coton noir. Elle s'est enveloppée dedans en couvrant sa tête et ses cheveux blonds, elle a placé sa clé de chambre entre l'index et le majeur, et a marché d'un pas sûr et rapide jusqu'à son hôtel. Elle devait sûrement avoir l'air d'une ombre, d'un coup de vent pressé. Un homme mal intentionné n'aurait pas eu beaucoup le temps de réagir. Enfin… elle l'espérait.

Se vêtir de façon appropriée

La façon de vous vêtir détermine en grande partie l'attention que vous subirez de la part de la population locale, masculine et féminine, et des autres voyageurs.

LES VÊTEMENTS QUE VOUS AVEZ SUR LE DOS et la façon dont vous les portez affectent directement votre image, votre sécurité ainsi que vos échanges. Lorsque l'on voyage seule, adapter son code vestimentaire et le degré d'attention désiré selon le pays que l'on visite est assurément une forme de sagesse.

À la maison, avant le départ, portez en ce sens une attention particulière aux vêtements que vous emporterez avec vous. Si vos épaules ou vos genoux sont trop découverts ou si votre t-shirt est trop moulant, il est évident que les hommes seront plus susceptibles de vous porter une attention dont vous n'avez peut-être pas envie.

TRUC

OÙ QUE VOUS ALLIEZ, APPORTEZ TOUJOURS dans vos valises un sarong de couleur foncée (grand tissu léger d'environ 0,8 par 2 mètres). Il vous servira pour couvrir vos jambes lors d'une visite de cathédrale ou dans un temple, votre tête et vos épaules lorsque c'est indiqué, il vous servira également de rideau pour avoir un peu d'intimité dans un train, pour vous changer dans un dortoir ou à la plage et deviendra ensuite une serviette pour s'y étendre. (Voir chap. 2, «Les vêtements pour femmes seulement», page 119)

Une attention redoublée

Vêtue de façon appropriée, il faudra ensuite garder un degré d'attention plus élevé qu'à l'habitude, surtout au début de votre voyage. Mettez-vous en mode d'observation et regardez comment les femmes du pays se comportent en public et avec les hommes de leur entourage. Essayez de vous ajuster à leur façon d'agir et de s'exprimer. Lors de vos échanges avec la population ou avec d'autres voyageurs, il peut être prudent de vous inventer un petit ami qui voyage avec vous et qui est « resté à la chambre ». Une bague de mariage, même fausse, envoie aussi un message auprès des hommes.

INTERNET

LA PLUPART DES LIVRES-GUIDE ABORDENT LE SUJET des femmes voyageant seules. Ils mettent alors en perspective le pays visité par rapport à la sécurité de la voyageuse dans le pays en question. Des sites Internet, comme l'excellent **www.journeywomen.com,** peuvent renseigner les femmes qui s'apprêtent à partir en solitaire.

VOYAGER EN COUPLE OU ENTRE AMIS

Voyager à deux, c'est choisir de partager un moment de vie en croyant que la présence de l'autre à nos côtés rehausse ce moment. C'est se donner les moyens de voyager plus librement et plus légèrement parce que l'on sait que l'on peut s'appuyer sur la force et le jugement d'une autre personne en qui l'on a confiance. Mais c'est aussi consentir à faire des compromis et, dans un même élan, accepter les forces et les faiblesses de chacun.

Lorsque je parle de voyager à deux, je fais référence ici autant à un couple d'amis qu'à un couple d'amoureux. Pour l'avoir expérimenté dans les deux cas, la différence n'est pas énorme. Pas de doute qu'une vie commune 24 heures sur 24 ensemble saura mettre votre amitié ou votre couple à l'épreuve. En voyage, le quotidien n'existe pas, on se découvre et on découvre l'autre sous un autre jour, tout extirpé que nous sommes de notre zone de confort. Vous apprendrez à vous connaître davantage en trois semaines de voyage qu'en six mois passés à vous fréquenter dans le quotidien.

NÉPAL/KATMANDOU : **1989** : MARIE-CHANTAL_24 ANS

Michel est resté à la chambre. Il n'est pas bien depuis hier, il s'est finalement endormi. J'avais faim et je me suis décidée à venir manger cette magnifique tarte aux raisins qui fait la renommée du KC's ici à Thamel square. Comme la nuit tombait, j'avoue que ça m'a pris un peu de courage. Autour de la grande table ronde, un groupe de Français et de Belges se sont joints à moi. Bien installés dans les coussins, nous sommes rapidement entrés en contact. On a rigolé beaucoup aussi. Ce fut bien agréable et je suis contente d'être sortie toute seule. Mes nouveaux copains m'ont raccompagnée au Shakia guest house ensuite.

CONSEIL

LA RÈGLE D'OR POUR PARTIR À DEUX: communiquer et discuter ouvertement, avant le départ, des attentes de chacun. Vos buts, vos centres d'intérêts, votre budget, votre notion du confort doivent converger à un bon degré pour espérer réussir votre voyage. Abordez tous les points, même le spectre de la séparation. Qu'adviendra-t-il en cas de séparation ? Serez-vous capable de fonctionner seul ou choisirez-vous de rentrer au pays. Discutez de la possibilité de faire route à part pour quelques jours, ou de la possibilité qu'un des membres de l'équipe ait le goût d'aller prendre l'air en solitaire le temps d'une journée.

L'écart d'expérience des membres du couple voyageur (ami ou amoureux) peut assurément s'avérer un élément difficile à concilier. Les attentes ne seront pas les mêmes et la façon de faire de l'un, plus expérimenté ou plus aventurier, ne pourra peut-être pas s'ajuster à la façon de faire de l'autre voyageur, moins assuré. « Je suis dédaigneux de nature, c'est comme ça, et je rejette d'emblée l'idée de dormir dans tout hôtel un peu vieillot où le mobilier date d'une autre époque et où la propreté n'est pas impeccable... en fait, je ne me sens bien que dans les hôtels quatre étoiles où le standard et le service sont occidentalisés. » Voyez maintenant ce que ce besoin de votre partenaire engendre comme supplément budgétaire alors que vous avez coutume de séjourner dans les petits hôtels, « propres », mais bon marché. « Je suis très difficile sur la nourriture et je ne mange que des aliments qui me sont familiers. » Voyez encore ce que cette insécurité de votre partenaire peut causer comme difficulté pour vous qui mangez de tout et qui avez l'habitude de vous asseoir dans n'importe quel restaurant que vous rencontrez au moment où vous ressentez la faim.

Finalement, malgré les différences de chacun, voyager en couple est une façon merveilleuse de faire grandir l'amitié, le respect et l'amour entre deux individus.

TRUC

UN PETIT TRUC POUR LES COUPLES : la bague de mariage ! Si vous voyagez en couple (homme-femme) dans des pays aux mœurs plus conservatrices et que vous n'êtes pas mariés, il est parfois préférable de dire que vous avez convolé en justes noces et de porter un jonc à votre annulaire gauche. Cela évitera quelques petits ennuis avec des hôteliers qui ne voudraient pas vous louer une chambre commune ou même dans vos rapports avec la population locale. Pour les couples gays, soyez très renseigné(e)s sur le niveau de tolérance de l'homosexualité. Dans certains pays, on condamne à mort les homosexuels. Si l'homophobie fait loi dans le pays que vous visitez, de grâce, pour votre sécurité, soyez discrets.

INDONÉSIE/ÎLE DE BALI (LÉGIAN) ⋮ 1992 ⋮ MICHEL_30 ANS

Nos deux amis de Chicago, Tom et Holly, nous ont quittés hier après-midi, après des adieux bien émouvants. Nous nous sommes serrés et souhaités mutuellement bonheur et bonne route. Eux, pour leur tour du monde qui se poursuit et nous, pour la naissance de notre petite fille dans environ six semaines. Ils auront assurément marqué notre voyage. Jamais n'avions-nous fait route si longtemps (cinq semaines) avec un autre couple. Nous avons partagé le Tibet ensemble, une étape grandiose s'il en est une. Il y avait une chimie toute particulière entre nous quatre, comme si nous nous connaissions déjà. Une rencontre merveilleuse, de celles qui nous transforment.

Dans une rencontre comme celle dont il est question plus haut, rien n'est fixe, tout se décide au jour le jour. S'il y a une bonne chimie qui s'installe, comme ce fut le cas pour nous, on peut faire un long bout de chemin ensemble; sinon, on se dit au revoir après quelques jours et chacun poursuit son voyage. Les choses sont différentes si vous planifiez, depuis la maison, un départ avec un autre couple. Il s'agira, plus probablement, d'une entente qui devrait durer pour toute la durée de votre voyage. Assurez-vous alors de bien connaître le couple avec lequel vous désirez voyager. Êtes-vous sur la même longueur d'onde face au voyage que vous voulez faire ? Êtes-vous déjà partis au moins une fin de semaine ensemble ? Certaines personnes sont très calmes et joyeuses dans leur environnement, mais deviennent beaucoup plus inquiètes dès qu'elles quittent le nid et perdent leurs repères. Êtes-vous prêts à faire quelques sacrifices ? Accepterez-vous de rentrer plus tôt d'une excursion parce que certains sont moins résistants que d'autres ? Assurément, plus il y aura d'individus, plus il y aura de concessions à faire. Si vous ajoutez à votre cellule, qui compte déjà deux membres, un autre couple, vous voilà rendus à quatre pour décider oùet à quelle heure vous irez souper le soir. L'on mangerait bien, ce soir, au petit restaurant au bout de la plage, mais on n'y sert que du poisson et Josée n'aime pas en manger. Normand ne se sent pas très bien pour la deuxième journée, peut-être pourrions-nous, comme hier, manger au restaurant de l'hôtel, même si la nourriture est plus chère et pas très bonne!

L'idéal: voyager ensemble comme un groupe, mais demeurer des cellules complètement autonomes. Par exemple: on s'entend, avant le départ, que les déplacements se font ensemble et que, lorsque l'on s'installe dans une ville ou un village, les activités ou les repas se prendront parfois ensemble et d'autres fois seuls, selon les goûts de tous et chacun. Ainsi, si un soir vous ressentez le besoin de souper seuls parce que vous avez besoin de vous retrouver, cela ne risquera pas de créer une indisposition chez le couple qui vous accompagne et vice-versa. Si vous êtes bien conscients et acceptez à l'avance les limites qu'impose un voyage à quatre, six ou huit, l'aventure peut s'avérer passionnante. Vous aurez le privilège d'entrer en contact d'une façon toute particulière avec vos amis, frère ou sœur. Si vous désirez faire une activité qui ne plaît pas à votre conjoint mais qu'Isabelle ou André veut vous accompagner, vous y trouverez votre compte. En cas de pépin, vous n'êtes pas seuls et ils ne sont pas seuls. Il est souvent plus rassurant d'avoir des personnes que l'on connaît à ses côtés.

CEUX ET CELLES QUI VOUS ACCOMPAGNENT devraient idéalement être capables de fonctionner seuls, même si vous n'êtes plus là. On ne sait jamais, une malchance peut vous contraindre à un retour précipité au pays, de même qu'une mésentente entre voyageurs peut vous obliger à faire cavalier seul.

VOYAGER AVEC SES PARENTS

Le plaisir d'avoir ses parents ou ses beaux-parents avec soi en voyage pour quelques jours ou quelques semaines peut s'avérer hautement enrichissant. Alors que nous visitions le Mexique pendant quatre semaines, l'arrivée de mes beaux-parents apporta une ambiance toute particulière et très agréable. Nous avions stratégiquement placé leur arrivée au milieu de notre séjour, alors que nous étions à la mer.

Nos parents, parce qu'ils sont plus âgés et souvent plus faibles que nous, doivent être bien au fait du genre d'aventure dans laquelle ils vont plonger. Ne les surestimez pas, sinon c'est vous qui en pâtirez. De la même façon, c'est à vous de leur signifier que l'aventure que vous vous apprêtez à vivre, étant donné leur âge ou leur état de santé, n'est pas appropriée pour eux. Mais le plaisir et le bonheur de pouvoir partager un moment de vie avec ses parents hors du quotidien, un peu comme on le faisait parfois lorsqu'on était petit, sont d'une grande richesse.

Prenez une soirée, quelques semaines avant le départ, pour discuter avec vos parents de vos attentes et des leurs. Ajusterez-vous votre rythme en fonction de vos parents ou est-ce vos parents qui devront s'ajuster au vôtre ? Pour certaines activités qui impliquent plusieurs jours, il est parfois difficile de rebrousser chemin ou de décider sur place que c'est trop exigeant physiquement. Un safari de cinq jours au Kenya sous la tente, par exemple, peut difficilement s'annuler après deux jours si votre père a trop chaud ou s'il trouve l'aventure trop épuisante. Surtout si vous êtes accompagné d'autres voyageurs comme un groupe organisé. Toute cette préparation avant départ n'a qu'un seul but : éviter les mauvaises surprises une fois rendu sur place et faire en sorte que chacun savoure son voyage parce que celui-ci a été pensé et ajusté en fonction de chacun des membres du groupe.

CONSEIL

MIEUX VAUT VOYAGER SEUL QUE MAL ACCOMPAGNÉ. « Pourquoi ne viendriez-vous pas avec nous ? » Cette simple phrase, lancée au hasard, peut se retourner contre vous. Ne lancez pas ce genre de belle parole à tout venant si vous n'êtes pas prêt à assumer ce qui peut suivre.

Nuancez l'adage qui dit que *plus on est de fous plus on rit*. L'expérience du voyage prouve que la qualité des personnes qui nous accompagnent et l'homogénéité du groupe sont bien plus importantes que le nombre. N'invitez pas une tierce personne à se joindre à vous dans le seul but de vous rassurer. Faites-vous confiance ou choisissez une destination plus facile.

Voici une option qui peut s'avérer intéressante à plusieurs points de vue: proposez que l'on vienne vous rejoindre et vous tenir compagnie quelques jours ou une semaine, à l'intérieur de votre voyage. Cela ne représente pas un grand risque, surtout si cette rencontre a lieu à la mer. Mais si vous envisagez de voyager avec des gens pour une plus longue période, prenez un minimum de précautions.

VOYAGER ENCEINTE

QUAND?

Pendant les trois premiers mois de la grossesse, il n'est pas conseillé de prendre l'avion. Les risques de fausse couche sont plus élevés et le changement de pression dans la cabine peut provoquer des contractions. Après la douzième semaine, l'avion, la plupart du temps, ne cause plus de problème. Par contre, il est préférable de revenir avant la 32e semaine de gestation. Certaines compagnies aériennes refusent les femmes enceintes de plus de trente-deux semaines. Renseignez-vous auprès de la compagnie que vous aurez choisie si vous pensez revenir à la fin de votre grossesse. De plus, un conseil: ayez avec vous un papier officiel de votre médecin qui détermine le temps de gestation au moment prévu pour le retour, et la date d'accouchement. Ce sera votre preuve si, à trente semaines de grossesse, la compagnie aérienne ne veut pas vous laisser prendre votre vol de retour parce que vous paraissez sur le point d'accoucher.

TIBET/LHASSA : **1992** : MARIE-CHANTAL_27 ANS

Voilà! Nous voici à Lhassa! Nous venons de nous promener dans les rues tranquilles de la ville. Pas trop vite parce qu'on s'étourdit assez rapidement à cause de l'altitude. Ça ira mieux dans quelques jours. Cet endroit est tout à fait incroyable! À plusieurs reprises les larmes me montent aux yeux, prise d'émotion par ce que je vois. Je n'ai jamais rien vu de tel. Les Tibétains sont beaux et souriants. Les nomades portent des peaux de yak sur eux et les femmes se tressent les cheveux de façon à faire un chapeau. Les femmes remarquent beaucoup ma grossesse et certaines d'entre elles soulèvent mon chandail et tâtent mon ventre à la façon du médecin pour vérifier la hauteur de l'utérus. Je n'en crois pas mes yeux… Elles ont l'air de vraiment s'y connaître !

LA PRÉPARATION

Avant de décider de partir en voyage pendant votre grossesse, il faut vous demander si vous vous sentez bien, dans votre corps et dans votre tête. Si vous avez le moindre doute avant de partir, votre malaise pourrait être amplifié pendant votre voyage. Une échographie avant le départ peut réellement vous rassurer, même si elle est faite vers la douzième semaine de grossesse et que votre bébé n'est pas plus gros qu'un œuf. Avant de partir en Chine, notre médecin nous avait dit que la grossesse se déroulait très bien et que nous pouvions partir l'esprit en paix. Malgré tout, vous serez tout de même un peu nerveuse avant le départ, surtout si c'est votre premier bébé ; mais ça, ce n'est pas une raison pour ne pas partir !

Consultez votre médecin, votre sage-femme ou une infirmière spécialisée en obstétrique et faites-vous donner un cours sur *quoi faire en cas de saignement vaginal*. Loin de chez vous et de votre sécurité, un petit saignement subit peut vous faire paniquer et avec raison. Mais il faut savoir que les écoulements colorés, brunâtres ou rosés, ne sont pas nécessairement annonciateurs d'une fausse couche ou d'un accouchement prématuré. Renseignez-vous et lisez sur le sujet avant de partir. Plus vous en connaîtrez, plus vous saurez comment faire face aux changements de votre grossesse, comment réagir adéquatement et vous serez plus calme aussi. En passant, le futur papa devrait lui aussi être renseigné ; en cas de soucis, vous serez deux à réfléchir sur la question.

Assurez-vous que votre assurance voyage assure les femmes enceintes. Ce n'est pas toujours le cas et, surtout, ce n'est pas toujours spécifié dans les documents qu'ils nous envoient à la maison. Certaines compagnies demanderont un supplément pour vous assurer pour la santé.

LA FEMME ENCEINTE DEVRAIT AUSSI VOIR SON DENTISTE AVANT LE DÉPART. Les hormones de grossesse augmentent le risque d'avoir des caries chez certaines femmes. Mieux vaut prévenir que de souffrir loin de chez soi...

PRUDENCE !

LES BAGAGES D'UNE FEMME ENCEINTE

Si vous partez pour plus d'un mois, il faudra prévoir un soutien-gorge plus grand et des vêtements plus amples pour s'adapter à votre ventre qui s'arrondira de plus en plus. Apportez également des compresses d'allaitement et des protège-dessous. Même si vous n'en avez pas besoin au moment de votre départ, vous pourriez les trouver bien utiles si vos seins commencent à avoir de petits écoulements pendant le voyage ou si le poids du bébé, grossissant de jour en jour, vient à appuyer davantage sur votre vessie et vous laisse échapper de petites gouttes d'urine quand vous riez.

PORTEZ DES CHAUSSURES EXTRA-CONFORTABLES et pas trop serrées sur vos pieds. La chaleur, les longues promenades et les trajets en avion font enfler les pieds lorsque l'on a un surplus de poids. Il est bien agréable, dans ces cas-là, de pouvoir délacer ses chaussures ou d'en repousser les velcros.

CONSEIL

Apportez, évidemment, votre pharmacie personnelle, en pensant à un antiacide pour contrer les reflux gastriques fréquents chez les femmes enceintes, du *Tylenol* et une bonne huile pour masser vos seins et votre ventre.

Avant de partir pour un voyage qui nous a menés de la Chine jusqu'au Tibet et à Bali, notre sage-femme nous avait prêté un fœtoscope. C'est l'appareil dont se sert le médecin pour écouter les battements de cœur du bébé. Lucie nous avait montré, à Marie et moi, comment nous en servir, où placer l'appareil sur le ventre et comment compter les pulsations cardiaques. Nous avons adoré ces petits moments de détente où, tous les deux ou trois jours, nous écoutions le petit cœur énergique de Rosemarie. En plus de nous rassurer chaque fois, cela nous permettait de communiquer avec notre petite fille qui allait bientôt être parmi nous.

Apportez avec vous le numéro de téléphone ou l'adresse courriel de votre médecin. On ne sait jamais. Un simple appel en cas de doute peut vous rassurer énormément et même vous permettre de terminer votre voyage au lieu de revenir précipitamment.

Si vous êtes prédisposée aux infections vaginales, vous serez plus vulnérable dans les pays aux climats chauds et humides. Prévoyez d'apporter un antibiotique préalablement prescrit par votre médecin. Vous n'aurez probablement pas très envie de passer un examen gynécologique sur la route.

LA NOURRITURE

Évidemment, vous devrez être plus prudente et moins aventureuse qu'à l'habitude avec la nourriture. Lorsque l'on est enceinte, le système digestif est parfois un peu plus lent à faire son travail et provoque des reflux gastriques et de la constipation. Évitez donc les repas très épicés (à moins que vous ne soyez habituée à ce régime à la maison), l'alcool (évidemment) et réduisez la consommation de riz pour favoriser les fruits et les légumes cuits ou crus et pelés.

L'ALTITUDE

Il n'y a pas de contre-indications connues à visiter des lieux situés en altitude (jusqu'à 4 000 mètres), même si vous y restez pendant plusieurs semaines. Évidemment, si vous comptez faire du *trekking* avec un sac à dos, même si vous vous sentez en pleine forme et que vous y êtes entraînée, il faudra que vous montiez très lentement et fassiez des pauses fréquentes. Vous ne serez pas non plus davantage sensible aux effets secondaires de l'altitude si vous êtes enceinte et il n'y a pas de danger pour le fœtus. Si vous avez des difficultés à rester en altitude, ce n'est pas parce que vous portez un enfant. Vous auriez les mêmes difficultés sans être enceinte. Les problèmes avec l'altitude ne sont pas reliés à l'âge ou à l'état ou à la santé de l'individu. Certaines personnes auront toujours des problèmes d'adaptation à l'altitude et d'autres, jamais. L'ennui, c'est que vous ne pouvez pas le savoir tant que vous n'aurez pas vécu plus de trois jours à plus de 2 500 mètres au-dessus du niveau de la mer. Si, après trois jours, les malaises légers persistent (maux de tête, manque d'appétit, légère insomnie), vous devrez descendre jusqu'à ce que vous vous sentiez bien. Si, après vingt-quatre heures, des malaises comme la migraine, la panique, l'insomnie totale, les étourdissements ne vous quittent plus, descendez rapidement à une ville de moindre altitude.

L'essoufflement est un malaise normal. Tout le monde — sauf les habitants — est plus essoufflé dans les hauteurs. C'est la plus grande rareté de l'oxygène qui cause cela. En étant enceinte, vous le serez encore plus. Pour contrer ce désagrément, marchez plus lentement qu'à l'habitude et si vous avez à monter des escaliers ou un escarpement, prenez tout votre temps et arrêtez-vous souvent pour reprendre votre souffle. Évitez de vous pencher et, si vous devez absolument le faire, pliez les genoux de façon à vous accroupir au lieu de vous pencher et descendre la tête plus bas que vos hanches. (voir chap. 4, « Les problèmes que cause l'altitude », page 253)

L'ACCOUCHEMENT PRÉMATURÉ

Dans tous les pays du monde, des femmes accouchent tous les jours d'enfants en bonne santé, dans des conditions acceptables. Dans toutes les grandes villes du monde, que ce soit La Havane, Chicago, Brisbane, Madrid, Bangkok, Santiago ou Le Caire, il y a des hôpitaux et des médecins compétents qui travaillent en obstétrique. Mais si vous accouchez prématurément en voyage, les soins au nouveau-né sont à ce moment-là plus urgents et nécessitent plus d'attention.

En cas d'accouchement en pays étranger, le papa aura un rôle primordial à jouer. Il faudra qu'il s'assure de la qualité des soins et de l'hygiène, quel qu'en soit le prix (prévoyez cela dans votre assurance voyage), qu'il trouve un interprète, s'il y a lieu, qu'il contacte la famille et la compagnie aérienne pour devancer le retour et qu'il reste auprès du bébé et de la maman jour et nuit après la naissance, dans la même pièce. Ne laissez jamais un médecin ou une infirmière partir avec votre bébé à moins qu'il n'ait besoin de soins particuliers. Si c'est le cas, le père devrait accompagner son bébé et rester près de lui en tout temps. Si vous êtes entré en contact avec d'autres voyageurs pendant votre séjour et qu'ils sont dans la même ville que vous, n'hésitez pas à leur demander de l'aide pour ce qui a trait aux réservations d'avion, à la paperasse, à l'assistance consulaire et aux différentes communications avec la famille. Vous aurez besoin de soutien.

Aucune femme ne peut prétendre être à l'abri d'un accouchement prématuré, même si vous avez fait tout ce qui est recommandé pour l'éviter et que votre médecin vous a confirmé que tout se déroulait normalement. Si cela arrive, vous devrez composer avec l'imprévu, vous rendre le plus rapidement possible dans la grande ville la plus proche et accoucher dans les meilleures conditions possibles. Pendant notre aventure chinoise, en 1992, avec Rosemarie dans mon ventre, je notais toujours mentalement où était l'hôpital le plus proche et combien de kilomètres nous séparaient de cet endroit. Je le faisais instinctivement, pour me rassurer et pour réagir rapidement en cas de besoin. Heureusement, nous n'avons jamais eu besoin de nous rendre précipitamment à l'hôpital.

INTERNET

DU CÔTÉ PLUS OFFICIEL DE LA NAISSANCE EN PAYS ÉTRANGER, l'enfant aura la nationalité de son pays de naissance (il faut en faire la demande au retour) et également celle de ses parents. Pour avoir plus de détails sur la double nationalité, consultez le site Internet **www.voyage.gc.ca**

INDONÉSIE/ ÎLE DE BALI (UBUD) | **1992** | MARIE-CHANTAL_27 ANS

Demain, je serai enceinte de trente semaines. Il est temps pour nous de rentrer à la maison et de préparer la chambre de notre petite fleur. J'ai hâte de voir l'expression de mes parents quand ils verront mon ventre si gros. J'ai envie de pleurer. Je suis si pleine d'émotions et de joie. Ce voyage restera imprégné dans mes fibres toute ma vie... Je me sens si à fleur de peau.

Lorsque l'on est enceinte, la position assise, sur une longue période, gène la circulation sanguine des jambes (varices, engourdissements) et du corps en général parce que le poids du ventre bloque souvent les vaisseaux sanguins au niveau du bassin. Quel que soit le mode de transport que vous prendrez, trouvez le moyen de vous lever et de faire quelques exercices sur place. Profitez de tous les arrêts pour sortir et marcher.

Privilégiez par ordre de préférence : le train, l'avion, l'autobus et la voiture.

Le train d'abord, parce que vous pouvez vous lever aisément, marcher dans le wagon et étendre vos jambes. De plus, le train est habituellement très sûr. J'aime bien l'avion aussi, pour les mêmes raisons, mais l'espace est plus réduit. Choisissez une place près du couloir, de préférence, pour pouvoir vous lever quand bon vous semble sans gêner les autres passagers ; placez la ceinture sous votre ventre et, pour éviter de comprimer celui-ci inutilement, inclinez le siège dès que l'avion aura terminé sa phase de décollage. Buvez également beaucoup d'eau, les voyages en avion sont généralement assez déshydratants.

Dans le train comme dans l'avion, vous ne pourrez pas demander au conducteur de s'arrêter pour que vous puissiez marcher un peu. Vous devrez faire des exercices sur place, mais au moins vous pouvez vous lever.

La voiture est le moyen de transport le moins sûr parce que le risque d'accident est plus élevé et que vous ne pouvez pas vous lever pour vous dégourdir les jambes. Si vous devez voyager en voiture, assurez-vous que le conducteur est prudent et avertissez-le que vous désirez faire des arrêts de dix à quinze minutes toutes les deux heures, minimum. Votre vessie devrait vous le commander de toute façon. Profitez des pauses pour marcher, même si c'est sur le bord d'une autoroute ou autour de la voiture. Le but est de faire circuler le sang dans votre corps, pas d'admirer le paysage (si vous pouvez faire les deux en même temps, tant mieux !). Dans la voiture, préférez les places à l'arrière et placez la ceinture de sécurité sous votre ventre.

TIBET/LHASSA | **1992** | MARIE-CHANTAL_27 ANS

... Après avoir tâté mon ventre, elle m'a dit quelque chose en tibétain, satisfaite. Une autre femme s'est assise un peu derrière moi et me chantait des prières dans l'oreille. Elle me souriait et faisait tourner son moulin à prières près de ma tête. C'était doux... Les larmes ont monté dans mes yeux. Je n'osais pas regarder Michel assis à quelques pieds de moi, je ne sais pas pourquoi... Cette femme priait pour moi et mon enfant. Il y avait foule autour de nous qui circulait, mais je me sentais seule au monde, heureuse, émue. Au loin, je regardais le Potala... Malgré mes larmes, les femmes ont continué à me sourire, elles comprenaient ce que je ressentais.

QUÉBEC | **NOVEMBRE 2003** | ROSEMARIE_11 ANS

Travail de recherche sur un pays avant vécu la guerre, cinquième année du primaire

... Et malgré la beauté de leur coin de pays et la richesse de leur culture, le peuple tibétain vit un grand malheur. Les communistes chinois envahissent depuis 1950 cette région de la Chine dans le but d'anéantir la culture tibétaine et surtout d'assimiler les Tibétains à la Chine. La plus importante rébellion se produisit en 1959 et marqua le départ du dalaï-lama, le chef spirituel des bouddhistes. Dans les années soixante, quatre-vingt-sept mille Tibétains furent tués par les Chinois et cent mille autres décidèrent de rejoindre le dalaï-lama dans le nord de l'Inde.

Il y a exactement onze ans, en octobre 1992, alors que j'étais dans le ventre de ma mère, j'ai visité le Tibet. Dommage, il n'y avait pas de fenêtre. Pourtant, j'aurais bien aimé voir le Tibet à cette époque, car aujourd'hui il n'est plus le même. L'an prochain, j'irai visiter, avec ma famille, les Tibétains exilés à Dharamsala, au nord de l'Inde. J'ai l'impression de déjà les connaître.

L'ITINÉRAIRE

LES RECHERCHES SUR INTERNET

Internet est un outil fabuleux pour planifier son voyage. Les différents sites d'agences de voyage, d'offices de tourisme et aussi les sites personnels de globe-trotteurs de partout sur la planète proposent assez d'informations pour vous faire une idée très précise et même pour fixer votre choix sur le pays ou la région que vous envisagez de visiter. Lors de l'étape de la planification, vous pouvez fouiller allègrement. En effet, il peut être très agréable de se perdre dans les différents sites consacrés aux pays ou aux coins de pays que nous avons choisi de visiter. Il y a souvent beaucoup d'images, de cartes et de photos provenant de voyageurs. Il est toujours bon de recouper l'information. Quand plusieurs personnes, forums de voyageurs sur Internet ou livres parlent en bien du même village ou du même monument, c'est que, très probablement, il est digne d'intérêt. C'est également une très bonne façon de réserver une chambre d'hôtel ou pour voir sur le site de l'hôtel à quoi ressemblent les chambres (voir chap. 2, « Réserver son hébergement par Internet », page 140). À mon sens, Internet ne remplace pas un bon livre-guide, mais c'est un excellent complément.

LES LIVRES-GUIDE

Une fois décidé sur votre destination, achetez des livres-guide du pays choisi pour pouvoir aller plus loin dans vos recherches et avoir tous les détails que l'on ne trouve pas sur Internet. Sur la route, il est aussi plus pratique d'avoir un ou deux livres-guide avec soi. Internet n'est pas toujours accessible et un livre se consulte plus facilement sur le coin d'une rue.

Un bon livre-guide sur la destination choisie est un élément indispensable, selon nous, non seulement pour l'étape de la planification d'un budget et de l'itinéraire d'un voyage, mais aussi sur la route, pendant le voyage en tant que tel. Une des grandes différences avec Internet c'est qu'avec le livre-guide on s'identifie à un auteur qui est déjà allé sur place. J'ai plutôt tendance à faire davantage confiance à un auteur qui nous donne son opinion personnelle sur l'endroit que l'on s'apprête à visiter, par opposition à l'office du tourisme d'un pays ou à un site Internet d'hôtel. L'auteur nous donne son opinion de voyageur sur les différents hôtels, sur l'accueil, la situation des chambres et le rapport qualité-prix. Lorsqu'on lit dans un livre-guide : « Agréable petit hôtel de douze chambres avec balcons, donnant directement sur la partie la plus intéressante de la plage et tenu par une famille des plus sympathiques. Le propriétaire vous aidera à organiser votre journée et il peut même vous fournir un transport. Les chambres sont plutôt petites mais propres et ça sent le bon pain le matin parce que la femme du proprio tient une petite boulangerie au premier étage », on sait très bien à quoi s'en tenir. Sur le site Internet d'un hôtel, on vous informera sur le prix et souvent la distance qui sépare le site de l'hôtel du centre-ville ou de la plage. Mais on ne vous dira pas, par exemple, que les chambres donnant sur la rue sont très bruyantes, que le service est impersonnel et que l'infestation de fourmis n'est pas encore sous contrôle. Lorsque l'on réserve et que l'on est prêt à donner son numéro de carte de crédit, on veut savoir ce genre de chose et c'est précisément ce type de renseignements que contient un bon livre-guide. À cause de son côté personnel, le livre-guide présente une information subjective, il vous conseille, il vous donne son opinion. Pour ma part, j'aime avoir l'opinion d'une tierce personne, je veux que quelqu'un qui est allé quelque part avant moi me dise si c'est dangereux, accueillant, insalubre, bref si ça vaut la peine ou non. Je veux que mon livre-guide me mette en garde contre une attraction très courue, s'il juge que ça n'en vaut plus vraiment la peine.

Je suis, par exemple, à Jaisalmer, province du Rajasthan, Inde. Je sais qu'à l'extérieur de la ville, les « Dunes de Sam » sont une attraction très populaire auprès des touristes. Le site de l'office du tourisme de la région décrit même l'endroit comme l'attraction principale. Dans mon livre-guide cependant, l'auteur qui y est allé me met en garde. Je lis : « Si vous vous attendez à retrouver aux Dunes de Sam la solitude et le calme du désert, votre déception risque d'être grande. La dune est toujours là, mais l'endroit tient maintenant davantage de la fête foraine que de l'oasis au cœur du désert. Avec tous ses vendeurs de souvenirs et de thé vous n'aurez aucun répit. » Nous n'y sommes pas allés…

Nous voyageons souvent avec deux livres-guide différents. Nos préférés sont : *Lonely Planet* (Lonely Planet), *Bradt travel guides* (Bradt) et *The Rough Guides* (Rough Guides), puis suivent *Footprint* (Footprint books), *Voir* (Libre Expression) et *le Guide du Routard* (Hachette). L'idée est d'avoir deux sons de cloches et de pouvoir recouper les informations. Chaque guide a sa personnalité et livre l'information de la façon qui lui est propre. *Rough Guide*s et *Footprint* nous invitent un peu plus en dehors des sentiers battus et *Voir* décrit à merveille les lieux historiques et culturels avec des photos couleurs et de nombreuses cartes à l'appui. Dans un autre genre, même s'il renseigne aussi sur l'histoire et les lieux à voir, l'australien *Lonely Planet* est le champion pour nous décrire chaque hôtel et chaque restaurant. *Le Guide du Routard,* très français de par son style, ses nombreuses comparaisons et commentaires, est très populaire et bien fait également. Tous ces livres-guide ont une section historique et développent, chacun à leur façon, toutes les informations pratiques qu'il faut connaître pour voyager dans le pays que nous avons choisi.

C'est en consultant un livre-guide que vous pourrez le mieux évaluer les coûts de votre voyage. Internet est moins complet sur ce point. L'information que le livre contient vous permet de comparer les prix des hôtels, par exemple de l'auberge de jeunesse, ou son équivalent, à l'hôtel cinq étoiles. Les sites de réservations d'hôtel proposent habituellement des hébergements de trois étoiles et plus, quelquefois des deux étoiles mais c'est rare. Les petites auberges familiales, souvent accueillantes et économiques, sont très difficiles voire impossibles à trouver sur Internet parce qu'elles sont trop petites pour être proposées par leur office du tourisme ou trop éloignées des grands centres ou encore parce qu'elles n'ont tout simplement pas les moyens d'avoir un site Internet. Mais vous pourrez les trouver dans les livres-guide parce que l'auteur est un voyageur qui est allé sur place. Ce dernier vous donnera même son appréciation de l'endroit et plusieurs autres détails qui pourront vous aider à faire votre choix. Même chose pour les restaurants bon marché. Les prix relatifs au transport y sont aussi souvent très bien décrits.

Après avoir choisi votre destination, utilisez votre livre-guide pour la planification du voyage: le choix de l'itinéraire, le repérage préliminaire d'endroits à visiter, où coucher, où manger, etc. Commencez à vous familiariser avec son utilisation plusieurs semaines avant le départ. D'abord parce que le plaisir de la préparation peut être aussi intense que celui de voyager et qu'ensuite, une fois sur place, il sera plus aisé, rapide et convivial de le consulter. Le livre-guide est un élément essentiel, durant le voyage. Ne partez pas sans lui.

Même lorsque l'on choisit un voyage « organisé », une croisière ou un forfait « tout inclus », il est toujours bon d'avoir en sa possession un livre-guide de l'endroit où nous séjournons.Si vous désirez partir avec quelques amis pour une journée explorer les environs, il vous sera aisé de vous préparer avec un livre-guide. Autrement, vous serez totalement dépendant du guide de votre groupe ou de la personne qui organise les excursions à votre hôtel ou sur la croisière. Sans information pertinente sur le coin, la chose devient certainement plus difficile à réaliser. Souvent les journées d'excursions organisées dans les grands hôtels sont passablement dispendieuses. Avec un bon livre-guide, vous pourrez faire une excursion en autonomie, à votre rythme, à votre goût et parfois même plus économique que les sorties, non incluses dans votre forfait, que l'on tentera de vous vendre une fois sur place.

SRI LANKA/HIKKADUWA : **2002** : MICHEL_40 ANS

Jeudi matin de bonne heure, nous quitterons pour Colombo et de là, par train, nous gagnerons le nord ; Anuradhapura, où nous devrions passer trois ou quatre jours. Aujourd'hui, on parcourt nos livres-guide pour trouver les bons endroits et tenter d'organiser notre séjour à notre prochaine destination. J'aime bien lire ou relire sur place plutôt que dans mon salon, à la maison. La perspective est très différente.

CHOISIR SON VOL

Il n'est pas toujours aussi facile qu'il y paraît de choisir la bonne compagnie aérienne qui nous transportera jusqu'à destination.

Pour les vols sans escale et de courte durée, les choses sont plutôt simples, mais pour les vols transcontinentaux avec une ou deux escales, les possibilités sont multiples et le choix peut s'avérer ardu à faire.

Quelle que soit votre destination, n'hésitez pas à magasiner vos billets d'avion. Consultez les sites Internet des compagnies aériennes, contactez plusieurs agences de voyage, faites-vous sortir des itinéraires et des prix. Les agences de voyage ne se spécialisent pas toutes dans les mêmes produits, ne font pas toutes affaire avec les mêmes grossistes et ne prennent pas toujours la même commission sur les billets. Il y a peu d'avantages à contacter directement une compagnie aérienne pour acheter son billet. Selon notre expérience, ça ne s'est jamais avéré la meilleure option. Mais dénicher un bon agent de voyage n'est pas facile. Un bon agent de voyage est quelqu'un qui cherche le produit dont *vous* avez besoin. Mais d'abord, de quoi avez-vous besoin ? Voulez-vous un billet de dernière minute à prix réduit parce que vous avez la souplesse de partir au pied levé, à quarante-huit heures d'avis ? Un billet avec une date de retour ouverte parce que vous ne savez pas quand vous rentrerez au pays ? Un billet avec escale parce que vous désirez vous arrêter vingt-quatre heures dans une ville à mi-chemin d'un long vol transcontinental ? Un billet aller simple seulement (attention, de ce côté, plusieurs pays exigerons de voir votre billet retour avant de vous laisser entrer chez eux) ? Le coût d'un billet d'avion est très variable pour un même vol, et je ne parle pas ici de la première classe comparée à la classe touriste. Les variations proviennent des conditions d'achat : possibilité de changement de date, escales, réservations hâtives ou à la dernière minute, départ un jour de fin de semaine, etc. La haute ou la basse saison peuvent aussi avoir un effet important sur le prix de votre billet. Quelquefois, partir cinq jours plus tôt ou revenir cinq jours plus tard peut vous faire économiser plusieurs centaines de dollars.

Premier point à prendre en considération : le prix du billet, suivi de très près par le *routing* (le trajet en avion jusqu'à destination). On cherche tous le meilleur prix. Mais attention, nuance, le meilleur prix ne signifie pas absolument la meilleure affaire. Vous voulez vous rendre à Singapour, on vous propose un vol « Montréal – New York – Anchorage – Taipei – Bangkok » pour 1 300 $. Une autre compagnie vous offre pour 300 $ de plus et avec points de fidélité en prime : Montréal – Chicago – Tokyo – Bangkok. À vous de voir ce qui vous convient le mieux, mais en ce qui nous concerne, sans hésiter, le second choix est de loin supérieur au premier. Évidemment, si vous avez du temps et un petit budget, l'intérêt d'économiser de l'argent peut s'avérer supérieur à celui de s'épargner fatigue et attente. Faites votre choix.

NE SOUS-ESTIMEZ PAS LA HAUTE SAISON (Noël ou la semaine de relâche scolaire) lors de vos réservations. Les gens voyagent de plus en plus et si vous ne voulez pas perdre une semaine de voyage parce qu'il n'y a plus de place dans l'avion, prévoyez de réserver plusieurs mois à l'avance.

Deuxième point à prendre en considération : la fiabilité de la compagnie aérienne et le lieu des escales. Toutes les compagnies aériennes ne se ressemblent pas côté service et fiabilité. Amorcer avec six heures de retard un long vol de quatorze heures vers Buenos Aires n'a rien de très agréable. Nous optons pour ce qu'il y a de plus fiable, dans la mesure de nos moyens. Nous ne négligeons pas non plus le pays et la ville où nous ferons escale. Par exemple, lorsque nous nous sommes rendus au Sri Lanka, en 2002, nous avions le choix de voler avec Koweit Airlines, mais cela nous obligeait à faire une escale à Koweit city (une escale, cela signifie atterrir, débarquer et attendre pour changer d'avion. Quelquefois l'avion atterrit, certains passagers descendent et d'autres montent, mais l'on ne change pas d'avion, cela s'appelle un arrêt). C'était un an seulement après les événements du 11 septembre 2001 et ce n'était pas un pays où nous avions envie d'être coincés advenant un problème. Nous optâmes finalement pour Czech Airlines qui, pour un prix très concurrentiel, nous proposait de transiter par la magnifique ville de Prague où, au retour, sans supplément avec la compagnie aérienne, nous choisîmes de passer une journée et une nuit sur place pour visiter la ville.

LES POINTS PRIVILÈGES

De plus en plus de transporteurs offrent un système de points privilèges pour fidéliser leur clientèle. Ces points peuvent s'avérer très avantageux ultérieurement pour se permettre une petite escapade imprévue ou pour diminuer le coût d'un prochain voyage. Par exemple, le nombre de points accordés par Air Canada pour me transporter en Asie du Sud-Est peut me permettre de me rendre gratuitement faire du ski à Vancouver l'année suivante ; pas mal, non ? Si le prix du billet est concurrentiel avec le prix des autres transporteurs, les points privilèges s'avèrent très avantageux.

Pour résumer le tout... magasinez. Portez une attention particulière au *routing*, à la fiabilité de la compagnie, le nombre et le lieu des escales, le cas échéant. Finalement, renseignez-vous pour savoir si la compagnie offre un système de points privilèges, ça vaut vraiment le coup.

LES TARIFS ÉTUDIANTS

Pour ceux qui sont encore aux études, la carte d'étudiant ISIC (*International Student Identity Card*) peut être un atout pour économiser entre 10 et 15 % sur certains tarifs (transports, loisirs, musées, sites culturels, bureaux de change, assurances etc.) ici au Canada ou sur la route à l'étranger. Ce n'est pas la manne, mais quelques dollars sauvés ici et là vous permettront de tenir le coup plus longtemps.

ESPAGNE/MADRID : **1984** : MICHEL_21 ANS

Aujourd'hui nous avons visité le Musée d'art contemporain de Madrid qui se situe tout près de la cité universitaire. L'entrée était gratuite, puisque j'avais ma carte internationale d'étudiant. Elle m'a sauvé 150 pesetas. Dans ce musée, j'ai enfin pu voir des œuvres du peintre Salvador Dali. J'ai été très ému.

La carte ISIC est le seul document vous permettant de faire reconnaître votre statut d'étudiant dans le monde entier.

Pour obtenir une carte ISIC, vous devez étudier à temps plein dans un établissement secondaire ou postsecondaire canadien, être un résident du Canada et être âgé de 12 ans ou plus. Afin de prouver votre statut d'étudiant à temps plein, vous devrez remettre l'un des documents suivants: une lettre du registraire portant le sceau de l'établissement d'enseignement, une preuve de paiement de frais d'études à temps plein ou un horaire de cours sur lequel figurent votre nom et votre statut d'étudiant à temps plein.

Au Canada, au moment de l'écriture de ce livre, la carte ISIC coûte 16 $ si vous l'achetez en personne, ou 17,50 $ si vous la commandez par la poste. Au moment de l'achat, vous devrez aussi fournir une photo récente format passeport. Vous pouvez vous la procurer aux bureaux de la plupart des associations d'étudiants.

INTERNET

POUR PLUS DE RENSEIGNEMENTS, ALLEZ VOIR LES SITES Internet www.isic.org et **www.isic.tm.fr**

En achetant votre carte, vous recevez gratuitement le *Guide de réductions pour étudiants voyageurs au Canada*. Si vous comptez voyager à l'étranger, procurez-vous en même temps un exemplaire du *Guide de voyage dans le monde ISIC*. Vous y trouverez un répertoire des remises et services spéciaux auxquels votre carte ISIC vous donnera droit dans quatre-vingt-treize pays.

PRÉPARER LE CALENDRIER

La planification du calendrier est une étape exaltante et vraiment importante. C'est pendant cette étape que se tirent les grandes lignes du voyage. Avis aux bohèmes et aux esprits épris de liberté absolue, cette planification ne signifie en rien que vous ne pourrez, une fois sur place et au gré des rencontres, déroger de l'itinéraire fixé. La planification du calendrier sert d'abord, dans un premier temps, à dégager ce que l'on veut absolument voir selon notre budget et la durée de nos vacances et ensuite à visualiser le nombre de journées disponibles ou nécessaires pour chaque étape. C'est en couchant le tout sur papier que l'on est à même de bien visualiser l'itinéraire de notre voyage. Plus le temps dont vous disposez est restreint, plus il est nécessaire d'élaborer un calendrier précis. Nous utilisons toujours un petit calendrier avec autant de cases qu'il y a de jours de voyage.

Voici les calendriers de deux voyages que nous avons faits.

ITALIE, BAIE DE NAPLES ET CÔTE AMALFITAINE ⋮ 2006

LUNDI	MARDI	MERCREDI	JEUDI	VENDREDI	SAMEDI	DIMANCHE
10 avril Départ de Montréal pour Naples à 20 h 10 (escale à Paris)	**11 avril** Arrivée à Naples : 11 h 50 (heure locale)	**12 avril** Naples	**13 avril** Naples — Île de Procida	**14 avril** Procida	**15 avril** Procida — Île de Capri	**16 avril** Capri
17 avril Capri — Positano	**18 avril** Positano	**19 avril** Positano (excursion à Pompéi)	**20 avril** Positano (excursion à Amalfi)	**21 avril** Positano — Naples	**22 avril** Départ pour Montréal à 14 h 30 (escale à Paris)	

Marie-Chantal a fait ce voyage avec sa mère. C'est un voyage assez dense en déplacements pour un séjour de treize jours avec décalage horaire. Elles ont vu beaucoup de choses, tout l'hébergement était réservé à l'avance, ce qui a économisé beaucoup de temps, mais au retour, elles ont dû prendre deux jours de repos...

SRI LANKA ⋮ 2002-2003

LUNDI	MARDI	MERCREDI	JEUDI	VENDREDI	SAMEDI	DIMANCHE
9 déc. Départ de Montréal pour Colombo à 20 h 10	**10 déc.** Vol (escale à Prague)	**11 déc.** Arrivée à Colombo : 5 h 20	**12 déc.** Colombo — Hikkaduwa	**13 déc.** Hikkaduwa (plage)	**14 déc.** Hikkaduwa (plage)	**15 déc.** Hikkaduwa (plage)
16 déc. Hikkaduwa (plage)	**17 déc.** Hikkaduwa(plage)	**18 déc.** Hikkaduwa — Anuradhapura	**19 déc.** Anuradhapura	**20 déc.** Anuradhapura	**21 déc.** Anuradhapura (excursion à Mihintale)	**22 déc.** Anuradhapura — Polonnaruwa
23 déc. Polonnaruwa	**24 déc.** Polonnaruwa — Sigiriya	**25 déc.** Sigiriya	**26 déc.** Sigiriya	**27 déc.** Sigiriya — Dambula	**28 déc.** Dambula	**29 déc.** Dambula — Kandy
30 déc. Kandy	**31 déc.** Kandy (excursion à Pinnewale)	**1er jan.** Kandy — Ella	**2 jan.** Ella	**3 jan.** Ella (excursion à Horton's plain)	**4 jan.** Ella — Haputale	**5 jan.** Haputale
6 jan. Haputale — Tangalle	**7 jan.** Tangalle	**8 jan.** Tangalle (excursion à Matara)	**9 jan.** Tangale — Merissa	**10 jan.** Merissa	**11 jan.** Merissa	**12 jan.** Merissa
13 jan. Merissa — Galle	**14 jan.** Galle	**15 jan.** Galle — Hikkaduwa	**16 jan.** Hikkaduwa (plage)	**17 jan.** Hikkaduwa — Colombo	**18 jan.** Colombo	**19 jan.** Départ pour Montréal à 15 h 20
20 jan. Arrivée à la maison						

Ce voyage de six semaines a été fait en famille avec nos deux filles alors âgées de 5 et 9 ans. Aucun hébergement n'avait été réservé à l'avance, tout se faisait au jour le jour. Une semaine a été consacrée à la plage et au rattrapage du décalage horaire en début de l'aventure.

Observez maintenant la première semaine de ce voyage. Il s'est écoulé quatre jours avant l'arrivée à la mer, première vraie étape du voyage. Jour 1 : départ pour le Sri Lanka. Jour 2 : transport. Jour 3 : arrivée à Colombo et repos (fatigue due aux longs vols et décalage horaire). Jour 4 : départ pour la plage située au sud (trois heures de transport). C'est ainsi qu'on peut le mieux visualiser le nombre de jours dont nous disposons et, par le fait même, le nombre de jours que nous voulons consacrer à chaque étape. La planification vous permettra aussi de vérifier la distance qui sépare deux étapes et de visualiser, dans son ensemble, le nombre de jours de déplacement par rapport au nombre de jours de visites. Prendrons-nous deux jours pour nous rendre à la mer ou un après-midi ? Prendrons-nous le bateau ou la voiture avec chauffeur, ou choisirons-nous l'avion pour gagner du temps ? Dans l'exemple précédent, puisque nous nous sentions relativement bien à notre arrivée à Colombo le 11 décembre au matin et qu'aucun hébergement n'était réservé, nous avons décidé de descendre directement à Hikkaduwa le jour même. Autre exemple : la visite de la ville de Galle était, selon notre calendrier, prévue pour la fin du voyage, mais une fois à Hikkaduwa, la première semaine, nous avons réalisé qu'il serait aisé et agréable d'aller passer une journée à Galle située à seulement dix kilomètres, sans y dormir. C'est ce que nous avons finalement fait. Tout se précise une fois sur place.

INDE/NAINITAL : **2004** : MARIE-CHANTAL_39 ANS

Nous prenons beaucoup de renseignements pour la suite du voyage en ce moment. Cela occupe beaucoup notre esprit. Nous pensons peut-être trekker trois jours dans la région du Nanda Devi, la deuxième plus haute montagne de l'Inde, à la frontière du Népal. Nous ne pourrons pas aller à Badrinath, comme nous l'avions prévu, il y a trop de neige et la route est fermée. Mercredi, nous partirons plutôt pour Bageshwar pour voir s'il y a des agences de trekking parce qu'ici, c'est bien joli mais on ne peut pas avoir beaucoup d'informations. Nous n'avions pas prévu de visiter cette ville, mais elle est un peu plus au sud que Badrinath, donc plus accessible.

Quelques jours plus tard...

INDE/BAGESHWAR : **2004** : MICHEL_42 ANS

Les plans semblent changer au jour le jour, au gré de nos sentiments face à ce que nous voyons et aux villages que nous rencontrons. Rien de ce que nous avons vu jusqu'à maintenant n'a justifié un arrêt de plus d'une journée. Nous choisissons donc de nous remettre en route le matin venu. Nous avons aussi pris la décision de ne pas trekker à partir de Bageshwar mais plutôt de Manali où, il nous semble, tout sera plus facile à organiser. Aujourd'hui nous pousserons vers Chokori, un village dont nous n'avions jamais entendu parler et qui n'est même pas dans nos livres-guide. Ce village offre, selon notre très gentil chauffeur, Mohinder, une superbe vue sur les Himalaya. Nous dormirons dans ce village ce soir. Où ? Dans quelles conditions ? On aura la surprise sur place. Vive l'aventure !

Même pour un voyage de deux mois, à moins de choisir de se consacrer entièrement à un petit bout de pays comme la visite exclusive du Péloponnèse en Grèce ou des îles Fidji, le temps nous est compté. Les déplacements étant probablement la partie la plus ardue d'un voyage, on ne se déplace pas pour le plaisir et on essaie de tracer un itinéraire qui minimisera le nombre de déplacements. Vous serez surpris du nombre de choix que vous devrez faire en traçant votre itinéraire : « Si nous nous attardons trop ici, nous n'aurons pas le temps de voir cela, mais si nous y allons, nous devrons changer d'hôtel quatre fois en cinq jours, c'est beaucoup; peut-être devrions-nous nous arrêter là quelques jours. Nous devrons faire un détour de trois cents kilomètres vers la capitale pour prolonger nos visas, cela ne nous laisse donc pas le temps de voir ce petit village, qui semble si pittoresque.» Lors de cette planification, à la maison, rappelez-vous que rien n'est immuable et qu'une fois sur place, tout pourra être sujet à changement si votre hébergement n'a pas été réservé à l'avance. C'est sur place que se prendra la décision finale de sauter une étape ou de rester quatre jours de plus dans un village parce que ce petit coin de paradis vous ravit.

En général, les livres-guide recommandent à peu près tous les mêmes endroits à visiter pour une région ou un pays donné. Les choix à faire portent plutôt sur le nombre de jours consacrés à chaque étape ou sur la décision de quitter, ou non, le circuit plus touristique pour aller visiter une partie de pays où les touristes vont moins.

THAÏLANDE/BANGKOK ⋮ **1991** ⋮ MICHEL_28 ANS

Comment ça se fait que je pars deux mois et demi et que je me sens encore pressé par le temps ? C'est fou. Voici la situation. La Birmanie est fermée jusqu'au 7 février à cause des élections. Vietnam ; trois semaines de visa maximum pour 125 $. Laos ; deux semaines de visa pour 150 $. Sept jours d'attente pour un visa vietnamien ou laotien. On aurait donc dû les prendre avant d'aller au sud, merde ! Donc, on se propose de visiter le nord de la Thaïlande du 22 janvier au 6 février et puis vingt jours au Vietnam, peut-être le Laos et on finit ça en Malaisie. Si tout se règle, on devrait être à Chang Mai mardi matin. La Birmanie est perdue. Bien dommage, je voulais vraiment y aller. Prochaine fois, j'imagine. Plus on bouge, plus on veut bouger vite, plus ça se complique. Pas toujours facile de vouloir voir les beaux coins reculés. Il faut les travailler. Alors... travaillons.

CHOISIR SON HÔTEL

Il existe toutes sortes d'hôtels: des petits, des grands, des somptueux, des économiques. La question est souvent de bien déterminer ses attentes et ses besoins. Désirons-nous un petit hôtel bon marché, histoire d'économiser ou un hôtel de charme pour des moments agréables d'intimité ? Cherchons-nous un château médiéval acceptant des hôtes et dont le restaurant propose une cuisine gastronomique réputée ? Avons-nous simplement besoin d'un hôtel standard faisant partie d'une chaîne internationale comme les *Sheraton*, *Hilton* ou *Holiday* Inn ou le petit *guest house* tenu par une gentille famille tunisienne ?

FRANCE/DIJON : **1984** : MICHEL_21 ANS

Ce soir, on dort au presbytère. On couchera par terre dans une grande pièce avec des tables et des chaises et deux grandes bibliothèques vitrées. Je n'ai pu résister à la curiosité d'y jeter un coup d'œil, ces bibliothèques contiennent les registres des naissances depuis 1850, plein de livres en latin et un tas d'autres choses. Nous avons été très bien accueillis. On nous a prêté 50 francs, alors on a pu manger (nous n'avions pas eu le temps de changer des sous et nous étions à court). On nous a aussi donné une bonne soupe chaude. Le prêtre est même venu jaser avec nous. Il nous a confié qu'à la belle saison, les clochards les visitent assez régulièrement. Des voyageurs comme nous, c'est plutôt rare. Demain matin, si on veut y assister, la messe est à 9 h 30.

Le prix est un facteur important lors du choix d'une forme d'hébergement. Mais ce facteur est souvent aussi conjugué à un autre qui peut être dicté, par exemple, par l'efficacité : la proximité d'un aéroport ou d'une gare, l'accès à Internet ou la rapidité du service. D'autres fois, ce sera un choix lié à l'environnement : la décision de dormir dans un château du XVe siècle, ou lié à la situation géographique de l'hôtel : à proximité de la mer, du centre-ville des restaurants et des discothèques.

Il importe de déterminer les catégories d'hôtels dans lesquels on prévoit de loger, selon le cadre budgétaire déjà établi mais tout autant selon le degré de commodités, de confort ou de contacts locaux que l'on veut se donner. En établissant l'itinéraire de votre voyage, vous serez à même de visualiser le genre d'hébergement dont vous aurez besoin aux différents moments de votre voyage. Ces différents moments peuvent nécessiter plusieurs formes d'hébergement. Très bien, mais dans les faits, ça veut dire quoi ? Ça veut dire que si vous prévoyez d'arriver à 2 heures du matin à votre hôtel après quatorze heures d'avion, il sera agréable d'avoir réservé une chambre dans un hôtel moyen ou haut de gamme ouvert toute la nuit (les petits hôtels ferment souvent après 23 heures). Peut-être aussi, en posant enfin votre valise sur votre lit, désirerez-vous utiliser le service aux chambres 24 heures pour vous faire monter une petite soupe (les hôtels n'offrent pas tous ce service, il faut l'avoir prévu). Le lendemain, vous serez peut-être également heureux de pouvoir vous baigner à la piscine de l'hôtel et de vous étendre au soleil, histoire de rattraper le décalage horaire plutôt que d'être pris, pour vos deux premiers jours, dans une petite chambre sans charme où la seule solution de rechange à l'exiguïté de la chambre est la rue. Voilà donc les deux premières nuits de votre voyage planifié dans un hôtel de luxe (même s'il est un peu au-dessus de votre budget) afin de vous permettre de prendre contact tout doucement avec ce pays qui vous inquiète un peu de par son exotisme et sa différence de culture. Les couchers suivants pourront se faire dans des petits *guest house*, ou autres, selon votre budget.

Autres exemples, vous avez un long déplacement à faire en auto et vous êtes obligé de coucher entre les deux étapes, peut-être pourriez-vous envisager d'économiser de l'argent en descendant dans un petit hôtel sans cachet situé sur le bord de la route où vous ne passerez de toute façon que le temps nécessaire au repos d'une nuit. L'argent ainsi sauvé pourra être investi lors d'une étape plus exaltante sur le bord de la mer alors qu'une chambre coquette avec vue sur la grande barrière de corail sera un vrai cadeau du ciel. Ou encore, vous visitez une grande ville, le petit hôtel bon marché mais judicieusement situé fera parfaitement l'affaire. Vous allez passer cinq jours en montagne où vous savez que vous devrez vous dépasser physiquement, il peut s'avérer agréable au retour d'avoir prévu une chambre confortable avec une douche qui fonctionne bien et un service sur place de lavage des vêtements.

CONSEIL

IL FAUT ADAPTER SON HÉBERGEMENT en fonction de son itinéraire. Il ne faut donc pas avoir peur de dépasser quelquefois le montant que l'on s'était alloué en considérant qu'il nous sera possible de se rattraper à telle autre étape de l'aventure.

Il existe une classification pour les hôtels. Bien sûr, la classification peut varier d'un endroit à l'autre; certains pays sont certainement plus rigoureux que d'autres sur ce point, mais en règle générale, la classification en étoiles est plutôt universelle, cinq étoiles correspondant à un hôtel de grand luxe. D'autres choisiront pourtant d'utiliser les termes; supérieur, de luxe, première classe et standard.

HÔTEL CINQ ÉTOILES ★★★★★

Le très grand luxe, le grand confort. L'aménagement est, la plupart du temps, exceptionnel et la multitude des commodités offertes va de pair avec la qualité du service.

HÔTEL QUATRE ÉTOILES ★★★★

Un hôtel de première classe au confort supérieur dont l'aménagement haut de gamme est plus que soigné. Un large éventail de services et de commodités complète le tout.

HÔTEL TROIS ÉTOILES ★★★

Un hôtel de classe et très confortable. Un établissement avec un aménagement de qualité offrant services et commodités.

HÔTEL DEUX ÉTOILES ★★

Un hôtel standard, confortable et de qualité moyenne. Les chambres sont à un prix raisonnable et l'ambiance n'est pas une priorité, quoique parfois…

HÔTEL UNE ÉTOILE ★

Un hôtel économique au confort élémentaire. Il est conforme aux normes et standards imposés mais les services peuvent être très variables.

HÔTEL NON CLASSÉ

Un hôtel économique au confort minimal avec des aménagements et des services inexistants ou très variables.

Se dire que les miracles n'existent pas et que, en règle générale, on paye pour ce que l'on a, est un signe de sagesse. Bien que des surprises, agréables ou désagréables, soient toujours à prévoir. Peu de surprises cependant du côté des établissements cinq étoiles et rarement du côté des hôtels quatre étoiles. Dans les classes inférieures, les surprises peuvent être au rendez-vous ou non, en fonction du pays visité.

Mais outre la catégorie d'hôtel, il y a le cadre de vie. Et sur ce point, puisqu'il est de toute première importance pour nous, nous privilégions les petits hôtels, les B & B ou les *guest house* tenues par des familles. Cette information est souvent spécifiée dans les livres-guide et chaque fois, elle nous a valu beaucoup de plaisir sur place, avec nos hôtes et leurs enfants. Dans les villes plus peuplées, à la circulation plus dense, nous essayons de choisir des hôtels avec des jardins intérieurs ou une terrasse sur le toit. Ces havres de tranquillité et de verdure peuvent apporter un moment de répit. On peut souvent y manger et l'endroit est toujours une belle option à l'exiguïté de la chambre, surtout si on a choisi une chambre des plus basiques. Pour nous, c'est le sourire des hôtes, la simplicité et la candeur du service qui rend un séjour agréable, pas la serviette de bain brodée à l'effigie de l'hôtel.

Pour le voyageur solitaire, il est beaucoup plus facile de rencontrer des gens ou d'autres voyageurs dans les petits *guest house* et les B & B, que dans les grands hôtels de luxe.

LES AUTRES TYPES D'HÉBERGEMENT

L'hôtel ne constitue pas la seule possibilité de se loger en voyage. Peut-être, question goût ou budget, devriez-vous considérer d'autres avenues. Un séjour dans une ferme en Australie ou en Nouvelle-Zélande vous intéresse ? Une semaine à garder le bétail dans un ranch aux États-Unis ou en Argentine vous sourit ? Vous souhaitez découvrir ce qu'est la vie dans un ashram en Inde ou un kibboutz en Israël ? Vous désirez séjourner chez une famille allemande pour vous imprégner de la culture germanique ? Toutes ces possibilités, et bien d'autres, sont accessibles aux voyageurs. Lisez, renseignez-vous et voyez ce qui vous convient.

Les Auberges de jeunesse ou internationales

Créé en Allemagne, au début du siècle, dans le but de permettre aux jeunes de découvrir le monde, le réseau international des Auberges de jeunesse (*International Youth Hostel Federation*) comprend aujourd'hui quatre mille cinq cents auberges réparties dans soixante pays sur tous les continents. L'adhésion à l'organisme à but non lucratif ouvre l'accès à l'ensemble du réseau mondial des Auberges de jeunesse.

Traditionnellement tourné vers une clientèle de jeunes routards, le réseau des Auberges de jeunesse s'est bien diversifié depuis sa création. Beaucoup imaginent encore ce genre d'établissement comme un lieu pas très propre, avec des dortoirs remplis de lits superposés, réservé à de jeunes « trippeux ». Il fut un temps où c'était vrai, mais aujourd'hui, oubliez le dortoir classique : il a presque disparu pour laisser la place à des chambres de deux, quatre et six lits avec douche et toilettes privées. Le réseau accueille maintenant les voyageurs sans limite d'âge, individuel ou en groupe et offre même une pléiade d'activités à pratiquer sur place s'appuyant sur les richesses locales. À certains endroits, les mots « de jeunesse » ont été enlevés du nom de ces hôtels, et s'appellent désormais des « Auberges internationales ». C'est le cas, par exemple, à Québec, à Tadoussac ou encore à Paris.

Mais soyons réalistes, on ne descend pas dans une Auberge de jeunesse ou internationale pour s'isoler. Ces auberges demeurent un endroit privilégié pour échanger avec des voyageurs venus de partout dans le monde, partis à l'aventure pour quelques semaines ou quelques mois. L'aménagement des lieux, les espaces de vie collective, tout est là pour favoriser avant tout la rencontre interculturelle. On peut également cuisiner sur place, un aspect non négligeable, et ainsi pouvoir économiser sur les sorties au restaurant. On peut même dorénavant réserver son lit ou sa chambre à l'avance. Compte tenu de leurs très bas prix, ces auberges sont vite complètes, surtout en saison estivale. Il est donc prudent de réserver, lorsque c'est possible.

Les Auberges de jeunesse offrent toujours des prix abordables, mais ceux-ci dépendent du coût de la vie du pays où se trouve l'établissement. Les prix peuvent donc varier d'un endroit à un autre. Au moment de l'écriture de ce livre, les prix, pour le Canada, étaient d'environ 25 $ la nuit incluant le petit-déjeuner et, pour l'Europe, environ 10 € la nuitée.

Pour pouvoir accéder au réseau, il faut en être membre. On s'inscrit en s'adressant à l'association des Auberges de jeunesse de son pays. Pour les Canadiens, visitez le site **www. hihostels.com**

Le *guest house*

L'expression est largement utilisée en Asie et en Afrique. Le *guest house* est l'équivalent d'un petit hôtel une étoile ou non classé. Souvent, ce lieu d'hébergement est tenu par une famille et l'accueil est habituellement chaleureux. Le confort est minimal et le prix aussi !

Chez l'habitant

On trouve beaucoup de pays où il est possible de loger chez l'habitant : de la Norvège aux États-Unis, en passant par l'Australie, le Maroc, le Mexique et l'Argentine. Cette formule, qui ne date pas d'hier, consiste pour l'essentiel à offrir un hébergement moins commercial, plus familial, où les propriétaires acceptent de recevoir chez eux des invités payants. Souvent, ce type de séjour inclut une participation à la vie familiale si vous logez chez des agriculteurs, dans une ferme ou un ranch. Selon l'endroit, la salle de bain peut être privée ou commune, on peut vous loger dans un dortoir ou dans une petite chambre privée et les repas se prennent, la plupart du temps, avec les propriétaires. En ville, à la campagne, dans un petit village, autant de maisons, autant de façons d'être accueilli, autant de diversité dans les aménagements et le confort.

Il ne s'agit pas ici d'une option budget par excellence, surtout si le séjour est conjugué à une activité comme l'équitation dans un ranch aux États-Unis ou en Argentine. Le but visé est plutôt de plonger, d'une façon unique, dans la vie d'une famille du pays que vous visitez. Si vous ajoutez à cela une initiation à une activité comme le marquage du bétail, ou la cueillette du thé, du café ou du tabac, ou bien si l'on vous propose la traite des vaches laitières au petit matin ou la garde d'un troupeau de bison, l'expérience peut s'avérer inoubliable.

Le séjour chez l'habitant peut être un moyen unique de rencontrer des gens du pays dans leur habitat naturel, de faire connaissance avec des gens qui vivent une vie très différente de la nôtre, tout en s'initiant à une nouvelle langue.

Pour trouver de l'information sur Internet, écrivez l'activité que vous désirez faire et le pays de votre choix dans votre moteur de recherche.

Les B & B (ou le gîte du passant ou maison d'hôte)

Dans ce type d'établissement, les propriétaires sont sur place et offrent un service chaleureux (parfois discutable...) et de type familial. C'est en fait une grande maison (parfois même un véritable château) ayant quelques chambres à louer. La famille fournit chambres et repas sur une base commerciale. Les prix sont généralement avantageux, et on y fait, en prime, de belles rencontres puisque tous les occupants déjeunent souvent à la même table le matin ou dans une salle à manger où l'ambiance est soignée et propice aux échanges entre touristes. C'est l'endroit et le moment idéal pour s'informer sur la région, les attractions de l'endroit et les possibilités de visites ou d'excursions. Le confort des chambres peut varier entre une et quatre étoiles.

Lancez sur votre moteur de recherche Internet les mots: « gîte », « maison », « hôte », « charme » et le pays de votre destination. Vous accéderez à des sites sur de magnifiques endroits où loger.

La location d'appartement

C'est l'option « camp de base ». La possibilité de louer, pour un long ou un court séjour, un appartement meublé, entièrement équipé, dans une grande ville (condo), sur le bord de la mer (villa), ou à la montagne (chalet), est une option très intéressante pour un couple ou un groupe qui désire partir au loin se reposer, se retrouver et se dépayser, mais qui n'a pas le désir de bourlinguer de droite à gauche à travers un pays. C'est sécurisant, plus simple que de changer de lieu tous les trois jours et ça permet d'apprendre à connaître un coin de pays en profondeur. On découvrira les alentours petit à petit, il y aura généralement peu de couchers à l'extérieur, parfois une petite excursion de trois ou quatre jours et le reste du temps sera consacré à vivre le moment présent dans un coin du monde magnifique avec en prime une nouvelle culture à découvrir.

Magasinez beaucoup... Demandez absolument à voir des photos de l'endroit avant de donner un dépôt. Et justement, question dépôt, mieux vaut passer par une agence bien établie qui connaît l'appartement en question et qui saura vous conseiller. En négociant le prix, ne perdez pas de vue qu'en général, le prix est établi en fonction de ce que l'on a à offrir. Cherchez-vous le *deal* du siècle ou l'appartement idéal pour deux mois de rêve en Martinique ?

Parmi les avantages non négligeables de la location d'un appartement, il faut souligner en premier lieu la possibilité de réaliser de sérieuses économies. En famille (parents, frères et sœurs), avec des amis, la location reviendra bien moins cher qu'un séjour à l'hôtel offrant sensiblement les mêmes services. On peut également réaliser de sérieuses économies en préparant soi-même ses repas, surtout en Europe. Si vous souffrez d'allergies alimentaires, cette formule est très appropriée. On peut acheter ses produits au marché local et cuisiner soi-même. L'autre avantage de la location est l'ambiance chaleureuse que l'on ne retrouve pas souvent dans un hôtel. On a sa propre clé, on se sent chez soi. Parfois, le propriétaire ne vit pas très loin et peut devenir un allié intéressant, un ami, un bureau d'informations en soi !

Sur votre moteur de recherche Internet, lancez les mots : « location », « appartement » et le nom du pays ou de la ville où vous désirez séjourner.

L'échange de maison

C'est aussi l'option « camp de base » mais sans les frais de location et avec, souvent, en prime, la voiture du propriétaire. Un plan très intéressant. Tous les avantages cités plus haut se répètent ici. Passer par une agence reconnue est essentiel, prendre son temps pour magasiner la bonne maison dans la bonne ville tout autant. Le seul inconvénient, s'il en est un, c'est que vous aurez vous aussi à laisser votre maison à vos hôtes pendant que vous êtes dans la leur. Il y a aussi peu de chance que vous puissiez passer plus d'un mois dans la maison. Les échanges de maison durent en général entre deux et quatre semaines.

INTERNET

IL Y A PLUSIEURS SITES INTERNET (vous devez être abonné pour la plupart) qui peuvent nous aider à trouver la perle rare.

Le très bon site québécois **www.echangedemaison.com** offre surtout des échanges avec la France, les sites **www.intervac.com** et **www.homelink.ca** sont réputés et **www.homeexchange.com** est certainement le plus international.

Le camping

En Amérique du Nord, en Europe, en Australie et en Nouvelle-Zélande, le camping est très bien implanté et il se développe aussi en Amérique du sud. En Afrique, dans les régions qui offrent des safaris (Kenya, Tanzanie, Mozambique, Afrique du Sud, etc.), le camping est souvent la façon privilégiée et recommandée pour vivre dans la savane quelques jours. La plupart des compagnies qui organisent des safaris offrent tout l'équipement, de la tente à la taie d'oreiller ! Ce n'est absolument plus le parent pauvre du voyageur ou l'option rabais sans cachet. Cette formule budget par excellence est une joyeuse solution de rechange pour prolonger son voyage ou se permettre tout simplement un séjour dans un pays où le coût de la vie est particulièrement élevé.

Aujourd'hui, l'engouement pour le camping est tel que l'aspect monétaire ne justifie plus à lui seul le choix d'opter pour le coucher sous la tente. Pour bien des voyageurs, il s'agit avant tout d'une autre façon de voir le monde, qui permet un contact privilégié avec la nature et les autres campeurs. Que vous optiez pour un emplacement dans un parc national, une réserve naturelle ou un terrain de camping privé aux abords d'une grande ville, vous avez maintenant à votre disposition des terrains de camping très bien entretenus, disposant de tous les services essentiels (dans les réserves fauniques, les services sont généralement plus basiques).

Pour un camping réussi, cependant, une bonne préparation et un équipement adéquat sont essentiels. Rien de tel pour se dégoûter à vie du camping que de partir en vitesse mal préparé et mal équipé. Marie-Chantal et moi sommes des campeurs aguerris et nous campons autant l'été que l'hiver. Voici nos recommandations :

- Un bon sac de couchage et un bon matelas de sol sont des éléments essentiels pour un camping réussi ;
- Vous vous devez de bien connaître la saison, le climat et la température du pays ou du coin du monde que vous vous apprêtez à visiter. Un sac de couchage acheté dans un magasin à grande surface, à 30 $ est, par exemple, nettement insuffisant pour les nuits fraîches du Québec, même en été. Peut-être en sera-t-il de même si vous visitez la Finlande, la Suède ou que vous vous rendez dans les Alpes suisses. Renseignez-vous bien ;
- Tout prévoir en cas de pluie. Et pas seulement pour se rendre de la tente à l'auto, mais pour pouvoir passer une journée sous la pluie à marcher dans la ville ou la forêt. Il est surprenant de constater que lorsqu'on n'a pas froid et que l'on demeure au sec, une journée de pluie peut être assez agréable par sa différence d'atmosphère ;
- Si vous faites du camping à l'étranger, vous serez probablement en voiture. Si c'est le cas, vous aurez de l'espace pour tout transporter, alors prévoyez de vous équiper de vêtements adéquats, d'une tente qui ne prend pas l'eau et d'un poêle au propane qui fonctionne bien ;
- Un dernier conseil… testez tout votre matériel au moins une fois avant le grand départ.

INTERNET

VOUS POUVEZ CONSULTER les sites **www.infocamping.com** qui se spécialisent pour l'Europe et le très international **www.campingo.com**.

CHILI/PATAGONIE : **2006** : MICHEL_43 ANS

Campamento Paso. Enfin un peu au sec. Sommes partis ce matin de Campamento Los Perros sous la pluie après une nuit particulièrement difficile. Tout notre équipement était mouillé ou humide, la tente pesait deux fois son poids. Nous nous sommes mis en route vers midi. Nous sommes très bien équipés, ça fait une grande différence.

Le véhicule récréatif

Voyager avec un véhicule récréatif ou une roulotte mérite d'être envisagé. Se déplacer avec sa maison offre des avantages certains. Le véhicule récréatif peut, en général, convenir pour six personnes. Les modèles de location peuvent différer énormément de l'un à l'autre, en ce qui a trait à la grosseur et aux services à bord. Les modèles plus luxueux offrent parfois une ou deux chambres séparées, des lits qui se rabattent, des espaces de rangement, la télévision, une douche et des toilettes, des réservoirs d'eau chaude et froide, le propane, une cuisinette, un réfrigérateur, les ustensiles et la vaisselle, un four à micro-ondes, une radio, un lecteur CD, un lecteur DVD et l'air conditionné !

C'est une autre façon de faire et où qu'on aille, que ce soit au Mexique, en Amérique du Sud, en Europe ou en Afrique du Nord, on peut choisir de se réfugier dans notre havre de paix sur demande. Pour beaucoup d'inconditionnels, il s'agit presque d'une façon de vivre. Pas d'hôtel à chercher (mais attention, réserver un site dans un terrain de camping en haute saison peut s'avérer aussi laborieux que de trouver un hôtel), on cuisine soi-même (idéal pour les gens aux prises avec des allergies alimentaires), on se déplace quand on veut. Cette option peut être des plus agréables et des plus sécurisantes.

Le kibboutz

Le kibboutz est un mot hébreu qui désigne, en Israël, une exploitation agricole. C'est, par définition : « ... une unité de peuplement dont les membres sont organisés en collectivité sur la base de la propriété commune des biens, préconisant le travail individuel, l'égalité entre tous et la coopération de tous les membres dans tous les domaines de la production, de la consommation et de l'éducation » (Définition juridique figurant dans le *Registre des sociétés coopératives*).

À l'heure actuelle, près de cent vingt et un mille personnes vivent dans les deux cent soixante-neuf kibboutzim d'Israël. Le nombre de résidents d'un kibboutz varie de cent membres à plus de mille pour certains. Malgré une situation économique plus difficile et un certain déclin des idéaux qui ont donné vie au principe, l'institution du kibboutz demeure, de nos jours encore, le plus grand mouvement communautaire au monde.

Le volontariat est l'une des facettes du kibboutz. Tous les ans, des milliers de jeunes étrangers se portent volontaires dans les kibboutzim. En échange de leur travail (culture, élevage, travail en usine, travaux communautaires) les volontaires, âgés de 18 à 35 ans, reçoivent de l'argent de poche, sont logés et nourris. Le choix des travaux disponibles dépend du kibboutz, de la saison, des aptitudes et compétences des volontaires ainsi que de la durée de leur séjour. Pour le kibboutz, ces travailleurs saisonniers représentent une économie ; les volontaires de leur côté ont là une occasion unique de vivre une expérience inédite et de visiter Israël. Tout le monde y trouve son compte. Vivre quelque temps dans un kibboutz est très certainement une expérience particulière. C'est aller à la rencontre de personnes de toutes nationalités, regroupées autour d'un même goût, celui de voyager, de rencontrer des gens, de donner de son temps et de demeurer sur la route en ne dépensant pas son précieux argent. C'est s'initier à un mode de vie simple, où les valeurs morales, la culture, le sens des responsabilités, la protection de la nature sont très présents.

Certains kibboutzim reçoivent aussi des touristes payants de tous les âges qui n'y font qu'une étape durant leur voyage en Israël. D'autres acceptent des stagiaires ou des volontaires. Il existe des programmes du genre : Programme-Jeunesse-Kibboutz. Renseignez-vous sur Internet.

L'ashram

Il existe une multitude d'ashrams répartis un peu partout dans le monde (vous seriez surpris de compter le nombre d'ashrams rien qu'en Amérique du Nord), mais l'ashram est d'abord et avant tout indien. Évidemment, il y en a beaucoup en Inde et ils sont tous uniques de par l'enseignement du gourou, du maître résidant ou de l'invité sur place. Cela ressemble à un monastère où l'on peut séjourner et se consacrer à l'apprentissage ou au perfectionnement de la méditation, du yoga, de la prière, etc.

Il est possible d'y séjourner une ou deux semaines et même six mois si vous vous impliquez dans le travail de l'ashram. Lors d'un long voyage, un séjour dans un ashram, à suivre une formation, peut s'avérer une pose très agréable. Mise au point importante : pour éviter les déceptions, un ashram n'est pas un endroit où l'on peut s'arrêter et flâner quelques semaines ou quelques jours et repartir après. C'est un centre d'étude dédié à un enseignement spécifique. En général, les règles sont plutôt strictes et si vous vous joignez à un groupe, vous devrez débourser un montant pour l'hébergement, la nourriture et pour les cours.

Lancez simplement le mot « ashram », sur votre moteur de recherche Internet, et vous voyagerez au Canada, aux États-Unis… et en Inde !

LISTE DE RAPPEL

ÉTAPE PLANIFICATION

Ma planification est terminée.

» *J'ai choisi ma destination (pays et même région du pays choisi);*

» *je sais combien de temps durera mon voyage;*

» *je connais mes dates de départ et de retour;*

» *je connais le coût de mes billets d'avion et je sais quel sera le trajet;*

» *mon budget est établi pour toute la portion terrestre de mon voyage;*

» *je connais mon itinéraire, au jour le jour, et j'ai aussi une idée du transport que j'utiliserai sur place entre chaque ville ou village;*

» *je sais que je voyage en haute ou en basse saison, s'il fera chaud, très chaud, froid ou très froid;*

» *j'ai décidé de la catégorie d'hôtel dans laquelle je descendrai;*

» *je sais si je partirai seul ou accompagné;*

» *j'ai acheté et consulté un ou deux livres-guide concernant ma destination;*

» *j'ai fait des recherches sur Internet sur ma destination;*

» *j'ai précisé mes attentes (de quoi sera faite chacune de mes journées).*

Rappelez-vous que rien n'est fixe et que tout peut changer une fois sur place, mais avec ces premières précisions vous serez à même d'entreprendre efficacement la prochaine étape, qui est celle de la préparation.

Une dernière précision importante. Il faut quelquefois aller très loin dans la planification d'une aventure pour se rendre compte que finalement, on ne retiendra pas cette option (ce pays ou cette région) parce qu'après mûre réflexion, on n'a pas assez de temps pour aller si loin, ça ne vaut pas vraiment la peine puisqu'on va manquer, par faute de temps, la moitié des choses qu'on veut vraiment voir. D'autres fois, on réalisera que cette destination est définitivement trop chère pour nos moyens, que pour chaque attrait touristique, chaque escapade, il faut payer le prix fort et qu'avec le même montant on pourrait passer deux semaines de plus dans l'autre pays juste à côté. Plus d'une fois il m'est arrivé de planifier toute une aventure pour terminer en me disant : « Ce sera pour une prochaine fois », ou « Non, c'est définitivement trop cher. Pour la moitié de ce prix, il y a tel ou tel pays que je n'ai pas encore vu et qui m'intéresse tout autant. » Savoir accepter de changer d'idée et s'adapter est un signe de sagesse.

CHAPITRE.02 LES PRÉPARATIFS

LEUR IMPORTANCE

Étape cruciale s'il en est, les préparatifs, lors d'un voyage, sont aussi importants qu'une gourde d'eau dans le désert. Même si vous détestez les listes et que votre côté bohème vous pousse à préférer attendre pour voir sur place ce dont vous aurez vraiment besoin, faites-vous violence et assoyez-vous pour réfléchir quelques heures. Vous ne le regretterez pas.

Et si certains préparatifs, comme le remplissage des sacs à dos ou des valises, peuvent se faire dans la dizaine de jours qui précèdent le départ, d'autres, comme les formalités de visas et passeports, les vaccins et la préparation mentale, peuvent exiger une période beaucoup plus longue. Pensez-y à l'avance !

LES FAMEUX BAGAGES

LE SAC À DOS OU LA VALISE?

Tout dépend d'où vous allez et de ce que vous comptez y faire. La valise est, selon nous et à bien des égards, beaucoup plus pratique et agréable à utiliser que le sac à dos où l'on enfouit tout comme dans un gros sac à poubelle. Si vous allez à la mer deux semaines et que vous avez réservé un séjour tout inclus, utilisez des valises. Mais si vous désirez parcourir les sentiers montagneux du nord-est de l'Espagne ou explorer les parcs nationaux du Colorado, vous aurez avantage à opter pour un sac à dos et un bon.

Le choix entre la valise et le sac à dos ne dépend pas seulement de la destination, mais davantage du nombre de déplacements et des types de transports utilisés. Vous choisissez de visiter le Costa Rica ou la Grèce et comptez louer une voiture pour toute la durée de votre voyage ? La valise est alors parfaitement appropriée. Mais si vous comptez visiter ces mêmes pays parfois en autobus, parfois en train, en taxi ou par le moyen qui vous tombera sous la main, choisissez absolument le sac à dos. C'est plus maniable, plus facile à transporter et vos deux mains resteront libres pour les billets, les cartes ou les livres-guide.

Lorsque vous magasinerez votre sac à dos, surveillez principalement deux éléments : le confort et la capacité (en litres). Choisissez un sac à dos qui soit confortable et qui s'ajuste bien à votre dos. Il y a beaucoup de différences entre les grandes marques ; prenez votre temps avant d'arrêter un choix. Assurez-vous que votre sac épouse bien la forme de votre dos, que la ceinture de taille soit large et répartisse bien le poids du sac sur les hanches. Il existe aussi, maintenant, des sacs à dos spécialement conçus pour les femmes. Magasinez !

Le volume est aussi une caractéristique très importante dans le choix d'un bon sac à dos. Pour ce genre d'équipement, on calcule en litres : 30 litres, 40 litres, etc. D'abord et avant tout, déterminez qui portera le sac que vous achetez. Inutile d'acheter un sac à dos de 80 litres pour une petite femme de 55 kg (120 livres). Elle ne pourra même pas le lever une fois celui-ci rempli. Il serait alors plus approprié d'opter pour un sac de 50 ou 60 litres. À titre d'exemple, mon sac à dos est ajustable. Ouvert à son maximum, c'est un 80 litres, mais refermé, il devient un sac de 60 litres. J'aime beaucoup les possibilités que m'offre ce type de sac. Il existe aussi maintenant des sacs à dos à roulettes qui peuvent faire double emploi : être portés sur le dos ou être traînés sur leurs roulettes, au sol, comme des valises, selon le degré de fatigue ou la nature du terrain.

Il en coûte facilement 200 $, en 2007, pour un sac à dos de 40 litres de bonne qualité et entre 300 et 400 $ pour un sac à dos de 60 ou 80 litres. Pour ce qui est des marques, à partir d'un certain prix, la qualité est sensiblement la même. Le choix se fait alors en fonction des petites trouvailles que chaque marque propose. Avec des marques comme *North Face*, *Sierra Design*, *Karrimor*, *Lowe Alpine*, *Osprey* et *Arterix*, sur le marché au moment de l'écriture de ce livre, vous ne pouvez pas vous tromper.

Les valises à roulettes peuvent être extrêmement fonctionnelles et efficaces. Elles se vendent en plusieurs grosseurs différentes et permettent d'économiser beaucoup de peine, surtout si vous savez que votre dos est fragile et qu'il est préférable de ne pas le soumettre à des efforts intenses ou prolongés. Lever un sac à dos plein et le mettre sur son dos peut s'avérer particulièrement éprouvant pour un dos fragile, alors que la valise demeure au sol, sur ses roulettes. Prenez soin de bien choisir votre valise. La qualité existe en tout et pour tout. Le prix demandé n'est pas toujours directement proportionnel à la qualité mais, dans une bonne boutique, où l'on vend du haut de gamme, vous trouverez un bon rapport qualité-prix. Une chose est certaine : vous n'aurez pas envie de voir une des roulettes de votre valise vous fausser compagnie la première journée de votre périple de trois semaines au Pérou. Pensez-y lors de votre choix.

Prenez des précautions toutes particulières avec les sacs à dos et même les valises lorsque vous prenez l'avion. Rien de tel qu'un séjour dans la soute d'un avion pour abîmer vos bagages. Je ne sais pas ce que les préposés font avec nos bagages ou dans quel genre d'environnement ils travaillent, mais, assurément, nos bagages en voient de toutes les couleurs. Certaines compagnies aériennes proposent des sacs en plastique pour recouvrir les sacs à dos, c'est une très bonne idée. Nous avons toujours les nôtres, au cas où ils n'en auraient pas. Il existe aussi de petits kiosques, dans les aéroports, où l'on enveloppe les valises ou les sacs à dos d'une pellicule de cellophane. Il en coûte entre 4 et 6 $ pour chaque bagage que vous désirez faire recouvrir et cela protège réellement vos sacs ou valises pendant le transport. Si votre sac à dos n'est pas recouvert, prenez le temps d'attacher ensemble toutes les courroies en ne laissant que celle du dessus qui est faite pour supporter le poids du sac. D'ailleurs, ne laissez jamais quelqu'un (chauffeur de taxi, préposé à l'hôtel ou à la gare…) manipuler votre sac à dos en votre absence. Souvent, ils ne savent pas comment le prendre et tirent sur des courroies plus petites pour prendre le sac. Si la courroie est brisée, c'est vous qui devrez vivre avec ça par la suite.

TRUC

PRÉVOYEZ UN SAC À DOS DE JOUR (15 à 20 litres) où vous enfouirez bouteille d'eau, livre-guide, crème solaire, insectifuge et caméra pour vos sorties journalières et vos visites de lieux touristiques. Un sac de toile vide avec un cordon coulissant (le genre de sac qui sert à ranger un sac de couchage) sera aussi des plus utiles pour y mettre le linge sale. Munissez-vous aussi de quelques sacs en plastique étanches de type *Ziploc* pour mettre vos rouleaux de pellicules, vos bouteilles de shampooing, etc. Prévoyez-en quelques-uns en surplus et de grandeurs différentes. N'oubliez pas non plus d'emporter une lampe de poche dans vos bagages. Elle sera bien utile lorsque vous vous trouverez dans des endroits où l'éclairage public fait défaut ou dans des chambres peu ou mal éclairées.

VOYAGEZ LÉGER

Moins il y aura de déplacements pendant votre séjour, moins le poids et le volume d'une valise ou d'un sac à dos causeront problème. Si l'on prévoit s'installer dans un endroit précis et de ne pas bouger de toutes les vacances, le poids de la valise ainsi que sa dimension ne portent pas trop à conséquence. Lors d'un séjour dans un tout inclus, il est agréable d'emporter tout ce qui nous fait plaisir sans trop penser au poids ou au volume. Mais si vous bougez et changez d'hôtel tous les deux ou trois jours, que ce soit en autonomie ou en voyage organisé, faites un effort pour voyager le plus léger possible. Une fois sur place, vous bénirez le moment où vous avez lu ces lignes et avez décidé d'emporter le strict minimum ou… vous envierez les autres voyageurs de n'avoir qu'un petit sac à dos ou une seule valise à traîner.

Lors d'un voyage de deux semaines en Europe par exemple, il n'est pas rare de changer d'hôtel quatre ou cinq fois. Pensez à tous les escaliers que vous emprunterez, à tous les autobus et les trains que vous prendrez et à tous les kilomètres pendant lesquels vous devrez marcher avec vos bagages sur le dos ou dans les mains. Autobus et taxis ne nous attendent pas toujours à la porte de l'hôtel. En Europe particulièrement, les véhicules ne peuvent pas toujours accéder à la porte de votre hôtel (quartiers piétonniers, rues trop exiguës). Imaginez maintenant que vous voyagiez sans réservation, que vous deviez visiter plusieurs hôtels avant de faire votre choix et qu'il fasse 35 °C. Dans ces moments-là, vous regretterez d'avoir mis dans vos bagages quatre paires de souliers, votre fer à friser, une bouteille de shampoing de 500 ml et l'œuvre complète de Dickens. De plus, lors des déplacements, on a souvent besoin de nos mains pour chercher nos billets de train, notre argent, notre papier de réservation, notre passeport, bref, on a de la paperasse à manipuler.

N'emportez que ce que vos épaules ou vos bras peuvent transporter. C'est une règle d'or dont la pertinence ne se dément pas de voyage en voyage. Dites-vous bien que si vous avez de la difficulté à lever votre valise ou votre sac à dos à la maison pour la ou le déplacer de la chambre à coucher au salon, il serait bien surprenant que ça soit plus facile rendu en Chine, à 11 heures du soir, après dix-sept heures de train, alors que vous n'en pouvez plus.

TRUC

VOICI UN PETIT TRUC QUI PEUT VOUS AIDER À ÉLIMINER LE SUPERFLU : une fois votre valise ou votre sac à dos plein, videz-en le contenu sur un lit et réexaminez chaque article, en vous demandant pour chacun d'entre eux s'il n'est pas superflu. Les liquides sont très lourds. En transvasant dans des contenants plus petits le shampooing ou le nettoyant à verres de contact, pour n'emporter que ce qui est nécessaire, vous diminuerez poids et volume.

Après avoir bien examiné le contenu de vos bagages pour n'emporter que l'essentiel, vous devriez aussi, idéalement, toujours garder un espace libre. Vous pourrez ainsi avoir le plaisir d'acquérir quelques articles sur la route sans vous surcharger.

En terminant, voici un petit test que vous pouvez effectuer si vous êtes incertain quant au poids de votre sac à dos. Chargez-le et allez passer une journée à sillonner votre ville ; prenez l'autobus, le métro, marchez jusqu'à un hôtel situé à quelques kilomètres. Vous comprendrez tout de suite si le poids de votre sac vous convient ou s'il faut réajuster. Si vous partez avec une valise, faites le test de la prendre de votre chambre à coucher et de la porter jusqu'à l'auto. Placez-la dans le coffre pour voir ce qu'en pensent vos bras et votre dos. Sortez-la du coffre, revenez vers la maison et ramenez-la dans votre chambre à coucher. Après cet exercice très réaliste, vous devriez être en mesure de vous rendre compte du bien-fondé de ces recommandations.

LES VÊTEMENTS

Nous ne parlerons pas ici du nombre idéal de petites culottes. Sachez seulement qu'on emporte toujours trop de vêtements et que, partant de ce point de vue, vous devriez envisager, une fois vos bagages faits, de supprimer le quart de tout ce que vous y avez mis. Si vous partez plus de douze jours, vous aurez à faire du lavage, de toute façon, alors inutile d'emporter quatre ou cinq rechanges, trois suffiront amplement. On trouve presque toujours sur place des services de buanderie. Souvent à l'hôtel et presque toujours dans une petite rue aux alentours. Les prix peuvent varier énormément d'un endroit à l'autre. Il peut s'avérer pratique d'avoir avec soi une petite quantité de savon à lessive. Sur la route, dans la chambre d'hôtel, il sera aisé de faire un petit lavage dans un seau ou dans le lavabo de votre salle de bain.

Le mot d'ordre pour les vêtements, en voyage, est confort, suivi de près par plaisir, c'est-à-dire choisir des vêtements confortables, que l'on aime porter. Nous avons toujours voyagé avec seulement un pantalon long, un pantalon court (ou une jupe), trois T-shirts, un chandail chaud et un vêtement de nuit chacun, pour les pays à climat tempéré ou chaud. Prenez le temps de bien choisir avant le départ, LE pantalon et LE chandail chaud que vous emporterez, parce que vous l'aurez sur le dos tous les jours ! De plus, choisissez des vêtements qui ne se froissent pas et qui ne retiennent pas trop l'odeur de la transpiration (soit coton plutôt que synthétique). Les boutiques spécialisées dans le plein air ou de chasse et pêche sont des endroits très intéressants à visiter lorsqu'il nous manque un vêtement spécifique. Achetez de la qualité. Vous n'aurez sûrement pas envie que votre unique gilet chaud s'use prématurément, que les coutures lâchent après une semaine ou que l'odeur de transpiration fasse tourner les têtes malgré les lavages répétés.

Sur place, nous avons toujours pris plaisir à acheter quelques vêtements. Il faut donc prévoir l'espace dans les bagages pour ces achats.

CHINE/HONG KONG (KOLUM PANDA HOTEL) | **1992** | MICHEL_30 ANS

Ce matin nous avons eu droit à la lessive la plus coûteuse de l'histoire. Il nous en a coûté 135 $ US pour faire laver le contenu de notre sac à dos. Nous n'avions aucunement regardé les prix de l'hôtel et, comble de naïveté, nous avons exigé le tout « express ». Pour ce prix, nous aurions pu remplacer à neuf chaque morceau de vêtement.

LES VÊTEMENTS POUR FEMME SEULEMENT

Les formes du corps féminin peuvent choquer certaines cultures. Marie-Chantal met toujours dans ses bagages des vêtements qui couvrent ses jambes et ses épaules. Dans les pays où l'islam est pratiqué (le Moyen-Orient, l'Inde, l'Indonésie, la Malaisie et certains pays d'Afrique et d'Europe), elle emporte dans son sac à dos une jupe légère de couleur foncée qui descend jusqu'aux chevilles et elle prend soin de choisir des t-shirts qui ne sont pas trop moulants ou un foulard qui couvrira sa poitrine. Même dans les pays chrétiens (comme le Mexique), bouddhistes (comme le Népal) ou hindouistes (comme l'île de Bali), elle apporte ce type de vêtements parce qu'ils seront indispensables pour entrer dans les temples, les églises ou les lieux sacrés.

TRUC

DE FAÇON GÉNÉRALE, POUR SAVOIR SI VOUS ÊTES CORRECTEMENT VÊTU(E) et être sûr de n'offenser personne, observez les gens autour de vous et essayez de leur ressembler.

Avant de partir dans un pays à majorité musulmane, renseignez-vous pour savoir quelle tenue vous devrez obligatoirement porter à votre arrivée. Mieux vaut prévoir et s'être procuré les vêtements appropriés avant d'atterrir à l'aéroport du pays en question.

Petit lexique de la tenue féminine en terre d'Islam

- **HIDJAB**

Un voile qui couvre la tête et le cou, mais qui laisse le visage découvert. C'est le plus répandu dans le monde occidental.

- **TCHADOR**

Un grand tissu noir et carré qui couvre une partie du visage, le cou et les épaules. Il est souvent porté avec un large manteau noir. (Surtout porté en Iran)

- **NIQAB**

Un grand voile porté sur la tête, qui descend jusqu'aux épaules ou couvre tout le corps et qui ne laisse paraître que les yeux. (Surtout porté en Arabie Saoudite)

- **BURQA**

Un grand tissu bleu qui recouvre tout le corps et la tête. L'ouverture des yeux est masquée par un grillage. (Porté en Afghanistan)

CHAUSSURE À SON PIED

Les chaussures ne sont en aucune façon un point négligeable. La bonne paire de chaussures pour la bonne activité est primordiale. Généralement, en voyage, on marche beaucoup, on visite et il n'est pas rare de quitter sa chambre d'hôtel le matin pour ne rentrer qu'à la tombée du jour. Une paire de chaussures offrant un bon soutien pour les pieds diminuera de façon importante la fatigue générale du corps.

Les souliers de sport ou de marche nous protègent bien des éventuels petits bouts de verre cassés, des clous ou de tout objet dangereux que l'on est susceptible de trouver sur son chemin. À la plage, cela va de soi, la sandale est de rigueur. Évitez celles en cuir, cependant. Mouillées, elles sèchent trop lentement et il n'est donc pas possible de les utiliser pour prendre sa douche dans les petits *guest house* où la propreté n'est pas toujours de premier ordre. Privilégiez les sandales en plastique ou en néoprène. Vous pourrez même les porter pour aller dans l'eau si le fond de la mer est fait de petites roches, ou encore sur le sable trop chaud lorsque le soleil est à son zénith.

ARGENTINE/PATAGONIE ⋮ **2006** ⋮ MICHEL_43 ANS

Départ pour Campamento de Agostini (17 km). Quatrième jour de trek. Hier, la montée de 1 500 m jusqu'au col du Cerro Electrico s'est faite sous le vent et une petite pluie. Ces conditions ne nous ont pas permis, une fois rendus au col, d'apercevoir le Fitz Roy. Mes bottes s'avèrent parfaites. J'avais peur qu'elles soient inutilement rigides et lourdes. (J'ai choisi mes bottes d'escalade de glace, plus fortes et plus rigides qu'une simple botte de trek). Il y a beaucoup de roches instables et les occasions de se tourner une cheville sont nombreuses. Mes bottes me soutiennent merveilleusement. Même dans les descentes qui sont souvent plus éprouvantes que les montées, je sens mon pied fort et soutenu de partout. Pas d'ampoules jusqu'à maintenant alors que les autres ont déjà sorti les pansements et le « duct tape ».

LECTURES POUR TOUS

Tout voyageur devrait avoir au moins un livre en sa possession. Un bon livre est, selon nous, un compagnon de voyage indispensable pour survivre aux longs transports en autobus ou en avion. Les livres-guide sur le pays visité peuvent faire passer quelques heures, mais un bon roman d'aventures, une nouvelle passionnante, une biographie prenante assurera des heures heureuses. Souvent, à la maison, dans le brouhaha quotidien, la lecture est un luxe qu'on n'arrive pas à s'offrir. En voyage, vous serez riche de longues périodes de lecture. Profitez-en. Mais pour ce faire, il faut choisir son livre avec soin et ne pas prendre le premier qui se présente, offert par un ami qui ne lit jamais ou celui acheté dans la petite boutique de l'aéroport en attendant le prochain vol. Choisissez votre livre de voyage avec soin.

LES SACS DE COUCHAGE

Si vous voyagez en dehors des sentiers battus, dans un pays en voie de développement où le chauffage risque d'être insuffisant ou si vous prévoyez de faire du camping, un safari ou un *trekking*, vous vous poserez probablement cette question : dois-je emporter un sac de couchage ? Bien sûr, cette interrogation ne s'adresse pas à tous les voyageurs. Habituellement, on préfère ne pas avoir à emporter ce genre d'objet plutôt volumineux et encombrant. Mais si vous vous posez la question, voici ce que nous en pensons.

Si vos moyens sont limités, ne prenez pas de risques et apportez tout avec vous. Sinon il y aura toujours l'option « B », qui consiste à acheter ou louer sur place. Mais il y a là encore un risque : celui de ne pas trouver, de devoir se contenter des vieux sacs de couchage de location à la propreté douteuse et finalement de se faire refiler des sacs pas assez chauds pour le climat de la région.

Il y a aussi l'option du sac de couchage « maison », communément appelé le « drap d'auberge ». Ce sac, de la forme et de la grandeur d'un sac de couchage, peut être fabriqué assez facilement avec une laine polaire 100, 200, ou 300 (300 étant la plus chaude et la plus épaisse), recouvert d'un petit nylon et cousu en un simple rectangle sur trois côtés. C'est un compromis de poids et d'espace. Plus compact que le sac de couchage, il permet tout de même de se préserver du froid de façon plus efficace qu'avec de simples couvertures de laine, en gardant la chaleur du corps à l'intérieur d'un sac fermé sur trois côtés. Vous pourrez gagner ainsi plusieurs degrés. Les couvertures de laine que l'on vous fournira sur place demeureront essentielles mais seront un supplément de confort. Le drap d'auberge peut être fait d'un simple drap de coton et peut être utilisé si on a des doutes quant à la propreté des couvertures fournies par le petit hôtel. Nous ne partons d'ailleurs jamais en voyage sans nos draps d'auberge en coton. Ils sont coupés à la dimension de chacun de nous pour économiser l'espace dans les bagages. Dans les pays à climat plus tropical, les petits hôtels, souvent très charmants et pittoresques, n'offrent parfois pas de literie.

Lors de notre voyage en Inde, en 2005, nous avions choisi de ne pas apporter de sac de couchage. Nous comptions louer à Manali, dans le nord de Himachal Pradesh, l'équipement nécessaire pour ne pas avoir froid pendant notre *trekking* dans les Himalaya. Finalement, les sacs que nous avons trouvés, bien qu'ils aient été propres, n'étaient pas assez chauds. Il a fait froid à la montagne et dans les hôtels où nous étions descendus, les petites chaufferettes portatives que l'on nous fournissait à l'occasion (unique source de chaleur, même au luxueux *Holiday Inn* de Manali) ne nous réchauffaient guère. À chaque hôtel, il fallait demander des couvertures supplémentaires. Même au Rajasthan, dans le désert, lors du safari en dromadaire, nous les avons regrettés. Si nous avions eu juste un peu plus d'espace, les sacs de couchage nous auraient drôlement bien servis.

Les pays de montagne comme le Pérou, le Népal ou, encore mieux, la Suisse, disposent généralement de ce genre de matériel spécialisé, souvent laissé sur place par de précédentes expéditions. De petites boutiques ou des agences d'expéditions vendent ou louent des sacs de couchage, des manteaux de duvet, des bottes de marche et tout ce qu'il faut pour se tenir au chaud. Mais les pays de montagne moins touristiques tels que le nord de l'Inde, le Tibet ou le Chili par exemple, n'ont généralement pas ce genre de commerce.

LES ARTICLES DE SPORTS

Dois-je apporter avec moi mon matériel personnel si je désire pratiquer mon sport favori à destination ? Voilà une question qui aura une incidence directe sur le volume de vos bagages et donc sur votre facilité à vous déplacer par la suite. Si vous vous rendez à l'étranger dans le but premier de vous adonner à la pratique de votre sport favori, je vous recommande définitivement d'apporter avec vous votre propre équipement. Rien de tel que son propre équipement pour performer à souhait.

Cependant, les articles nécessaires à la pratique de votre sport sont souvent volumineux et l'idée de leur faire passer un séjour dans la soute à bagages ne vous sourit pas particulièrement. Que faire alors ?

Sachez que, si votre sport est pratiqué régulièrement par les touristes à l'endroit où vous vous rendez, il sera presque toujours possible de louer l'équipement sur place. C'est notamment le cas de la plongée sous-marine, de la plongée en apnée (palmes, masque, tuba), du golf, du surf, de la planche à voile, du vélo, du ski, de la planche à neige...

Pour les sports plus spécifiques comme l'escalade où la location de l'équipement demeure problématique, mieux vaut tout emporter avec soi. Le kayak de rivière (d'eau vive ou de rodéo) peut aussi poser problème.

En général, lorsqu'un coin du monde est réputé depuis plusieurs années pour la pratique d'un sport spécifique comme le surf au Salvador, l'escalade en Thaïlande, l'alpinisme en France, le golf en Angleterre, le vélo en Hollande ou la plongée sous-marine au Bahamas, il y aura sur place une infrastructure pour vous servir.

Internet vous renseignera sur la question.

TRUC

UN CADENAS EST BIEN UTILE pour fermer une armoire qui n'a pas de clé, un sac de voyage, ou une porte de chambre d'hôtel qui n'a pas de serrure. Le prendre de préférence à chiffres, pour ceux qui perdent toujours les clés, à condition d'avoir un peu de mémoire. Un cadenas type «antivol de vélo» souple, peut, en plus, vous servir à accrocher votre sac dans les trains ou les bus.

QUESTIONS D'ARGENT

LES CHÈQUES DE VOYAGES

Il fut un temps où le chèque de voyage était roi. Aucune autre option, outre l'argent en espèces, ne s'offrait à nous. Mais cette ère est presque révolue. Le chèque de voyage est une espèce en voie de disparition. Néanmoins, là où la carte de crédit et la carte de débit ne sont pas encore honorées, le chèque de voyage demeure l'option idéale, mais c'est de moins en moins le cas sur la planète. Il reste cependant quelques pays d'Afrique où le chèque de voyage est encore bien vivant. La rareté des guichets ATM favorise sa survie. Renseignez-vous sur le pays visité. Si vous avez le choix et que votre destination honore les cartes de débit et de crédit, il est tout de même prudent de se munir de quelques chèques de voyage, une protection supplémentaire en cas de vol, ou pour le cas où les guichets automatiques de la petite ville où vous séjournez n'accepteraient pas votre carte étrangère.

Sachez que le chèque de voyage en argent américain demeure beaucoup plus facile à changer que celui en argent canadien. Le monde entier reconnaît le dollar américain. S'il ne s'agit pas d'un achat, les chèques de voyage se changent dans les banques et les bureaux de change. Considérez davantage les bureaux de change si le taux est bon ; la transaction sera plus rapide et il y aura moins de paperasse à remplir.

LES CARTES DE DÉBIT, LES CARTES DE CRÉDIT

Si le pays où vous vous rendez est à l'ère du guichet automatique, la solution carte de débit et carte de crédit est de loin la meilleure. On entre sa carte dans la petite fente et l'on reçoit le montant demandé, en devises du pays. Plus besoin de traîner de grosses sommes d'argent sur nous, l'approvisionnement est si aisé. Vive la technologie moderne !

INTERNET

POUR SAVOIR SI VOTRE CARTE DE DÉBIT FONCTIONNERA À DESTINATION, regardez d'abord à l'envers de votre carte. Si vous y voyez la mention *PLUS*, tapez sur votre moteur de recherche Internet les mots : « Visa ATM locator ». Si vous y lisez la mention *CIRRUS*, tapez plutôt : « MasterCard ATM locator ». Ensuite, entrez le nom du pays et des villes (une par une) que vous visiterez. On vous donnera les adresses des banques, dans chaque ville où se trouvent des guichets automatiques qui acceptent les cartes de débit étrangères. Prenez les adresses des banques en note et apportez cette liste avec vous. Vous pourrez ainsi planifier vos retraits d'argent (petits ou gros) selon votre itinéraire.

Si aucune adresse n'apparaît sur le site, c'est que votre carte de débit n'est pas honorée dans ce pays.

ATTENTION, PARFOIS CERTAINS GUICHETS refusent la transaction en indiquant que la carte est non valide. La plupart du temps, c'est parce que vous aurez demandé un retrait qui excède le montant maximum permis en une seule transaction. Réessayez alors avec un montant moindre.

ESPAGNE/GRENADE | **2005** | MARIE-CHANTAL_39 ANS

J'ai atterri à Malaga hier avec 100 € dans mes poches, ma carte de débit et ma carte de crédit. À cause des effets du décalage horaire, j'étais debout à cinq heures ce matin. Je me suis promenée un peu dans les environs et j'ai trouvé les guichets automatiques espagnols qui acceptent les cartes de débit étrangères. Ils sont faciles à repérer avec une grosse affiche ronde et orange sur laquelle il est inscrit « Euro 6 000 ». Il y en a partout et les guichets sont à l'extérieur, sur le coin des rues. Nul besoin d'entrer à l'intérieur ou de faire la queue. Je peux faire des retraits en euros quand je veux et où je veux et les instructions sont disponibles en huit langues ! C'est très facile et le taux est le même que lorsque j'ai acheté mes 100 € à ma banque.

Les cartes de crédit Visa et MasterCard sont les plus répandues. Viennent ensuite, loin derrière, American Express et Diners Club. Des avances de fonds sur cartes de crédit peuvent être faites dans la plupart des guichets ou des grandes banques. Prenez note que la plupart des cartes de crédit chargent des intérêts à partir de la date de retrait du montant et non trente jours plus tard comme pour un achat. Il peut s'avérer judicieux de déposer une somme d'argent sur votre compte de carte de crédit avant le départ pour vous éviter les intérêts qui sont, en général, excessifs.

Un petit conseil : ici comme ailleurs, les guichets automatiques « décident » parfois de ne pas nous redonner notre carte. Et si vous êtes en voyage, il peut être assez long, voire presque impossible, de récupérer votre carte. On vous obligera peut-être à retourner à la capitale et on vous fera attendre parfois jusqu'à une semaine pour la retrouver. En prévention, ayez une deuxième carte avec vous.

TRUC

DEMANDEZ À VOTRE INSTITUTION BANCAIRE une carte de débit supplémentaire qui annule la première lorsque vous l'utilisez. De cette façon, en cas de perte ou de vol de la carte principale, vous n'aurez qu'à utiliser la carte supplémentaire le plus rapidement possible pour annuler la carte principale perdue. Plus besoin de téléphoner en catastrophe votre banque, aux heures d'ouverture du Québec, pour annuler votre carte de débit ni de faire un détour de 300 km pour avoir une carte neuve à la banque centrale de Bangkok (rien à y voir... ça, je peux vous le dire !).

L'ARGENT LIQUIDE

Quelle que soit la destination, à part l'Europe, il est toujours bon d'avoir une petite quantité de dollars américains avec soi, histoire de parer à toute éventualité. Le dollar américain est presque toujours la devise la plus couramment utilisée. L'apparition de l'euro a un peu changé la donne, mais il demeure que les fameux billets verts peuvent à eux seuls ouvrir des portes qui seraient autrement restées closes ou arranger un problème apparemment insoluble. Un *bakchich* (une somme d'argent en échange d'un service) bien placé peut parfois sauver une situation. Munissez-vous de petites coupures de 5 $, 10 $ et 20 $ pour vous faciliter la vie au cas où vous n'auriez pas ou plus de devises locales.

Vous arrivez tard dans la nuit à Tokyo au Japon, le guichet automatique est vide ou les bureaux de change sont bondés ? Vos dollars américains pourront vous permettre d'attendre à demain pour changer de l'argent. En arrivant, si vous êtes mort de fatigue, payez le taxi en argent américain et allez vite vous coucher.

Certains pays, comme la Tanzanie par exemple, comptent pratiquement le dollar américain comme une devise officielle au même titre que la devise locale. Lors de notre séjour, en 2007, certains hôtels et restaurants n'affichaient leurs prix qu'en dollars américains. Bien qu'il soit aussi possible de payer en shilling tanzanien dans les commerces, les frais d'entrée dans les parcs nationaux (Tanrangire, Serengetti, Ngorongoro, etc.) sont exigés en dollars américains. Si vous séjournez dans un pays où le dollar américain est une monnaie courante et que vous n'en avez pas assez apporté de chez vous, rendez-vous dans un bureau de change, on vous achètera vos devises locales pour vous vendre des dollars US. Vous ne pourrez pas, par contre, acheter des dollars US avec vos chèques de voyage pourtant déjà en dollars américains ! Vous devrez d'abord acheter des devises locales qui seront reconverties en dollars. Il vous est aussi possible d'aller retirer des devises locales au guichet automatique du coin et de vous présenter à un bureau de change pour acheter des devises américaines.

TRUC

S'ASSURER DE L'EXACTE FAÇON DE FAIRE concernant l'argent dès les premiers jours de votre arrivée est une bonne façon de ne pas se retrouver dramatiquement à court de devises américaines. Mieux vaut prévoir et savoir dès le début.

LES TAUX DE CHANGE

Le taux offert par les banques du pays est souvent légèrement inférieur à celui des bureaux de change. Mais ceci a tendance à changer, selon le pays visité. Il faut magasiner sur place le meilleur taux et ne jamais oublier de s'enquérir de ce que l'on demande comme commission. N'oubliez pas de prendre votre passeport avec vous, bien qu'il ne soit pas toujours exigé. Les hôtels de luxe acceptent quelquefois de changer des dollars ou des chèques de voyage, mais la commission demandée est rarement à notre avantage. Avec les guichets automatiques et les achats faits par cartes de crédit, c'est votre banque qui fixe le taux, il apparaît au retour sur votre relevé. En général, il est plus avantageux pour votre compte de banque.

PRUDENCE !

LE MARCHÉ NOIR EST TOUJOURS UN PEU RISQUÉ et il est certain que vous faites affaire avec un groupe d'individus qui trempent dans l'illégalité. Soyez très prudent, l'arnaque est toujours possible, bien que ce ne soit pas toujours le cas.

CHINE/GUILIN | **1992** | MARIE-CHANTAL_27 ANS

On a manqué de vigilance, aujourd'hui, au marché. Comme nous l'avions fait à quelques reprises déjà, nous avons changé de l'argent au noir. Donc, un charmant monsieur au sourire très sympa nous a accostés. Très sympa, oui... Monsieur était très pressé, il avait peur de se faire prendre, avons-nous cru. Il nous refile une liasse d'argent avec, sur le dessus, des yuans chinois, et nous demande de ne pas compter en ce lieu trop public. Quelques minutes plus tard, nous nous sommes rendu compte que l'argent du dessous était de l'argent taïwanais, bien en dessous de la valeur que nous étions censés avoir. Le monsieur sympa avait déjà filé dans les dédales du marché aux fleurs...

LES VIREMENTS OUTRE-MER

Manquer d'argent à l'étranger n'est pas une très bonne situation. Prévoyez votre budget en conséquence. Si vous avez besoin d'un virement, comptez qu'il peut y avoir un délai de douze heures à quatre jours, en fonction du pays. *Western Union* a des agences reconnues partout dans le monde et fait ce genre de transfert à condition que vous ayez avec vous votre numéro de compte bancaire, l'adresse postale et le numéro de téléphone de votre succursale.

VIETNAM/SAIGON | **1991** | MARIE-CHANTAL_25 ANS

On a passé deux heures à la banque tout à l'heure pour changer de l'argent. Le Vietnam vient d'ouvrir et tout ce qui concerne les touristes est compliqué et long... On sent qu'ils sont dépassés un petit peu. La patience et le sourire, de notre côté, sont indispensables, sinon on va sauter une coche... On change 6 300 dongs pour un dollar canadien. La plus grosse coupure est de 5 000 dongs, même pas la valeur d'un dollar. Six cents dollars représentent environ 750 billets en dongs ! Ça n'entre pas dans nos poches ! Et avec tous ces zéros, le risque de faire des erreurs de calcul est grand.

LES DOCUMENTS ET LES FORMALITÉS

LES PASSEPORTS

Lorsque l'on s'apprête à partir à l'étranger, l'étape des passeports est incontournable. Techniquement, il existe cinq types de passeports canadiens. Le Bureau des passeports délivre annuellement plus de deux millions de documents de voyage, la majorité étant des passeports réguliers. Ce type de passeport, qui contient vingt-quatre pages, représente 98 % de tous les documents de voyage émis par le Bureau. Il est remis aux citoyens canadiens qui effectuent occasionnellement des voyages d'agrément ou d'affaires. Si vous prévoyez de visiter plus de dix pays dans les cinq prochaines années, demandez le passeport pour grands voyageurs. Ce dernier contient quarante-huit pages. Certains pays utilisent jusqu'à trois pages dans le passeport : une pour le visa, une pour l'estampe de l'entrée et une autre pour la sortie !

POUR CONNAÎTRE LES DROITS EXIGÉS pour se procurer un passeport canadien, sa durée et autres informations utiles, consultez le site Internet **www.pptc.gc.ca**.

INTERNET

Vous ne devriez pas entreprendre un voyage avec un passeport qui expirera durant votre séjour à l'étranger ou peu de temps après votre retour au Canada. De nombreux pays ne vous laisseront pas entrer si votre passeport n'est pas valide pour au moins six mois après la date de votre arrivée. Nous vous conseillons d'obtenir un nouveau passeport avant de partir afin d'éviter des ennuis.

Attention à la nouvelle réglementation : depuis le 26 novembre 2001, tout certificat de naissance ou baptistaire du Québec délivré avant le 1er janvier 1994 ne constitue plus une preuve valide de citoyenneté canadienne aux fins d'obtention d'un passeport canadien. Vous devez désormais présenter l'un des documents suivants : un certificat de naissance délivré après le 1er janvier 1994 par le Directeur de l'état civil du Québec ou un certificat de citoyenneté canadienne.

POUR TOUS LES CANADIENS VOYAGEANT PAR VOIE AÉRIENNE AUX ÉTATS-UNIS (même si ce n'est que pour transiter), un passeport valide est exigé. Parce que les lois changent souvent, vous devriez consulter le site **www.dfait-maeci.gc.ca** pour avoir les détails précis au moment de votre départ.

LES VISAS

Un visa est un document officiel, émis par un pays étranger, qui nous autorise à entrer dans ce pays et à y séjourner. Il spécifie, entre autres, le temps de séjour permis (cela varie généralement entre deux semaines et six mois, selon le pays visité) et le nombre d'entrées permises. Par exemple : si vous désirez visiter l'Australie, puis faire un saut en Nouvelle-Zélande pour une semaine et revenir en Australie pour la fin de votre voyage, vous devrez vous munir d'un visa à entrées multiples qui vous permettra d'entrer, de sortir pour gagner la Nouvelle-Zélande et d'entrer de nouveau en Australie. Mais soyons réalistes, le visa sert principalement à aller chercher quelques dollars de plus dans vos poches. C'est sa principale raison d'être et il n'est pas près de disparaître.

Certains visas sont gratuits, d'autres payants. Certains doivent être acquis à l'avance au consulat du pays en question, d'autres s'obtiennent directement à la frontière. Certains ont des dates de validité qui courent à partir de l'émission, d'autres ont des dates qui ne commencent à courir qu'une fois le voyageur entré dans le pays. Vous ne pourrez pas tous les obtenir de chez vous avant le départ, bien que ce soit la façon la plus simple de se les procurer. Il faut donc bien étudier votre parcours et vous renseigner sur les endroits où vous pourrez vous les procurer pour ne pas perdre un temps précieux en attentes indues que vous auriez pu éviter.

Pour prolonger votre séjour dans le pays visité au-delà de la période indiquée sur le visa qui vous a été octroyé, vous devez faire une demande de prorogation. Ce ne sont pas tous les pays qui accepteront que vous prolongiez votre séjour, mais rares seront ceux qui ne vous accorderont pas au moins deux semaines supplémentaires. Selon le pays visité, comptez plusieurs heures voire parfois une journée entière pour remplir les formalités nécessaires, faire approuver le tout et, bien entendu, acquitter les frais. Dans la majorité des cas, on vous demandera aussi de fournir une ou deux photos format passeport.

> **CONSEIL**
>
> **FAITES-VOUS TIRER LE PORTRAIT AVANT DE PARTIR.** Sur place, il n'est pas toujours aisé de trouver un endroit où se faire photographier, et surtout, vous pouvez perdre bien du temps à attendre que l'on développe vos photos.

Il est également possible que l'on demande à voir votre billet de retour avant d'émettre la prorogation. La réglementation concernant les visas change régulièrement; aussi est-il préférable de vérifier auprès de votre agence de voyage, de l'ambassade ou du consulat du pays concerné.

MYANMAR/RANGOON | 1997 | MICHEL_35 ANS

Hier fut une journée particulière. Marcher seul à Rangoon autour du Sule Pagoda et me perdre dans l'administration birmane, à la recherche de formulaires, de lettres de recommandation et de signatures, fut toute une aventure. Une extension de visa de deux semaines m'a pris la journée. Ce fut une de ces longues journées d'attente et de négociations. Mais j'étais très calme et je pratiquais la méditation active qui consiste à toujours garder un sourire sur son visage. Ça m'a bien servi.

PASSER À LA FRONTIÈRE

Lorsque l'on passe une frontière, que l'on se présente à un guichet d'immigration avec son passeport, il est toujours conseillé de se présenter sous son meilleur jour. Sans aller jusqu'au port de la cravate, mieux vaut s'éviter tout retard ou ennui dû à une allure trop négligée. Les douaniers et policiers qui contrôlent les frontières sont, en général, des gens très conservateurs qui entendent peu à la rigolade. Avec la recrudescence du terrorisme, leur sens de l'humour déjà faible s'est complètement éteint. Ne prenez aucun risque, ne blaguez pas, ne parlez pas inutilement, faites ce que l'on vous demande sans rechigner. Mieux vaut ne pas leur donner prise à une vérification spontanée qui vous fera rater votre prochain vol ou autobus. Ils ont tous les droits, ils vous acceptent dans leur pays. Aussi, évitez absolument de photographier tout poste frontalier ou tout endroit où les passeports et visas sont vérifiés. Vous pourriez avoir de graves problèmes. On ne rigole plus avec la sécurité.

AYEZ TOUJOURS UN STYLO-BILLE AVEC VOUS pour remplir tout document exigé par l'immigration du pays. Ce simple oubli peut vous faire perdre beaucoup de temps à un poste frontalier.

LE PERMIS DE CONDUIRE INTERNATIONAL

Si vous prévoyez de conduire en pays étranger, le permis de conduire international (PCI) est fortement recommandé. Tant qu'il n'arrive rien, ce petit document est d'une parfaite inutilité, mais advenant un accident, il peut vous épargner bien des ennuis. Dans certains pays, en cas d'accident, le conducteur du véhicule est détenu et interrogé par la police, même s'il n'y a eu qu'un simple accrochage. Souvenez-vous que votre condition de touriste, donc de personne bien nantie, joue parfois en votre défaveur. Pour un policier qui gagne l'équivalent de 50 $ CA par mois, la tentation de vous extirper quelques centaines de dollars parce que vous n'avez pas les bons papiers peut parfois être irrésistible.

Le PCI ne peut être utilisé qu'à l'extérieur de l'Amérique du Nord et il est émis au Canada par l'Association canadienne des automobilistes (CAA). Ce permis de conduire est valide dans tous les pays signataires de la Convention de 1949 de l'ONU sur la circulation routière. Même s'ils ne sont pas signataires, presque tous les pays du monde reconnaissent le PCI et l'acceptent sur leur territoire.

INTERNET

POUR OBTENIR UN PCI D'UNE VALIDITÉ D'UN AN, le demandeur doit être âgé de plus de 18 ans, posséder un permis de conduire canadien valide, remplir le formulaire disponible au CAA, fournir deux photos format passeport et acquitter les frais. N'oubliez pas de vous munir de votre permis de conduire lors de la demande.

Pour plus de renseignements, consultez le site Internet **www.caa.ca** ou téléphonez au CAA de votre localité.

LES PRÉCAUTIONS EN CAS DE PERTE OU DE VOL

Pour ceux qui l'ont vécu, se retrouver à l'étranger sans valises, sans argent ni passeport est une expérience hautement traumatisante. Surtout si aucune disposition n'a été prise pour faciliter les choses advenant un problème majeur. Si on est bien préparé, le vol devient une expérience désagréable, tout au plus. Cela cause quelques soucis et nous fait perdre du temps, mais ne traumatise pas.

TRUC

POUR TOUS NOS VOYAGES, MÊME LES PLUS COURTS, nous procédons de la façon suivante : nous photocopions la première page de nos passeports et nous inscrivons à l'endos de cette feuille tous les numéros importants : cartes de crédit, chaque chèque de voyage, permis de conduire, assurances maladie, polices d'assurances voyage, numéros de téléphones des personnes à rejoindre en cas de problème majeur, ainsi que tous les numéros de téléphone pour assistance 24 heures en cas d'urgence causée par une hospitalisation, la perte ou le vol de nos cartes, chèques de voyage ou effets personnels. Tous, absolument tous les numéros importants doivent être en votre possession. Nous photocopions ensuite cette feuille cinq ou six fois, nous en prenons chacun une copie que nous portons en tout temps sur nous et nous cachons les autres un peu partout dans nos bagages. Nous en laissons aussi une copie à un de nos proches resté au pays.

En prenant ces précautions, en cas de vol ou de perte, il vous restera toujours, quelque part, au moins une copie de tous vos numéros importants. Il vous suffit alors de tout annuler et d'attendre les nouveaux papiers. Ça ne rend pas la chose agréable, mais ça élimine le stress de devoir courir après tous ces numéros et de ne pas savoir où appeler et quoi faire. En une heure et quelques coups de téléphone, vous pouvez au moins vous assurer que vos cartes sont annulées, que votre argent est en sécurité et que votre nouveau passeport sera disponible sous peu.

ATTENTION ! CE N'EST PAS SUFFISANT d'avoir en votre possession les numéros de vos différentes cartes, il faut avoir aussi les bons numéros de téléphone, pour chaque carte, que vous pourrez composer en cas de perte ou de vol.

Voici un exemple des informations qui se retrouvent sur cette feuille. De l'autre côté de ce document, une photocopie du passeport apparaît.

Carte Visa Michel 4000 xxxx xxxx xxxx 02/09 Tél. frais virés : 514 xxx-xxxx	Carte Visa Marie 4000 xxxx xxxx xxxx 11/09 Tél. frais virés : 514 xxx-xxxx
Carte bancaire Michel 5000 xxxx xxxx xxxx Tél. frais virés : 514 xxx-xxxx	Carte bancaire Marie 5000 xxxx xxxx xxxx Tél. frais virés : 514 xxx-xxxx
N° Ass. maladie Michel Hxxx xxxx xxxx	N° Ass. maladie Marie Fxxx xxxx xxxx
Assurance voyage Police n° : xx xxxxx Tél. frais virés : 514 xxx-xxxx	Assurance voyage Police n° : xx xxxxx Tél. frais virés : 514 xxx-xxxx
Nom de la compagnie aérienne Montréal Tél. : 514 xxx-xxxx	N° réservation billet Dar es-Salam Tél : 022 xxx-xxxx
N° de Passeport Michel : JUxxxx Marie : JUxxxx	Billets d'avion N° de réservation : 508xxxx xxxxxxx
Personne ressource à la maison en cas de problème Tél. : 450 xxx-xxxx Cell. : 514 xxx-xxxx	

N° chèques de voyage Michel RA 160-161-162-163-164-165-166-167-168 RB 340-341-342-343-344-345-346-347-348 RC 660-661-662-663-664-665-666-667-668	
N° chèques de voyage Marie RA 370-371-372-373-374-375-376-377-378 RB 950-951-952-953-954-955-956-957-958 RC 930-931-932-933-934-935-936-937-938	
Tel : (appel à frais virés au R.-U.) (44) 20 xxxx xxxx Chèques achetés le 24 nov 2007 à la banque xxxxxx Adresse : xxx boul. Lévesque, ville, code postal Tél. frais virés : 514 xxx-xxxx	
Permis de conduire Marie H3xx xxxxxx xx N° de réf. : PC YYHYYT	Permis de conduire Michel L1xx xxxxxx xx N° de réf. : PY YYGYYW

La ceinture de taille, que l'on glisse sous les vêtements, est encore et toujours la meilleure façon de porter argent et documents importants. Ne jamais, jamais laisser un document officiel ou une somme d'argent importante dans une poche ou votre petit sac à dos de jour.

EN CAS DE VOL, LE RAPPORT DE POLICE EST SOUVENT EXIGÉ par les compagnies d'assurance. Vous devez prendre le temps de faire remplir ce papier qui peut s'avérer essentiel au retour si vous songez à être indemnisé.

LES RÉSERVATIONS D'HÔTEL AVANT LE DÉPART

Réserver ou ne pas réserver, telle est la question ! Si vous réservez votre hébergement avant le départ, vous gagnerez du temps sur la route et au lieu de prendre quelques heures à visiter des hôtels en arrivant à un nouvel endroit, vous serez sur une terrasse en train de siroter une bonne bière ! Mais, en ayant réservé et prépayé tout votre hébergement, vous ne pourrez déroger de votre itinéraire et improviser au gré des rencontres ou des endroits. Tout dépend toujours du genre de voyage que vous voulez faire.

Si vous désirez voyager en pleine saison touristique pour un séjour de moins de deux semaines en Europe, vous devriez envisager de réserver une bonne partie ou tout votre hébergement avant le départ. Si vous pouvez, sans sourciller, vous voir relégué aux « restants », souvent loin des centres d'attraction, la chose importe moins. Mais si vous souhaitez séjourner dans tel petit château dont la vue est imprenable ou telle auberge admirablement bien située dans tel quartier, il faudra réserver de deux à quatre mois avant le départ.

Si votre voyage est de longue durée, vous pouvez vous permettre de ne pas réserver d'hébergement avant le départ. Vous accepterez plus facilement de prendre du temps pour chercher un hôtel qui vous convient, même si cela demande quelques heures ou la journée entière. Plus le voyage est long, plus il est possible que votre itinéraire change ou que vous ayez envie d'improviser. Il est plutôt rare que nous réservions notre hébergement à l'avance pour un voyage de plus de deux semaines. Tout se fait en arrivant dans la nouvelle ville. Nous ne réserverons à l'avance que si nous avons des raisons de croire que nous aurons du mal à trouver à cause d'une fête : Noël, Nouvel An, ou une fête locale très populaire. Nous optons aussi pour la réservation si nous désirons séjourner dans un hôtel précis, particulièrement réputé, où il est recommandé de réserver à l'avance.

Si vous décidez de partir sans réserver d'hébergement au préalable, je vous recommande toutefois de faire exception pour la première nuit. Nous ne l'avons pas toujours fait et cela s'est presque toujours retourné contre nous et nous a fait vivre un épisode de stress dont nous aurions préféré nous passer. Envisagez absolument de réserver si vous comptez débarquer dans une ville inconnue après un long vol de plus de dix heures, ou si vous arrivez de nuit ou en pleine période de fête religieuse ou de carnaval. Les gens voyagent de plus en plus et il n'est plus rare de voir des villes comme Dublin, Dakar ou Delhi avec un taux d'occupation hôtelier frisant les 90 %.

INDE/DELHI	2004	MARIE-CHANTAL_39 ANS

... Malgré la fatigue, l'excitation était grande à notre arrivée à Delhi à 23 h 30, heure locale. Sans réservation, nous avons dû parcourir en taxi, avec un chauffeur excédé et pas très sympa, cette immense ville pendant au moins trois heures pour trouver une chambre libre. Nous nous sommes retrouvés à 3 heures du matin à l'Intercontinental dans la suite présidentielle avec trois salles de bain. On nous l'a laissé à 350 $ plutôt que 1 000 $. C'était pas prévu dans notre budget... mais nous étions épuisés. Demain matin, on quitte pour Nainital. On va au moins profiter du buffet déjeuner inclus avant de partir. Bon, allons nous coucher... dans des draps de satin !

L'épisode de Delhi a été atroce. De plus, nous voyagions avec nos enfants. On paye pour apprendre et cet apprentissage nous a coûté très cher en énergie.

Notez qu'à peu près partout dans le monde, pour la saison de Noël et du Nouvel An, à moins de choisir d'aller défoncer l'année à Oulan-Bator en Mongolie, il est conseillé de réserver à l'avance, surtout si vous allez à la mer (nous ne parlons pas ici des tout inclus mais des hôtels pour voyageurs indépendants qui louent à la nuit). Si vous arrivez sur place avant le 15 décembre, pas de problème, vous aurez le temps de magasiner et de trouver, mais sachez qu'avec Internet les gens ont beaucoup plus de facilité qu'avant pour réserver et il se peut que déjà la moitié des plus beaux coins soit réservée. Alors, si vous prévoyez d'atterrir le 22 décembre pour vous pointer sur la plage le 23 au matin et espérez dénicher la perle, oubliez ça. J'ai déjà vu un couple de voyageurs arriver dans l'île de Ko Phi Phi, en Thaïlande, un 23 décembre au matin et devoir reprendre le bateau le soir même, faute de place sur l'île. Jamais, à Tulum au Mexique en 2000, nous n'aurions pu avoir un bungalow sur la plage à Noël si nous n'avions réservé trois mois avant notre départ. C'est dans tous ces petits détails et cette organisation que réside le secret d'une aventure réussie.

Il est aussi parfaitement possible de réserver au fur et à mesure de votre voyage, selon le déroulement des plans, par téléphone ou Internet. Hors de la saison touristique, une réservation effectuée trois ou quatre jours à l'avance sera amplement suffisante.

RÉSERVER SON HÉBERGEMENT PAR INTERNET

Si vous désirez réserver votre hébergement à l'avance, dans le confort de votre foyer, Internet s'avère être l'outil de premier choix. Vous n'aurez pas accès aux petits hôtels économiques, mais si vous cherchez des catégories trois étoiles et plus, vous aurez du choix, un accès facile et des photos des hôtels et des chambres. Si vous cherchez, par exemple, à réserver au Guatemala, entrez dans votre moteur de recherche les mots « Guatemala hôtel ». On vous proposera différents sites de réservation. On vous demandera dans quelle région vous désirez séjourner et vos dates de voyage. Des noms d'hôtel apparaîtront sur votre écran. En cliquant sur le nom, une fenêtre s'ouvrira pour procéder à la réservation par l'entremise de ce même site ou vous mènera directement sur le site de l'hôtel choisi où vous pourrez réserver directement en ligne avec le propriétaire. La plupart des hôteliers vous demanderont votre numéro de carte de crédit pour confirmer la réservation, mais pas toujours.

Lorsque l'on a l'adresse courriel de l'hôtel, il est aisé ensuite de reconfirmer, quelques jours avant le départ, pour s'assurer que la chambre est bien réservée. Cela sécurise aussi l'hôtelier, surtout s'il ne vous a pas demandé d'acompte. Lors d'un voyage en Italie en 2006, Marie-Chantal a réservé tous ses hôtels directement avec les hôteliers. Elle correspondait avec les gens qui allaient la recevoir et elle a beaucoup aimé cette façon de faire. À son arrivée au B & B La Guardia à Capri, Umberto l'a reçu comme une amie. Ils avaient échangé sept ou huit courriels en anglais pour être sûrs, des deux côtés, qu'ils avaient tous les renseignements nécessaires.

Les gros sites de réservations d'hôtel, comme **www.venere.com** pour l'Europe, réserveront pour vous l'hôtel de votre choix après vous avoir demandé quelques informations et votre numéro de carte de crédit. Dans les heures qui suivent vous recevrez par courriel votre confirmation et un numéro de réservation. Imprimez cette lettre et apportez-la avec vous, elle vous servira de preuve. Nous avons déjà utilisé ce système et il s'est avéré efficace et sans surprise certainement neuf fois sur dix. Cela ne vous coûtera rien à vous, c'est l'hôtel qui paiera une commission au site de réservation en question. Sur ces mêmes sites, il y a presque toujours des témoignages de voyageurs qui donnent leurs appréciations des différents hôtels proposés. C'est parfois assez détaillé mais comme tous les goûts sont dans la nature, ce qui plaît à l'un peut ne pas vous plaire à vous.

Avant de choisir un hôtel sur Internet, il peut être prudent de recouper l'information avec un livre-guide sur votre destination. (voir chap. 1, « Les livres-guide », page 85)

LA RÉSERVATION DES SIÈGES D'AVION

Pourquoi réserver à l'avance son siège dans l'avion ? Tout simplement pour se faciliter la vie à bord et rendre son déplacement plus agréable. Ce n'est pas une obligation, mais un choix judicieux d'emplacement peut influer sur l'humeur et le sourire, surtout si vous voyagez en groupe, que vous désirez être tous ensemble et que le vol sera long.

Selon les compagnies aériennes, cette réservation se fait soit à l'achat du billet d'avion, soit vingt-quatre heures avant le départ. Chaque compagnie à des exigences différentes. Si vous avez réservé vos sièges à l'avance, les réservations seront effectives jusqu'à trois heures avant le décollage de l'avion. Si vous arrivez deux heures avant votre vol, il y a de fortes chances que votre place ait été donnée à un autre voyageur qui n'avait pas réservé. On vous attribuera alors un autre siège, sûrement moins bien situé, et si vous voyagez en couple ou en groupe, vous serez peut-être séparés.

Pour les voyageurs qui ont besoin de se lever pour se dégourdir ou pour ceux qui sont pourvus de grandes jambes, un siège près de l'allée peut être nécessaire, mais ne comptez pas pouvoir vous étendre les pattes dans l'allée. À cause du va-et-vient des passagers et particulièrement du *dolly* ou chariot en métal qui contient la nourriture et les boissons, vous risquez d'être heurté assez souvent. Lors d'un déplacement sur Toronto, j'ai vu le coin de métal d'un de ces chariots percuter le genou d'un homme assis à côté de moi près de l'allée. Le cri de douleur de l'homme fut assez explicite. Je suis persuadé qu'il devait avoir beaucoup de difficulté à marcher le lendemain.

NOUS PRIVILÉGIONS TOUJOURS LES SIÈGES situés à l'avant de l'avion par opposition à l'arrière. L'air y est plus sain, la nourriture nous arrive en premier et on est sorti plus rapidement de l'avion à destination.

TOUT PRÉVOIR POUR DEMEURER EN BONNE SANTÉ

Quel que soit le pays que vous visitez, demeurer en bonne santé est le fruit de mille et une petites précautions. Certaines destinations demandent certainement plus de précautions que d'autres, mais il n'en demeure pas moins qu'où que vous soyez, le résultat d'une négligence ou d'une malchance est le même: tout doit s'arrêter, visites, déplacements, etc., et la guérison doit se faire avant qu'il soit question de reprendre le cours du voyage. Il n'est rien de plus frustrant et inquiétant que d'être malade en voyage.

VOUS DEVRIEZ ABSOLUMENT PASSER UN EXAMEN MÉDICAL avant d'entreprendre un voyage à l'étranger, surtout pour un long séjour, sans égard au choix de votre destination. Vous devriez, dans un deuxième temps, faire une visite chez le dentiste. Croyez-moi, vous ne voudrez pas avoir mal aux dents en voyage. Prévention, prévention, prévention!

Le chapitre qui suit vous permettra d'ajuster plus que jamais les recommandations qui s'y trouvent en fonction de votre destination et de votre santé. Si vous voyagez en Europe ou dans des pays occidentalisés comme l'Australie, la Nouvelle-Zélande ou l'Islande, vous n'aurez pas besoin d'une trousse médicale du voyageur aussi exhaustive que si vous partez pour l'Afrique. Cela dit, même pour un voyage de courte durée en Europe ou aux États-Unis, nous emportons une trousse de premiers soins contenant tous les produits que nous serons susceptibles d'utiliser. Le but d'une telle façon de faire est simplement de pouvoir gagner du temps s'il arrive un malaise ou un petit accident en ayant la possibilité de se traiter soi-même comme on le ferait à la maison.

LA TROUSSE MÉDICALE DU VOYAGEUR

Une trousse de premiers soins fait partie des éléments essentiels de vos bagages. Ne partez pas sans elle. Même si l'on trouve des pharmacies partout, dans tous les pays, il est toujours plus convivial d'avoir avec soi des pansements et un tube d'onguent d'antibiotique pour soigner une légère blessure ou de l'acétaminophène pour calmer un mal de tête ou une douleur au dos. Trouver ces produits dans une ville inconnue peut nécessiter quelques heures de recherche et si le problème se déclare au petit matin ou tard dans la nuit, tout sera fermé et vous devrez attendre l'ouverture de la pharmacie avant de vous soigner.

Vous pouvez commencer à la composer à partir d'une trousse de base proposée en magasin, en la complétant de tous les produits que vous jugerez appropriés. Assurez-vous que vous connaissez le mode d'emploi de chaque médicament que vous emporterez et qu'un médecin vous a renseigné sur le dosage approprié pour chacun. N'hésitez pas non plus à adapter les suggestions faites plus loin à vos propres besoins. Si par exemple vous avez un estomac de fer et ne souffrez jamais de maux gastriques d'aucune sorte, oubliez les capsules de yogourt. Si vous voyagez en Europe, tout près des grands centres, vous n'avez évidemment pas besoin de seringues, de pansement pour les grandes blessures ou d'un tissu pour faire une attelle. Vous vous rendrez à l'hôpital le plus proche et on s'occupera bien de vous. Nous avons tous nos forces et nos faiblesses et nous ne voyageons pas tous dans les mêmes conditions ; ajustez-vous en conséquence.

Les trousses suggérées ne constituent qu'un exemple où vous pouvez soustraire certains éléments qui vous semblent superflus ou compléter selon vos besoins.

Une petite trousse pour un court séjour

- comprimés d'acétaminophène (de type *Tylenol*)
- comprimés ou sirop contre les allergies de toutes sortes (antihistaminique de type *Benadryl*)
- médicaments contre la diarrhée (de type *Imodium* ou *Pepto Bismol*)
- petite bouteille de peroxyde
- tube d'onguent antibiotique (de type *Polysporin* ou *Bactroban*)
- 5 grands et 3 petits pansements (de type *Élastoplast* ou *Band Aid*)
- 10 cotons-tiges (de type *Q-tips*)
- 10 serviettes antiseptiques enveloppées individuellement (benzalkonium chloride)
- charbon végétal activé 170 mg
- médicaments spécifiques

Pour Longs séjours en pays occidentalisé (Europe, Amérique du Nord, Australie...)

- comprimés d'acétaminophène (de type *Tylenol*)
- comprimés ou sirop contre les allergies de toutes sortes (antihistaminique de type *Benadryl*)
- comprimés antidouleur (de type *Tylenol 500 mg*)
- médicaments contre la diarrhée (de type *Imodium* ou *Pepto Bismol*)
- médicaments pour soulager rhume, toux et nez bouché
- petite bouteille de peroxyde
- tube d'onguent antibiotique (de type *Polysporin* ou *Bactroban*)
- 10 grands et 8 petits pansements (de type *Élastoplast* ou *Band Aid*)
- 2 pansements ophtalmiques
- pansements humides pour les ampoules (de type *Moleskine*)
- 12 cotons-tiges (de type *Q-tips*)

- 10 à 20 serviettes antiseptiques enveloppées individuellement (benzalkonium chloride)
- charbon végétal activé 170 mg
- 1 thermomètre
- 1 aiguille (pour retirer les échardes)
- 1 pince à sourcils (pour retirer les corps étrangers)
- médicaments spécifiques

POUR LONGS SÉJOURS EN PAYS NON OCCIDENTALISÉ (ASIE DU SUD-EST, AFRIQUE, AMÉRIQUE DU SUD...)

- 1 antibiotique à large spectre pour les infections de la gorge et des poumons
- 1 antibiotique à large spectre pour les infections gastro-intestinales
- comprimés ou sirop contre les allergies de toutes sortes (antihistaminique de type *Benadryl*)
- capsules de yogourt
- charbon végétal activé 170 mg
- sachets de remplacement des électrolytes (de type *Gastrolyte*)
- comprimés ou suppositoires de *Gravol*
- comprimés d'acétaminophène (de type *Tylenol*)
- comprimés antidouleur (de type *Tylenol 500 mg*)
- médicaments contre la diarrhée (de type *Imodium* ou *Pepto Bismol*)
- comprimés à croquer pour contrer les reflux gastriques (de type *Pepto Bismol*)
- tube d'onguent antidouleur pour la bouche (de type *Oragel*)
- médicaments pour soulager rhume, toux et nez bouché
- petite bouteille de peroxyde
- petite bouteille de mercurochrome
- tube d'onguent antibiotique (de type *Polysporin* ou *Bactroban*)
- 2 seringues (avec aiguilles de remplacement de différentes grosseurs)
- bande élastique avec les attaches

- boîtes de sutures cutanées autocollantes (de type *Stéri-strip*)
- 12 compresses stériles grand format
- rouleau de diachylon (pour coller les compresses sur la peau)
- 1 petite paire de ciseaux
- 10 grands et 8 petits pansements (de type *Élastoplast* ou *Band Aid*)
- 2 pansements ophtalmiques
- pansements humides pour les ampoules (de type *Moleskine*)
- 12 cotons-tiges (de type *Q-tips*)
- 20 serviettes antiseptiques enveloppées individuellement (benzalkonium chloride)
- désinfectant pour les mains (de type *Purell*)
- 2 épingles de sûreté
- 1 thermomètre
- 1 aiguille (pour retirer les échardes)
- 1 pince à sourcils (pour retirer les corps étrangers)
- 1 petite lampe de poche avec piles
- médicament antipaludique
- médicaments spécifiques

LES PREMIERS SOINS

Il existe beaucoup de sortes de pansements en vente dans nos pharmacies. Pour les petits bobos, nous utilisons des pansements autocollants en tissu flexible (de type *Élastoplast* ou *Band Aid*). Pour tous les types de voyages, vous devriez en avoir avec vous. Les compresses stériles sont utiles pour nettoyer ou couvrir une plaie. Nous n'apportons que les compresses de grand format que nous coupons en deux ou en quatre au besoin. N'oubliez pas, donc, d'apporter des petits ciseaux et du ruban adhésif pour la tenir en place sur la peau. Si vous avez les yeux sensibles et sujets aux conjonctivites et orgelets, quelques pansements ophtalmiques devraient faire partie de votre trousse. Un tube d'onguent antibiotique (de type *Polysporin* ou *Bactroban*) est absolument essentiel pour aider une plaie à guérir et surtout à ne pas s'infecter, ainsi qu'une petite bouteille de peroxyde et/ou d'iode.

LES ANTIBIOTIQUES

Nous nous munissons la plupart du temps de deux ordonnances d'antibiotiques à large spectre avant de partir pour des longs séjours en pays non occidentalisé. Un antibiotique qui couvre les infections pour la partie supérieure du corps (otite, sinusite, laryngite, pharyngite, bronchite, etc.) et un autre qui soigne la partie inférieure (cystite et maladies reliées aux intestins). Plusieurs médecins spécialisés dans le voyage recommandent maintenant un seul antibiotique : le Ciprofloxacine (communément appelé Cipro) qui couvre à peu près toutes les maladies bactériennes que vous pourriez être susceptible de contracter en voyage (infections de la peau, des poumons, des oreilles, de l'abdomen, de la vessie et certaines maladies transmises sexuellement). Si vous devez en prendre en voyage, protégez bien votre peau du soleil qui sera plus sensible que d'habitude. Les antibiotiques doivent être prescrits avant le départ par votre médecin de famille ou le médecin de garde à la clinique de vaccination. Pendant votre séjour, consultez aussi un médecin pour être certain que votre antibiotique est approprié.

Si vous vous savez fragile face à une sorte d'infection, prévoyez un antibiotique spécifiquement pour ce problème.

LES CAPSULES DE YOGOURT

Avant de partir et pendant le voyage, il est possible, avec les capsules de yogourt, de préparer, normaliser et stabiliser votre flore intestinale. La flore intestinale est une barrière de protection et si elle est fragilisée par des bactéries que vous avez contractées dans l'eau ou par la nourriture (ce qui est assez fréquent en voyage) ou par la prise d'antibiotiques (tel les médicaments antipaludiques), elle laissera des maladies plus graves pénétrer dans votre organisme. Une flore intestinale en santé rend les intestins beaucoup moins vulnérables aux diarrhées et à toutes sortes de maladie comme la polio, qui a pour site de développement l'intestin. Les capsules de yogourt régularisent également la flore vaginale des femmes plus fragiles aux vaginites.

Les capsules de yogourt doivent habituellement se conserver au frigo, mais en voyage il sera sûrement bien compliqué de garder votre flacon au froid. Les capsules de yogourt qui sont gardées à température de la pièce (jusqu'à 30 °C) et au sec, ne perdent qu'environ 10 % de leur efficacité chaque mois. Si vous achetez des capsules contenant par exemple 6 milliards d'organismes vivants (culture bactérienne bénéfique pour notre système intestinal), votre produit aura perdu après un mois moins d'un milliard d'organismes. Habituellement, un produit contenant entre 3 et 5 milliards d'organismes est amplement suffisant pour vous protéger.

Pour nous protéger adéquatement, nous prenons une capsule après chaque repas, pendant toute la semaine précédant le départ. Ensuite, pendant tout notre séjour, nous prenons une capsule par jour, après avoir mangé. Consultez un médecin en clinique santé-voyage pour voir quelle serait la meilleure posologie pour vous.

LE CHARBON VÉGÉTAL ACTIVÉ

Pour réagir rapidement contre les intoxications dues aux aliments ou à un produit chimique, je vous recommande d'avoir dans vos bagages du charbon végétal activé. C'est probablement ce que l'on vous donnera si vous allez à l'hôpital, mais plus ce produit est administré rapidement, plus il est efficace. Le charbon végétal activé en capsule est vendu en pharmacie dans la section des produits naturels en concentration 170 mg.

C'est un produit de la nature qui a la propriété d'absorber, dans l'estomac, les médicaments, les additifs alimentaires, les gaz, les détergents et les solvants organiques qui sont ensuite évacués par l'intestin. Il est aussi très efficace contre les empoisonnements alimentaires en tout genre et soulage les personnes atteintes de gastro-entérite ou de gastrite.

Selon l'Institut national de santé publique du Québec (INSPQ), le charbon végétal activé peut réduire les effets de l'absorption d'une substance toxique jusqu'à 75 % s'il est administré moins d'une heure après son ingestion.

LES ALLERGIES SOUDAINES

Je n'ai jamais fait de crise d'allergie en voyage, mais j'ai toujours apporté dans ma trousse médicale une petite bouteille de *Benadryl*. Ce médicament réduit très rapidement les symptômes d'allergie de toutes sortes. Les réactions allergiques cutanées ne sont pas choses rares. Une petite dose de *Benadryl* diminue les enflures inquiétantes dues à des piqûres d'insectes ou à un contact avec certains végétaux, animaux ou coraux venimeux. En faisant disparaître les symptômes grâce au *Benadryl*, vous éviterez une visite chez le médecin et vous serez bien content !

LES MÉDICAMENTS CONTRE LA DIARRHÉE

Si vous souffrez de diarrhée en voyage sans qu'il y ait d'autres symptômes inquiétants, il n'y a pas grand-chose à faire, sauf ajuster l'alimentation pour réduire les inconforts (voir chap. 4, « La diarrhée du voyageur », page 245). Pour un voyage d'un mois, il n'est pas rare d'avoir un ou deux épisodes de diarrhée, mais vous pouvez réduire ce nombre si vous avez pris des capsules de yogourt. En cas de diarrhée, mieux vaut avoir les bons remèdes dans votre trousse. Les comprimés d'*Imodium* et de *Pepto Bismol* peuvent soulager plusieurs inconforts reliés à la diarrhée.

Si vous présentez des symptômes de déshydratation parce que vous perdez beaucoup de fluide, il faudra vous hydrater rapidement avec des sachets de *Gastrolyte* en poudre.

LES SERINGUES

Même dans les coins reculés, que ce soit dans des dispensaires médicaux ou à l'hôpital, si un médecin doit vous faire une injection, la seringue sera probablement stérile et enveloppée dans un sachet individuel. Demandez à ce que l'on ouvre le sachet devant vous pour vous assurer que la seringue en est à sa première utilisation. Mais si cela vous inquiète, faites-vous prescrire par un médecin avant le départ (dans une clinique de vaccination, par exemple), deux seringues stériles avec des aiguilles pour utilisation sous-cutanée et intramusculaire. Quoi qu'il arrive, vous aurez toujours la possibilité de les utiliser au cas où celle proposée par le médecin traitant ne vous inspirerait pas confiance.

LES MÉDICAMENTS SPÉCIFIQUES

Vous devez prendre des médicaments particuliers pour des raisons médicales ? Assurez-vous d'en avoir une provision suffisante pour tout le voyage. Ayez avec vous l'ordonnance du médecin, en cas de questions aux douanes ou ailleurs.

CONSEIL...

IL EST JUDICIEUX DE DIVISER LES MÉDICAMENTS SPÉCIFIQUES en deux portions et de les placer dans deux valises ou sacs à dos différents. De cette façon, vous ne serez pas pris au dépourvu, en cas de perte ou de vol d'un bagage.

Si vous êtes sujet à l'asthme, aux feux sauvages, au psoriasis, aux infections vaginales... pensez à apporter, en prévention, les médicaments appropriés.

LES PRODUITS ET PROCÉDÉS DE DÉSINFECTION DE L'EAU

Dans certains pays ou régions du monde, l'approvisionnement en eau embouteillée et même en eau potable peut s'avérer problématique. Si on ne trouve pas de bouteilles d'eau scellées, ce qui est de plus en plus rare sur la planète, il faudra trouver des moyens pour la stériliser. Les principaux moyens dont vous disposez pour traiter votre eau sont l'ébullition, la filtration et la purification chimique.

L'ébullition

Le moyen le plus sûr reste l'ébullition. Efficace contre bactéries, virus et parasites, elle tue tous les agents pathogènes connus. Mais il n'est pas toujours aisé, sur place, de trouver où faire bouillir son eau pendant cinq minutes à gros bouillons; cette méthode est plus appropriée pour le camping, équipé d'un poêle au propane ou si vous séjournez dans une maison de location avec cuisinette. Par contre, vous pouvez trouver, dans les boutiques spécialisées dans le voyage ou le plein air, de petits éléments électriques qui, par immersion, font bouillir l'eau dans une tasse. Ce petit gadget est très intéressant, à condition d'avoir le transformateur de tension approprié et la prise adaptatrice qui entre dans les prises murales du pays où vous allez. En altitude, n'oubliez pas que l'eau bout à une température plus basse et que les germes ont donc plus de chance de résister.

La filtration

La simple filtration ne permet pas d'éliminer tous les virus. Par conséquent, lorsqu'on traite des eaux non potables, on recommande que la filtration soit faite de concert avec la purification chimique. Pour ce faire, des pompes portatives avec filtres en fibre de verre ou en céramique avec des résines libérant de l'iode sont disponibles dans les commerces spécialisés dans le plein air. Certains de ces dispositifs libérant de l'iode contiennent, en plus, un filtre à charbon actif pour éliminer l'excédent d'iode dans l'eau. Avec ce procédé, l'eau peut être consommée immédiatement. En pratique, un bon filtre est celui qui affiche une porosité absolue entre 0,2 et 0,4 µ, et qui présente une bonne qualité générale de fabrication. Au Canada, on trouve plusieurs bonnes marques comme: *PUR*, *MSR*, *Katadyn*, *SweatWater*. Certains fabricants proposent des modèles de pompes dont le filtre est un dérivé de fibres de verre/carton et ceux-ci feront l'affaire pour 90 % des utilisateurs. Ces pompes coûtent souvent moins cher et ont une durée de vie de plusieurs centaines de litres. Le filtre verre/carton doit être changé plus fréquemment (à un coût non négligeable) que celui de la pompe avec filtre de céramique, qui est nettement supérieur mais beaucoup plus cher. Il faut se rappeler que plus l'eau est sale, plus vous devrez changer (ou laver selon le cas) le filtre souvent.

En 1995, lors d'un voyage au Népal, nous pouvions trouver des bouteilles d'eau partout mais nous avions lu que cette eau n'était pas sûre, puisque l'absence de contrôle gouvernemental laissait la voie libre à quelques compagnies sans scrupule d'utiliser l'eau du robinet sans la désinfecter avant de l'embouteiller. Certains commerçants remplissaient même de vieilles bouteilles avec l'eau du robinet et la revendaient par la suite. Comme nous en étions à notre premier voyage avec un enfant et que nous savions moins à quoi nous attendre, nous avons apporté avec nous une pompe *PUR* avec filtre à charbon actif. Tous les matins, nous avions pris l'habitude de filtrer l'eau embouteillée achetée la veille, que nous allions boire dans la journée. Seulement ainsi nous sentions-nous en parfaite sécurité. Faites ce qui vous semblera le mieux pour vous. Lorsque l'on parle de s'écouter, d'y aller à son rythme, c'est à ce genre de chose que l'on fait référence. Pour nous, à ce moment précis, avec l'expérience de voyage que nous avions, nous ressentions le besoin de filtrer l'eau déjà embouteillée pour nous sentir en parfaite confiance... et c'est ce que nous avons fait.

La purification chimique

Le procédé le plus efficace et de loin le plus simple est l'utilisation de la teinture d'iode 2 %. Laissez tomber huit gouttes de teinture d'iode 2 % dans un litre d'eau, brassez et ensuite laissez reposer trente minutes avant de la consommer si l'eau est à température modérée et soixante minutes si elle est très froide. L'ajout d'un peu de jus d'orange ou de cristaux de saveurs aide à masquer le goût de l'iode. Vous pouvez aussi ajouter deux gouttes d'iode 2 % à l'eau que vous avez fait bouillir pour vous assurer d'une protection supplémentaire. Il existe cependant une contre-indication importante : l'iode ne devrait pas être utilisé pour la désinfection quotidienne à long terme (plus de deux mois) parce qu'il est physiologiquement actif et son ingestion prolongée présente un risque pour la thyroïde. Cette méthode de désinfection est assurément à éviter pour les femmes enceintes et les personnes qui ont un problème thyroïdien.

Voici d'autres produits à base d'iode, tout aussi efficaces :

- solution topique d'iode à 2 % = 8 gouttes par litre ;
- solution de *Lugol* à 5 % = 4 gouttes par litre ;
- povidone-iodine : *Betadine* à 10 % = 4 gouttes par litre.

(À noter : L'iode doit être conservé dans un contenant opaque parce qu'il perd ses propriétés s'il est exposé à la lumière sur une période prolongée.)

Il existe aussi des produits purifiants à base de chlore. Ils sont moins efficaces que l'iode, mais ils ont l'avantage de pouvoir être utilisés sur une plus longue période. Les produits suivants sont vendus dans les boutiques de plein air et la posologie est écrite sur la boîte.

- le DCCNa : *Aquatabs* ;
- l'hypochlorite de sodium : *Drinkwell chlore* ;
- l'hypochlorite de calcium : *Micropur Forte* ;
- la chloramine T : *Hydroclonazone* (moins efficace que les précédents).

Deux à trois gouttes d'eau de Javel sans parfum à usage ménager, qui contient entre 4 % et 5 % d'hypochlorite de sodium, à chaque litre d'eau, égale l'efficacité du chlore. Comme pour l'iode, il faut brasser puis laisser cette eau reposer pendant trente minutes avant d'en boire.

Vous devriez toujours avoir un purifiant chimique dans vos bagages, même si on vous assure que les bouteilles d'eau sont disponibles partout. Si vous êtes en pleine savane africaine et que vous manquez d'eau, vous pourrez vous dépanner en remplissant votre bouteille avec l'eau d'un robinet et y ajouter votre purifiant chimique. De plus, ils sont de faible coût.

CHILI/PATAGONIE | **2006** | MICHEL_43 ANS

Ce matin nous nous sommes levés à 5 heures pour aller voir le lever du soleil au mirador du Campamento Britanico. En marchant, je faisais remarquer à mes compagnons la chance que nous avions de n'avoir jamais de problème d'alimentation en eau. Ici, elle est offerte à profusion dans les innombrables lacs et rivières qui sillonnent cette région magnifique. Qui plus est, l'eau est potable, partout. Jamais nous n'avons eu à la filtrer ou à y mettre de l'iode. Sur ce point, d'ailleurs, nous sommes très responsables. Jamais nous ne lavons notre vaisselle dans la rivière et les besoins naturels se font toujours à plus de 30 m d'un point d'eau.

En résumé, il faut choisir un moyen de désinfection adapté à la durée de son voyage, au pays visité et au type d'activités auxquelles on s'adonnera durant le périple. Cela dit, il y a maintenant des bouteilles d'eau scellées vendues dans le commerce presque partout sur la planète et des fabricants de bouteilles d'eau qui respectent beaucoup plus les normes gouvernementales de leur pays. Un bon livre-guide sur le pays que vous désirez visiter vous renseignera sur ce sujet.

LES ANTIMOUSTIQUES

Si vous voyagez sur la côte Est des États-Unis (du Maine à la Caroline du Nord), vous risquez de contracter, par une piqûre de moustique, la bactérie de la maladie de Lyme. Vous visitez New York ? C'est au virus du Nil occidental que vous vous exposez. Le virus de Saint-Louis, quant à lui, est aussi transmis par un moustique que l'on trouve principalement en Floride. Il cause de la paralysie et il est mortel dans environ 50 % des cas. De prime abord, ces virus sont tout aussi effrayants que ceux de la malaria, de la fièvre jaune ou de la fièvre dengue, toutes transmises par des insectes piqueurs. La différence majeure, c'est le degré de risque. Et celui-ci est bien plus grand dans les zones tropicales.

Un livre-guide sur votre destination vous aidera à évaluer le degré de risque de contracter une maladie par un insecte. Ensuite, vous devrez déterminer la région que vous voulez visiter et le temps de l'année. Le summum du risque est la région tropicale, humide, près de l'eau, et en saison chaude. Les grandes villes, l'altitude en montagne et les climats plus froids (moins de 15 °C) diminuent les risques de vous faire piquer.

L'insectifuge *Deet* est considéré comme le plus efficace. Le *Deet* repousse les insectes piqueurs en troublant momentanément les informations que ces moustiques obtiennent avec leurs antennes. Ce genre d'étourdissement les éloigne de nous et les garde loin. L'usage du *Deet* en voyage, dans des pays à climat chaud ou tropical, appliqué sur la peau directement, plusieurs fois par jour, est d'une importance primordiale. Car le vaccin pour prévenir la fièvre jaune ou les pilules préventives contre la malaria sont loin de faire tout le travail.

Pour être efficace contre les moustiques, il est préférable de choisir un produit contenant entre 20 % et 35 % de *Deet*, que l'on appliquera plusieurs fois par jour. Les médecins des cliniques santé-voyages recommandent le répulsif *Ultrathon 31,58 % Deet*, distribué par *3M*. Ce produit est vendu dans les pharmacies qui se spécialisent dans le voyage. Disponible en crème dans un petit contenant de 60 ml, l'*Ultrathon 31,58 % Deet* est un produit dans lequel le *Deet* est lié à un polymère qui aide à garder l'insectifuge à la surface de la peau, un peu à la façon d'une pellicule de cellophane. Ce produit est un peu collant après l'application sur la peau mais très efficace. Si vous désirez avoir un peu moins de concentration *Deet*, procurez-vous le *Controled Release Deet*

20 % Formula de Sawyer. Ce produit capture dans une molécule de protéine le Deet en couches successives et il est aussi très peu absorbé par la peau.

LA MOUSTIQUAIRE

Une moustiquaire ressemble à une drôle de petite tente faite de coton à fromage, que l'on suspend au-dessus du lit et qui empêche systématiquement tous les moustiques de pénétrer. Deux grandes moustiquaires se compressent dans un petit sac pas plus gros qu'une trousse de toilette et ne pèsent presque rien. Vous pouvez vous en procurer, déjà imprégnée de perméthrine, dans les cliniques santé-voyage ainsi que dans certaines pharmacies spécialisées dans le voyage.

Si vous voyagez dans une région où la malaria est endémique, tous les hôtels, même le plus basique, auront des moustiquaires suspendues au-dessus des lits. Elles seront peut-être trouées par endroits mais avec du ruban adhésif gris (communément appelé *duct tape*), vous aurez réparé tout ça en quelques minutes. Vous devrez apporter les vôtres seulement si vous vous aventurez hors des sentiers battus, dans les petites huttes à bon marché sur la plage ou encore chez l'habitant.

LA PERMÉTHRINE POUR DES VÊTEMENTS ANTIMOUSTIQUES!

La perméthrine est un insecticide puissant qui tue presque instantanément les insectes qui s'approchent de la moustiquaire ou des vêtements qui en sont imprégnés. Elle est efficace contre de multiples insectes piqueurs et rampants: les tiques, les poux et les puces de lit. Mais ne l'appliquez pas sur votre peau directement... de grâce! Faites plutôt tremper, avant le départ, tous vos vêtements (sauf les sous-vêtements): chapeaux, casquettes, bas, t-shirts, pantalons, literie (drap d'auberge) et moustiquaires, pendant environ une heure. Les vêtements de nuit imprégnés de perméthrine éloignent très efficacement les puces de lits si vous êtes sensible à ce petit insecte qui se retrouve très souvent dans les lits des hôtels bon marché.

Utilisez 15 ml ou 1 once de:

perméthrine 75 % dans 8 litres d'eau;

perméthrine 54 % dans 6 litres d'eau;

perméthrine 25 % dans 3 litres d'eau;

perméthrine 10 % dans 1 litre d'eau;

perméthrine 1 % et moins, dans 15 ml d'eau.

Après la « trempette », mettez des gants de caoutchouc et tordez chaque vêtement pour ensuite les étendre à plat sur des serviettes pour les faire sécher. Il n'est pas conseillé de les suspendre car la solution se retrouverait dans le bas des vêtements. N'utilisez pas non plus la sécheuse, car la chaleur peut faire dégager des vapeurs nocives pendant le séchage. Lorsque tout est sec, la perméthrine n'est plus nocive pour la peau. Après environ cinq lavages, le produit aura complètement disparu.

Le problème avec la perméthrine, c'est qu'elle est très difficile à trouver. Au Canada, la perméthrine n'est pas homologuée donc, non disponible en vente libre. Seuls les grands voyageurs (une de vos connaissances, peut-être...) en auront rapporté d'ailleurs pour faire tremper leurs vêtements pour un éventuel voyage. Si vous n'en trouvez pas, il vous sera toujours possible d'en acheter une fois à destination et de faire le trempage dans le bain de votre chambre d'hôtel.

INTERNET

IL EST AUSSI POSSIBLE DE FAIRE VENIR DE LA PERMÉTHRINE des États-Unis par le site Internet **www.travmed.com**. Ils offrent deux produits: *Fite Bite* en aérosol (moins efficace et durable mais plus facile à utiliser) et *Everglades Outdoor*, en liquide, pour le trempage des vêtements. *Everglades Outdoor* est offert dans une concentration 0,5 % dans des contenants de 6 oz. Une bouteille de ce produit traite par exemple trois t-shirts ou un pantalon léger et une moustiquaire. Assurez-vous d'en faire venir suffisamment pour traiter tous vos vêtements.

INTERNET

LE SITE **WWW.TRAVMED.COM** vend également l'*Ultrathon 31,58 % Deet* et le *Controled Release Deet 20 % Formula* de Sawyer si vous n'en trouvez pas en pharmacie, ainsi que des moustiquaires et des pompes pour la filtration de l'eau. La livraison se fait par UPS et prend de une à deux semaines pour se rendre directement chez vous. Le site donne aussi beaucoup de conseils santé pour les futurs voyageurs.

Finalement, si vous utilisez le *Deet* sur la peau exposée et que vos vêtements sont traités à la perméthrine, vous serez, selon l'armée américaine, protégé à 99,9 % contre les piqûres d'insectes. C'est pas mal !

LES VITAMINES

Pendant le mois qui précède le départ pour un voyage, nous prenons des suppléments vitaminiques en ampoules ou en comprimés. Nous le faisons instinctivement, comme pour renforcer notre système face aux changements et aux difficultés que notre organisme aura à vivre. Nous prenons aussi des oligoéléments (cuivre, or, argent) pour rendre notre système immunitaire plus fort. Pendant le voyage, il nous arrive occasionnellement de prendre des suppléments alimentaires en capsule, lorsque la nourriture disponible est peu variée sur une longue période. On en apporte toujours dans la trousse médicale.

L'IMMUNISATION

UNE DÉCISION PERSONNELLE

Vous devriez absolument consulter une clinique santé-voyage ou un médecin de famille, de six à dix mois avant le départ, afin de disposer du temps voulu pour recevoir, s'il y a lieu, les vaccins requis avec suffisamment d'intervalles. Il est, bien entendu, préférable de se faire vacciner lorsqu'on est en pleine forme et non pas au moment où on couve quelque chose et que notre système immunitaire est déjà sollicité.

L'immunisation que l'on vous proposera avant de partir en voyage doit tenir compte de la durée du périple, des régions visitées et du climat du ou des pays que vous parcourrez. Un médecin, un infirmier ou un pharmacien spécialisé en santé-voyage vous éclairera sur le sujet et vous aidera à faire les choix qui vous conviennent. Avec lui, vous établirez un calendrier de vaccination en fonction de vos besoins spécifiques. Les vaccins les plus administrés au Canada sont ceux qui préviennent diphtérie, coqueluche, tétanos, rougeole, oreillons, rubéole, poliomyélite et influenza de type B. Pour les voyageurs, on vérifiera s'ils ont eu les vaccins courants et on leur en suggérera d'autres.

Quoi qu'on en pense, l'immunisation est un sujet délicat et bien personnel. Certains n'ont aucun doute ni aucune réserve face aux vaccins. Ils n'auront donc aucune arrière-pensée lorsque le médecin de la clinique des voyageurs leur prescrira la pléthore de vaccins indispensables, selon lui, pour les protéger. Nous ne faisons pas partie de ce nombre et nous avons toujours été très suspicieux face aux vaccins eux-mêmes et aux médecins qui les prescrivent à tout vent. Nous optons plutôt pour la prévention pendant le voyage. Bien des médecins nous ont traités d'inconscients, bien des homéopathes et chiropraticiens nous ont félicités.

Plus vous lirez sur le sujet, plus vous vous rendrez compte qu'il y a des zones d'ombre et que, finalement, tout n'est pas que miracle de la médecine moderne. Nous considérons que la vaccination comporte des dangers. Gardons aussi en tête que, la vaccination étant une affaire de très gros sous, l'objectivité des professionnels médicaux s'en trouve quelquefois biaisée. Avec les années, les vaccins évoluent et se perfectionnent. Avec les années, en se renseignant, en lisant beaucoup, nous avons souscrit à certains vaccins. À vous de faire vos choix.

VACCINS RECOMMANDÉS POUR LES VOYAGEURS

	Efficacité du vaccin contre la maladie	Durée de l'efficacité du vaccin	Destinations où le vaccin est suggéré	Effets secondaires du vaccin	Autres
CHOLÉRA	30 à 60 %	3 à 6 mois	Madagascar, Russie, Chine, Inde, Brésil, Pérou, Bolivie, Mexique et tout le continent africain.	Maux de ventre, nausées, diarrhée dans moins de 10 % des cas.	Il existe plusieurs formes de cette maladie et selon le pays visité, le vaccin par injection ou oral n'est pas nécessairement recommandé. Il est souvent recommandé de prendre plutôt un antibiotique pour prévenir la maladie. Peut être associé au vaccin contre la fièvre typhoïde.
DIPHTÉRIE	90 %	10 mois	Tous les pays nouvellement indépendants de l'ex-Union soviétique et de l'Europe de l'Est.	Éruption cutanée locale dans 10 % des cas.	Peut être associé au vaccin contre le tétanos.
FIÈVRE JAUNE	90 %	10 à 15 ans	Obligatoire dans certains pays d'Afrique et d'Amérique du Sud.	Fatigue, douleurs musculaires, faible fièvre, maux de tête, dans moins de 5 % des cas	Ce vaccin n'est disponible que dans les Centres de vaccination de la fièvre jaune, renseignez-vous au CLSC près de chez vous.
FIÈVRE TYPHOÏDE	70 à 90 %	4 à 7 ans	Tous les pays en voie de développement, plus particulièrement l'Inde, le Pakistan, toute l'Asie du Sud-Est et l'Indonésie.	Éruption cutanée locale et fièvre dans moins de 5 % des cas (par injection). Vomissements et fièvre dans moins de 10 % des cas (oral).	Il existe deux sortes de vaccin : le vaccin inactivé parental (par injection) a une durée de quatre ans et le vaccin vivant atténué (oral) a une durée de sept ans. Peut être associé au vaccin contre le choléra.

VACCINS RECOMMANDÉS POUR LES VOYAGEURS : SUITE

	Efficacité du vaccin contre la maladie	Durée de l'efficacité du vaccin	Destinations où le vaccin est suggéré	Effets secondaires du vaccin	Autres
MÉNINGITE	50 à 80 %	3 à 5 ans	Brésil, Arabie Saoudite, Inde, Népal et tout le continent africain.	Légère éruption cutanée locale dans 50 % des cas et fièvre dans 5 % des cas.	Il existe plusieurs vaccins contre la méningite parce qu'il existe plusieurs formes de cette maladie.
POLIO-MYÉLITE	95 %	20 ans et +	Afrique du Nord et de l'Est, Indonésie, Inde, Pakistan, Yémen, Arabie Saoudite.	Sensibilité et rougeurs suite à l'injection dans moins de 5 % des cas.	Si vous avez été vacciné étant enfant, une injection de rappel est fortement suggérée avant de partir en voyage.
TÉTANOS	90 %	10 ans	Tous les pays du monde mais surtout les pays en voie de développement.	Éruption cutanée locale dans moins de 5 % des cas.	Peut être associé au vaccin contre la diphtérie.
HÉPATITE A	70 à 90 %	10 ans	Mexique, Amérique centrale, Amérique du Sud, plusieurs zones des Caraïbes, Moyen-Orient, bassin méditerranéen, Europe de l'Est, Asie et tout le continent africain.	Sensibilité et rougeurs suite à l'injection, maux de tête, fièvre et fatigue dans moins de 5 % des cas.	Peut être associé au vaccin contre l'hépatite B.
HÉPATITE B	80 %	10 ans	Tous les pays du monde.	De la simple nausée à la sclérose en plaques dans 1 cas sur 1 000	L'hépatite B ne se contracte que par les contacts sexuels ou le sang. Peut être associé au vaccin contre l'hépatite A.

PROTECTIONS CONTRE LE PALUDISME (MALARIA)

Il n'existe pas de vaccin contre le paludisme parce que l'on n'a pas encore découvert comment stimuler le système immunitaire pour qu'il produise des anticorps contre cette maladie. Si vous prévoyez de visiter un pays où cette maladie est endémique, on vous proposera de prendre de faibles doses du médicament que vous recevriez si vous aviez contracté la maladie. Les médicaments proposés ne guérissent pas toujours la maladie et ils ne peuvent pas la prévenir dans tous les cas non plus. La majorité des gens qui contractent la malaria à l'étranger, par contre, ont généralement négligé de prendre tous les comprimés recommandés.

La prise de médicaments prophylactiques contre la malaria doit commencer avant le départ, pendant le voyage et au retour à la maison. La malaria a une période d'incubation relativement longue et apparaît généralement après le retour à la maison, sauf si le séjour à l'étranger se prolonge au-delà de deux mois.

Ces médicaments, comme tout médicament, ont des effets secondaires potentiels et certains sont contre-indiqués à cause de problèmes de santé particuliers. L'évaluation personnelle des risques par un professionnel de la santé permettra au voyageur d'obtenir le traitement antipaludique approprié. Chacun de ces médicaments a une posologie particulière qui doit être appliquée à la lettre.

Lors de nos neuf voyages en Asie, nous n'avons jamais pris de médicaments antipaludiques. Comme nous l'avons mentionné, ces médicaments ne fournissent qu'une protection incomplète et ont des effets secondaires importants. Nous choisissons la prévention en utilisant des moustiquaires imprégnées de perméthrine, des chasse-moustiques et des vêtements longs, plutôt que de soumettre nos organismes à ces médicaments. Souvent, les médecins ne prendront pas en considération le temps de l'année ou la saison du pays que vous vous apprêtez à visiter. Ils le prescrivent systématiquement à tous les voyageurs qui visitent un pays du tiers-monde. Au Népal, une fois de plus, nous n'avons pas pris de remèdes pour prévenir la malaria, même si le médecin nous le conseillait fortement. Nous savions que nous y serions en hiver et que nous allions à la montagne où il ferait entre –5 et 10 °C. En altitude, avec cette température, les moustiques sont totalement inexistants.

Pour le continent africain, particulièrement la région subsaharienne où la malaria est endémique, le risque de contracter l'infection est plus grand qu'ailleurs et des mesures extraordinaires doivent être envisagées. Mais n'oubliez pas, aucune prophylaxie contre la malaria n'est sûre à 100 %. Vous devrez quand même vous protéger contre les moustiques avec des répulsifs sur la peau découverte et sur vos vêtements.

Les médicaments de prévention

La prophylaxie qui vous sera proposée pour prévenir la malaria doit tenir compte de la région que vous visitez et de votre état de santé (allergies, antécédents de dépression, etc.) Ils ont à peu près tous la même efficacité, mais les prix et le risque de subir des effets secondaires varient. Quel que soit le médicament que vous choisissez, si vous prenez votre comprimé après le repas du soir avec un grand verre d'eau, vous réduirez les effets désagréables.

Vérifiez vos assurances médicaments. Certaines compagnies remboursent jusqu'à 80 % le coût des médicaments de prévention du paludisme.

- **CHLOROQUINE (*ARALEN* MD) :**

L'*Aralen* provoque des effets désagréables, et parfois insupportables, surtout au niveau gastrique, dans 20 à 30 % des cas. C'est un médicament qui est de moins en moins prescrit parce que la plupart des régions du globe à risque ont des souches résistantes à la chloroquine. Ce médicament a également un goût très amer et il n'est pas recommandé pour les personnes ayant des antécédents d'épilepsie ou de psoriasis.

Posologie : deux comprimés une fois par semaine, après un repas. Commencer une semaine avant le départ, poursuivre durant tout le séjour et durant quatre semaines après la sortie de la région à risque.

Prix : 18 $ pour 15 comprimés.

(Coût approximatif pour un voyage de deux semaines : 18 $).

• **MÉFLOQUINE (*LARIAM* MD):**

Le *Lariam* a lui aussi son lot d'effets secondaires qui va de désagréments gastriques aux maux de tête, aux étourdissements ou à la dépression. Si vous avez des antécédents dépressifs ou suicidaires, il est totalement déconseillé. Comme la chloroquine, la méfloquine présente un risque d'effets secondaires de supportables à insupportables de 20 à 30 % et les voyageurs qui prennent du *Lariam* ont aussi parfois des cauchemars ou des rêves étranges. On a observé une résistance en Thaïlande, au Myanmar et au Cambodge. Mais pour l'Afrique et les pays des Amériques, il est toujours recommandé.

Posologie : un comprimé une fois par semaine, après un repas. Commencer trois semaines avant le départ, poursuivre durant tout le séjour et durant quatre semaines après la sortie de la région à risque.

Prix : 90 $ pour 15 comprimés.

(Coût approximatif pour un voyage de deux semaines : 50 $).

• **DOXYCYCLINE (*VIBRAMYCINE* MD):**

La doxycycline est un antibiotique tout aussi efficace pour prévenir le paludisme que les autres médicaments. Ses effets secondaires sont les mêmes que les autres antibiotiques, mais comme vous le prendrez peut-être sur une plus longue période qu'un antibiotique qui soigne une laryngite, ses désagréments peuvent être plus prononcés. La prise d'antibiotique nous rend photosensible (oubliez les bains de soleil...), provoque des diarrhées et des vaginites chez les femmes. Par contre, la prise de capsules de yogourt peut aider à contrer ce désagrément pour les voyageuses.

Posologie : un comprimé une fois par jour, après un repas. Commencer la veille du départ, poursuivre durant tout le séjour et durant quatre semaines après la sortie de la région à risque.

Prix : 25 $ pour 15 comprimés.

(Coût approximatif pour un voyage de deux semaines : 75 $).

• **ATOVAQUONE-PROGUANIL (*MALARONE* MD) :**

Les risques d'avoir des effets secondaires d'ordre digestifs avec le *Malarone* sont de 8 à 15 %. Ce médicament devient donc le plus toléré par la population en général. Et on ne connaît pas encore de souches résistantes au *Malarone*. Son seul inconvénient : un prix élevé.

Posologie : un comprimé une fois par jour, après un repas. Commencer la veille du départ, poursuivre durant tout le séjour et jusqu'à sept jours après la sortie de la région à risque.

Prix : 90 $ pour 15 comprimés.

(Coût approximatif pour un voyage de deux semaines : 115 $).

Le *Malarone* est le médicament qui vous sera le plus souvent prescrit sur la route si vous avez une crise de malaria. Pour pouvoir agir plus rapidement (les médecins ne sont pas toujours accessibles la même journée), prévoyez une douzaine de comprimés dans votre trousse médicale. La posologie en cas de crise est de quatre comprimés par jour (avec des intervalles de trois à cinq heures) pendant trois jours.

Le paludisme dans le monde

(Les données citées plus bas changent avec les années. Elles sont exactes au moment de la publication de ce livre.)

• **PAYS OÙ LE RISQUE DE PALUDISME EST FAIBLE :**

Afrique : Algérie, Cap-Vert, Égypte (Fayoum), île Maurice, Libye, Maroc.

Amérique : Argentine (le nord), Belize, Bolivie (le sud), Costa Rica, El Salvador, Guatemala, Haïti, Honduras, Mexique (Chiapas), Nicaragua, Panama, Paraguay (l'est), Pérou (l'ouest), République dominicaine, Venezuela (sauf l'Amazonie).

Asie : Azerbaïdjan, Chine (nord-est), Tadjikistan, Thaïlande (le centre et le sud).

Moyen-Orient : Iran (le nord-ouest), Irak, Syrie, Turquie (l'est).

Europe : Arménie.

• **Pays où le risque de paludisme est modéré :**

Afrique : Afrique du Sud (Transvaal, Natal), Botswana, Burkina-Faso, Côte d'Ivoire, Gambie, Ghana, Guinée, Guinée-Bissau, Libéria, Madagascar, Mali, Mauritanie, Namibie, Niger, Sénégal, Sierra Leone, Somalie, Tchad, Togo.

Amérique : Colombie (sauf l'Amazonie), Équateur.

Asie : Bhoutan (sauf l'Himalaya), Inde (sauf l'Himalaya), Népal (sauf l'Himalaya), Pakistan, Afghanistan, Philippines, Sri Lanka, Malaisie.

Moyen-Orient : Arabie Saoudite (l'ouest), Émirats Arabes unis, Iran (le sud-est), Oman, Yémen.

• **Pays où le risque de paludisme est très important :**

Afrique : Angola, Bénin, Burundi, Cameroun, Comores, Congo, Djibouti, Érythrée, Éthiopie, Gabon, Guinée équatoriale, Kenya, Malawi, Mayotte, Mozambique, Nigeria, Ouganda, République centrafricaine, Rwanda, Sao Tomé et Principe, Soudan, Swaziland, Tanzanie, République démocratique du Congo, Zambie, Zimbabwe.

Amérique : Bolivie (le nord), Brésil (l'Amazonie), Colombie (l'Amazonie), Venezuela (l'Amazonie), Guyana, Guyane française (sur les fleuves), Pérou (l'est), Surinam.

Asie : Bangladesh, Cambodge, Chine (Yunnan et Hainan), Laos, Myanmar, Thaïlande (les zones frontalières du nord), Vietnam.

Océanie : îles Salomon, Indonésie, Papouasie-Nouvelle-Guinée, Vanuatu.

L'ASSURANCE-VOYAGE

Elle est absolument indispensable pour tout voyage hors du pays, quel que soit le pays visité. Ne comptez pas sur votre régime provincial d'assurance-maladie pour régler intégralement la note si vous tombez malade ou êtes blessé dans un pays étranger. Au mieux, ce régime couvrira seulement une partie, souvent très faible, des frais que vous encourrez. L'excédent devra sortir de votre poche. Lorsque l'on voyage à l'étranger, la sagesse exige de contracter une assurance complémentaire qui le couvrira entièrement, quel que soit l'incident. La Régie de l'Assurance maladie du Québec le recommande d'ailleurs fortement.

Avant de magasiner une assurance voyage, vérifiez si vous n'en détenez pas déjà une, soit dans un régime collectif d'assurance-maladie chez votre employeur, par vos cartes de crédit ou par d'autres programmes ou groupes auxquels vous adhérez. Par exemple : souvent l'assurance annulation est incluse dans l'achat de votre billet si vous portez le montant total de l'achat sur votre compte de carte de crédit.

Les forfaits d'assurance voyage sont assez standards entre les différentes compagnies. Cependant, il ne s'agit pas ici de chercher le rabais du siècle, mais de choisir ce qui vous conviendra le mieux, et de ne pas payer pour ce dont vous n'aurez pas besoin. Voici quelques points à vérifier lorsque vous contractez une assurance voyage ou en relisant la protection offerte par votre régime collectif.

- Les compagnies d'assurances québécoises incluent automatiquement l'assistance sans frais dans leur contrat. Les compagnies européennes et américaines ne l'incluent pas nécessairement. Si vous choisissez une compagnie d'assurances étrangère, vérifiez si votre police comprend l'accès à une ligne téléphonique d'urgence que vous pouvez utiliser de n'importe où dans le monde, et ce, 24 heures sur 24.

- Regardez sur la police s'il est bien spécifié qu'elle couvre les frais des professionnels de la santé, de l'hospitalisation, des médicaments, d'un accouchement prématuré (si une femme part en voyage enceinte), de l'évacuation médicale si le patient a besoin d'être rapatrié au Canada et du salaire et de tous les frais d'une infirmière ou d'un médecin qui serait mandaté pour accompagner le rapatrié ou pour un transfert d'hôpital.

- Assurez-vous que le paiement pour les soins prodigués à l'étranger puisse être acquitté directement sur place par la compagnie d'assurances ou que la compagnie prévoie des avances de fonds en espèces si l'hôpital les exige.

CONSEIL

AYEZ AVEC VOUS TOUTES LES PRÉCISIONS CONCERNANT VOS ASSURANCES : numéros de téléphone sans frais et qui fonctionnent à partir de l'étranger (les numéros 1-800 ne fonctionnent pas à l'extérieur de l'Amérique du Nord), numéro de la police, détails des services couverts. Laissez aussi à un parent ou un ami à la maison toute l'information nécessaire pour que celui-ci puisse contacter votre assurance en votre nom en cas de problème.

Si vous recevez des soins à l'étranger, demandez au médecin ou à l'hôpital de vous remettre une facture détaillée des traitements et autres services reçus et des médicaments prescrits et achetés. Sinon, attendez-vous à de longues heures de marchandage avec votre compagnie d'assurance. En général celles-ci exigent les reçus originaux des ordonnances ou des services reçus. De plus, la plupart des compagnies d'assurance exigent que vous les appeliez (ligne téléphonique d'urgence 24 heures sur 24) avant de recevoir tout traitement, soin ou chirurgie à l'étranger sous peine de non-paiement. Souvenez-vous, si vous entrez à l'hôpital pendant votre voyage, d'abord palliez aux urgences puis contactez rapidement votre assurance pour les informer de ce qui se passe.

PRUDENCE

PRÉCAUTION INDISPENSABLE : si vous avez des problèmes de santé importants avant votre départ (problèmes cardiaques, de diabète, etc.), informez-en votre assureur. Autant les régimes d'assurance privés que le régime public ne couvrent les frais assurés que dans la mesure où ils sont déboursés soit pour un accident, soit pour une maladie « subite, inattendue et urgente ». Une récidive ou une aggravation d'une affection présente et non déclarée avant le départ pourrait fort bien être considérée par ces régimes comme n'étant pas subite et inattendue et entraîner un refus total de paiement.

Une assurance qui couvre l'annulation d'un vol ou du voyage au complet est également souhaitable. Une assurance pour le vol ou la perte de bagages, caméras, argent... est aussi recommandée. Vérifiez le contrat d'assurance que vous avez peut-être déjà pour protéger vos biens à la maison. La plupart des compagnies couvrent la perte et le vol de bien matériel que vous emportez en voyage.

ADVIENNE QUE POURRA !

Dans l'aventure de la préparation d'un voyage survient parfois un moment où la pression face à l'inconnu peut devenir difficile à supporter.

C'est alors qu'en notre fort intérieur il faut prononcer ces mots: « Advienne que pourra. » Ça signifie: « J'abandonne et je fais confiance.»

J'abandonne et je fais confiance, sachant maintenant que j'ai fait tout ce qui était en mon pouvoir pour me préparer au mieux de ma connaissance. Je demande simplement à la vie de prendre soin de moi et de me protéger.

Quel que soit le soin que vous aurez apporté à la préparation de votre voyage, rien ni personne ne pourra jamais vous garantir que tout ira toujours bien. Rien ne remplace jamais l'expérience et une première fois sur le terrain. Un coup de cafard à quelques semaines du départ provoqué par le commentaire d'un de vos proches qui ne comprend pas peut faire beaucoup de tort et accentuer votre sentiment d'insécurité. Toutes ces cartes étalées devant vous, tous ces livres-guide à lire, toutes ces réservations à faire, toutes ces choses à savoir sur le pays, tout ça peut à juste titre vous pousser à vous demander si le jeu en vaut vraiment la chandelle.

Dans une affaire où l'inconnu joue un rôle important, il y a toujours des moments de doutes. C'est alors qu'il faut savoir abandonner et faire confiance.

LISTE DE RAPPEL

ÉTAPE PRÉPARATIFS

Ma préparation est terminée.

Voici les étapes d'une préparation lente, intelligente et sans stress.

De quatre à six mois avant le départ.

» *Je prends rendez-vous à la clinique du voyageur et je commence à recevoir des vaccins, s'il y a lieu.*

» *Je magasine les vêtements spécifiques dont j'aurai besoin en voyage (il est plus facile de trouver en magasin une paire de sandales en plastique en été qu'au mois de novembre, un mois avant le départ... Prévoyez la chose, selon la saison).*

» *Je renouvelle mon passeport, s'il y a lieu.*

De trois à deux mois avant le départ.

» *Je paye mes billets d'avion et contracte les assurances voyage.*

» *Je me renseigne sur les visas et me les procure, s'il y a lieu.*

» *Je me procure un permis de conduire international, s'il y a lieu.*

» *Je prends rendez-vous pour un examen médical.*

» *Je prends rendez-vous chez le dentiste.*

» *Je monte la trousse médicale.*

» *Je me procure les antibiotiques et les médicaments spécifiques.*

- *J'apprends quelques mots dans la langue du pays.*
- *Je prépare une liste de chaque objet que je veux emporter et de chaque chose que je dois me procurer avant le départ.*
- *Je choisis de la lecture pour mon voyage.*
- *Je trouve les personnes ressources qui s'occuperont de ma résidence (arroser les plantes, ramasser le courrier, déneiger, prendre soin de l'animal de compagnie, etc.).*
- *Je réserve mon hébergement ou une partie seulement, si c'est le choix que j'ai fait.*
- *Je finalise le calendrier du voyage (commencé dans l'étape planification).*

De un mois à une semaine avant le départ.

- *Je complète la trousse médicale.*
- *Je confirme les billets d'avion.*
- *Je réserve les sièges dans l'avion, s'il y a lieu.*
- *Je fais le trempage de tous les vêtements à la perméthrine, si nécessaire.*
- *Je me procure les chèques de voyage, carte de débit ou de crédit, argent liquide, etc.*
- *Je réserve l'hôtel pour l'arrivée.*
- *Je mets de côté tous les vêtements, accessoires de voyage, crème, souliers, etc. que je compte emporter.*
- *Je mets mes effets dans mon sac ou ma valise.*
- *Je prends des vitamines, si nécessaire.*

- *Je commence à prendre des capsules de yogourt, si nécessaire.*

- *Je commence à prendre les médicaments antipaludiques, si nécessaire.*

- *Je me procure de la nourriture non périssable pour les transports.*

- *Je termine la planification de mon voyage. (Cela signifie que je dois, pour chaque ville ou village visité, avoir deux ou trois propositions d'hôtel [s'ils ne sont pas déjà réservés], deux ou trois propositions pour une activité à faire sur place et un ou deux choix intéressants de restaurants. Je dois également connaître la distance entre chaque ville ou village faisant partie de mon itinéraire ainsi qu'une bonne idée du mode de transport que j'envisagerai d'utiliser pour chaque déplacement).*

De trois à cinq jours avant le départ.

Idéalement, je ne devrais plus avoir rien à me procurer une semaine avant mon départ. Le temps restant devrait être employé à réviser et à m'assurer que tout est parfaitement en ordre.

- *Je sors me promener avec mon sac à dos ou ma valise, histoire de vérifier si le poids est excessif et l'alléger si c'est le cas.*

- *Je mets tous les documents importants (passeport, billets d'avion, cartes, argent) dans une seule enveloppe en prévision du jour du départ.*

- *Je choisis et mets de côté le manteau, les vêtements et les chaussures que je porterai dans l'avion.*

- *Je remplis le petit sac de voyage que j'aurai avec moi dans l'avion. (Brosse à dents, livre-guide, roman, musique, journal, appareil photo, etc.)*

» *Je commence à m'ajuster au décalage horaire en me couchant plus tard ou plus tôt selon que j'irai vers l'est ou vers l'ouest.*

» *Je m'assure que tout sera sous contrôle, concernant ma résidence, pendant mon absence. (Message sur la boîte vocale, minuterie pour l'éclairage à l'intérieur et à l'extérieur de la maison, eau pour les plantes, verrouillage des fenêtres, etc.)*

CHAPITRE.03 LE VOYAGE

L'ADAPTATION

MES ATTENTES, MES LIMITES

Ça y est, j'y suis ! Enfin ! Les premiers jours d'un voyage, surtout si on voyage en autonomie, nous confrontent à beaucoup de nouveautés. Cette nouveauté, tout en nous grisant, peut, du même coup, créer un sentiment d'insécurité. Il importe, suivant son degré d'expérience, d'ajuster son rythme à sa nouvelle réalité de voyageur. Beaucoup de temps a été investi dans la planification et la préparation de notre aventure, beaucoup d'argent également, aussi est-il normal que nos attentes soient grandes lorsque l'on débarque enfin dans le pays et la ville que nous avons choisi de venir découvrir. On veut tout voir, c'est normal. Un sentiment d'urgence nous habite, il n'y a pas une minute à perdre. Chaque destination comporte ses difficultés, tout est question d'expérience et de tolérance face à la nouveauté. Prenez votre temps, celui de vous sentir en sécurité, de vous sentir en contrôle, de vous sentir respirer dans votre nouvel environnement. Les difficultés d'adaptation que vous éprouverez lors de la découverte d'un nouvel endroit ne sont pas des choses qui doivent être prises à la légère. Elles peuvent engendrer de vives réactions. Lorsque tous vos repères ont disparu : de la chambre à coucher à la nourriture, de l'alphabet étrange des noms de rues, en passant par les odeurs et la couleur de la peau des gens, on peut, avec raison, se sentir vulnérable et souffrir d'insécurité. Donnez-vous le temps de vous habituer et de faire connaissance avec votre nouvel environnement. Connaître ses limites et les respecter vous aideront à faire de votre aventure une expérience exceptionnelle.

La meilleure façon de diminuer les effets du stress des premiers jours est d'adapter son rythme à son état; et tant pis si on n'a pas le temps de tout voir. Diminuez votre stress en vous appropriant l'endroit où vous êtes. Cela se fait en créant une routine, c'est-à-dire en retournant plusieurs fois au même restaurant que vous aimez, en fréquentant plus d'une fois les lieux que vous appréciez. Si vous restez assez longtemps au même endroit, vous finirez alors par bien connaître les lieux et les gens et vous pourrez arpenter les environs avec calme. Vous serez surpris de constater que l'insécurité s'envole, alors. Il est important, dans l'étape de la planification, de prévoir du temps à l'arrivée pour faciliter l'adaptation si l'on croit en avoir besoin. N'outrepassez pas vos capacités. Indiana Jones a, lui aussi, débuté par un premier voyage.

CHINE/YANGSHUO | **1992** | MARIE-CHANTAL_27 ANS

Nous sommes installés dans ce magnifique petit village depuis maintenant six jours. Tous les matins nous allons déjeuner au resto Green et déjà on sent que l'on fait partie des habitués de la place. Après, on va écrire au petit temple en haut de la colline. La vue y est époustouflante. Ça me fait énormément de bien d'avoir une routine. Ça fait du bien de ne pas toujours être « à l'aventure », d'avoir à prendre des décisions et de visiter, visiter, visiter… J'ai l'impression d'être en vacances dans mon voyage !

LE CHOC CULTUREL

Le choc culturel survient lorsque NOUS, avec nos attentes, nos façons de faire, notre rythme, notre façon de se comporter et de voir la vie, sommes confrontés à la culture d'un autre pays; c'est-à-dire à une autre façon de faire les choses, de se comporter et de voir la vie. C'est notre culture qui définit ce que nous sommes; ce que nous aimons (tel type de chambre d'hôtel, tel type de nourriture, tel type de musique, etc.), ce que nous considérons comme bien (arriver à l'heure à un rendez-vous, garder une distance respectueuse avec la personne d'en avant lorsqu'on fait la file, regarder les gens dans les yeux lorsqu'on leur parle, etc.) ou mal (cracher par terre, crier après quelqu'un, saper en mangeant, promettre quelque chose pour le lendemain et ne pas s'y tenir, etc.). C'est notre culture qui détermine comment un homme aborde une femme qu'il ne connaît pas ou plus encore, comment une femme aborde un homme qu'elle ne connaît pas. C'est notre culture qui détermine ce qui est important pour nous dans la vie; la recherche du succès, de la richesse et de la performance ou la recherche de la santé du corps et de l'âme et d'une vie calme et exempte de problème. On tient notre culture pour acquise parce que tout le monde autour de nous mange, bouge, parle à peu près comme nous, a des valeurs semblables. Mais si l'on change de pays, la culture change. L'importance accordée à la famille change, ainsi que l'importance accordée à la liberté de parole, l'importance accordée à l'individu, au rôle de la femme, à l'égalité des sexes, à la façon de se vêtir et même l'importance de la Vie elle-même. La perception de l'intimité, de l'espace vital (la bulle), de la franchise, de la violence, de l'affrontement, change aussi.

Le choc culturel ne se limite pas aux pays les plus exotiques, il peut survenir dans n'importe quel pays, même chez notre voisin du sud!

INDE/DARJEELING | **1990** | MARIE-CHANTAL_25 ANS

Déjà la moitié du voyage de passée. Nous sommes en Inde et au Népal depuis presque cinq semaines. J'ai pris beaucoup de temps à m'adapter, je trouve. Au moins trois semaines à me sentir vulnérable et mal à l'aise. C'est long. Je ne voulais pas être un fardeau pour Michel. Je me surestimais un peu, je crois.

Certaines personnes sont plus sensibles que d'autres au changement, ces mêmes personnes seront plus susceptibles de ressentir un choc culturel. L'insécurité liée à la découverte d'un nouvel environnement doublé d'une prise de contact difficile avec une culture très éloignée de la nôtre peut, à juste titre, créer un sentiment de panique intérieure. Le sentiment de déracinement peut être très fort, il peut se manifester par une antipathie violente vis-à-vis du peuple que l'on visite, d'un sentiment de colère de frustration ou de tristesse.

Pour parer ces états intérieurs déplaisants, sachez d'abord très bien où vous allez mettre les pieds (culture et peuple), déterminez clairement vos attentes et acceptez vos limites. Soyez indulgents envers vous-mêmes, sinon vous finirez par en perdre l'appétit et le sommeil. Ces recommandations peuvent sembler insignifiantes et superflues lorsqu'on les lit assis dans son salon, mais combien de voyageurs sont rentrés écœurés d'un voyage parce qu'ils s'étaient trompés dans le choix de leur destination et étaient partis vers quelque chose de trop difficile pour eux. Comme pour toute autre chose, voyager, ça s'apprend. Avec l'expérience, vous pourrez éventuellement pousser plus loin vos limites et aller vers des destinations plus exotiques. Donnez-vous le temps.

Rappelez-vous que le choc culturel est une réaction normale et que vous avez le droit de le ressentir. Ne culpabilisez surtout pas. Vous ne vivez pas un échec, vous vivez une réaction normale et saine face à un grand défi que vous vous êtes lancé et que vous avez relevé, celui de voyager à travers le monde.

CONSEIL

VOICI QUELQUES CONSEILS À APPLIQUER pour diminuer les effets indésirables du choc culturel. D'abord, en cas de sentiment de panique intérieure, il ne faut pas hésiter à repousser une visite ou un départ pour une prochaine étape. Comme je l'ai déjà dit au téléphone à ma petite sœur, alors qu'elle voyageait seule, à vingt ans, en Grèce et qu'elle avait un coup de cafard : « Regarde le pays à travers la fenêtre de la chambre de ton hôtel jusqu'à ce que tu sois prête à sortir. Rien ne presse. Tu es très courageuse d'être là où tu es. Sois indulgente envers toi-même. »

CONSEIL

MON DEUXIÈME CONSEIL et probablement le plus important est le suivant : Amusez-vous, prenez les choses à la légère !!! Riez de vous-même et de la situation. Ne portez pas de jugement sur leur façon de faire ou d'être, soyez souple. N'ayez pas peur de vous tromper ou de faire des erreurs. Soyez positif face à ce que vous voyez, gardez le sourire, même si, selon nos normes nord-américaines, rien de tout cela n'a de sens. Croyez-moi, j'ai plus d'une fois testé cette attitude qui consiste à garder le sourire à tout prix plutôt que de m'emporter inutilement, ça m'a toujours très bien servi. Si vous gardez votre sourire jusqu'à la fin, c'est vous qui sortez gagnant de la situation plutôt que l'inverse. Faites preuve de tolérance envers le peuple et la culture que vous visitez. Vous êtes ici parce que vous avez choisi de venir à la rencontre de ce peuple et de sa culture. Soyez curieux, ouvert et plongez sans arrière-pensée si vous voulez pouvoir en parler au retour et pouvoir dire : « J'y suis allé et j'ai vu. Maintenant j'aime pour telle raison ou j'aime moins pour telle et telle raison. »

INDE/JODHPUR | **2005** | MARIE-CHANTAL_39 ANS

Les Indiens sont très sympas la plupart du temps. Ils aiment rire et ils sont taquins. Michel, avec son humour, encourage souvent les situations drôles. Il dit tout le temps qu'il a trois femmes, qu'il est pauvre et fait pitié. Les Indiens le trouvent bien drôle. Ce sont des gens qui entendent à rire, ils aiment blaguer. L'humour rend aussi les négociations plus relaxes des deux côtés. On a toujours tant de choses à négocier, des fois… je suis bien exaspérée.

LE CONTACT AVEC LES GENS

Les visages et les sourires feront partie des souvenirs les plus importants que vous rapporterez à la maison. Mais il faut se laisser du temps pour prendre contact avec les gens du pays. Le rythme que l'on s'impose doit favoriser les rencontres et les coups du hasard. Il sera toujours temps de revenir visiter l'église ou le musée, mais la magie d'une rencontre est passagère, ne se commande pas et ne se reprend pas.

Les enfants, particulièrement, sont une source de joie et une porte grande ouverte pour entrer en contact avec les gens et les familles. Favorisez ces rapports, ils sont tellement enrichissants. Accordez-vous du temps pour ces rencontres que l'on ne peut préméditer.

INDE/BIMTAL | **2005** | MICHEL_39 ANS

La visite de Vaijanti et de sa famille avec toute l'équipe de Vision Mondiale fut une journée inoubliable. Vaijanti est le nom de la petite fille que nous parrainons du Québec. L'équipe de World Vision à Bimtal fut très accueillante. Nous avons vécu un moment unique grâce à eux. Monsieur Sadhou, le directeur, nous a d'abord fait visiter les bureaux à Bimtal et de là nous sommes partis en camion et puis à pied, à travers les montagnes et les forêts de pins, pour gagner le petit village de Vaijanti où aucune route carrossable ne se rend. Notre grosse poche de cadeaux pour la famille, apportée du Canada, est montée à dos d'âne. Il y a eu un dîner, tout le monde ensemble réuni sur le balcon où on avait préalablement posé des tapis sur le sol. L'atmosphère était à la fête et malgré la grande timidité de Vaijanti, nous avons réussi à communiquer. Monsieur Sadhou faisait la traduction.

ON APPORTE AVEC SOI CE QUE L'ON EST

On peut penser que le seul fait de se retrouver en voyage à l'étranger réglera tous nos petits travers ! Disparus notre mauvaise humeur chronique, notre impatience crasse, notre manque de disponibilité envers les petites douceurs que la vie nous offre. Envolée notre incapacité à se satisfaire de ce que l'on a, à apprécier le moment présent et les gens qui nous entourent. Nous sommes maintenant en voyage, la vie est belle, plus de tracas, tout sera parfait, exactement comme je l'ai rêvé à la maison. Sachez que l'on apporte avec soi ce que l'on est, où qu'on aille ! Le fait de se retrouver hors de notre quotidien peut jouer en notre faveur, mais la maxime qui dit : chassez le naturel, il revient au galop, s'applique ici parfaitement. En vérité, si vous êtes incapable d'apprécier un coucher de soleil chez vous lorsque vous allez à la campagne ou à la montagne parce qu'il y a toujours trop de moustiques, que le temps vous presse chaque fois sans que vous sachiez trop pourquoi, qu'on est définitivement trop mal assis pour apprécier quoi que ce soit et qu'il fait chaque fois trop chaud ou trop froid, il y a peu de chance que vous puissiez tomber spontanément sous le charme d'un coucher de soleil espagnol, danois ou népalais simplement parce qu'il est espagnol, danois ou népalais. Cette vérité peut justifier en partie l'étrange sentiment d'insatisfaction qui peut nous habiter au retour d'une belle aventure dans un pays qui pourtant était censé être magnifique et que tous les autres ont apprécié.

Certains ont sans doute plus de facilités que d'autres à laisser aller, « à abandonner ». Non, le service n'est pas à la hauteur du prix payé, oui, le café de ce matin était infect, oui, le transport était trop long et on n'a pas eu le temps de tout visiter, oui, la chambre est trop petite et mal située, mais... il faut garder le sourire et « abandonner ». Il est étonnant de constater à quel point en voyage nombre de petits grains de sable peuvent interférer avec notre bonheur parfait. Avoir rêvé de ce voyage pendant cinq ans ne suffit pas à aplanir tous les tracas.

Le bonheur de voyager ne se retrouve pas uniquement dans la beauté du pays visité, mais autant dans l'état d'esprit qui nous habite et qui nous permet d'apprécier le pays choisi. Ne négligez pas ce point qui peut paraître insignifiant, mais qui fondamentalement détermine votre ouverture et donc votre capacité à vous laisser toucher par ce qui vous entoure. Lorsque l'on voyage en autonome et qu'on se promène à l'aventure, on est soumis à beaucoup d'aléas auxquels on doit sans cesse s'adapter.

Rester disponible, laisser venir à nous les choses, ne pas se faire une idée trop précise et trop ferme de ce que l'on veut et de ce que l'on attend facilitent l'abandon.

LES TRANSPORTS

À QUAND LA « TÉLÉPORTATION » ?

Se déplacer n'est jamais une chose particulièrement facile et agréable. Bien sûr, il peut y avoir quelques exceptions lorsque, par exemple, on choisit de traverser les Rocheuses canadiennes, de Banff à Jasper, en moto ou en auto, ou lorsque l'on parcourt, en prenant son temps, une région comme la Bavière en Allemagne ou la Sardaigne en Italie, pour ne nommer que celles-là. Le déplacement fait alors partie intégrante des joies du voyage. C'est idéal, on transforme un déplacement en partie de plaisir. Mais, en général, la réalité est plutôt que, pour chaque long déplacement, on prend une grande respiration et on attend que ça passe, que ça se termine. On pense à ce qui nous attend : la mer, les temples mayas, la montagne, les ruines de Pompéi, les champs de coquelicots... Cependant, comme pour bien d'autres choses, il est possible, avec une bonne préparation, d'atténuer les effets indésirables d'un long déplacement.

En attendant que la « téléportation » nous amène là où l'on veut aller en quelques secondes, essayons de minimiser les désagréments des longs transports.

LES AÉROPORTS

Rien de moins sympathique qu'un aéroport. Des files d'attente qui n'en finissent plus, des vérifications sans fin, un taux important de stress dû à la sécurité, aux retards, aux délais, bref... un endroit où l'on préférerait ne pas être. Prenez votre mal en patience, vous n'y échapperez pas. Essayez plutôt de minimiser le plus possible les effets négatifs.

- **Règle n° 1 : arriver en avance.** Ce n'est plus une recommandation superflue avec tout ce qui se passe maintenant. Le stress de l'aéroport naît généralement d'une inquiétude face au temps. Le temps pour se stationner, si c'est le cas ; celui de trouver le stationnement longue durée qui n'est pas toujours à proximité de l'aéroport, le temps de trouver le comptoir de notre compagnie aérienne, le temps de faire la file et arriver enfin au comptoir pour enregistrer les bagages, le temps de passer la douane, de faire vérifier ses bagages à main, de trouver sa porte d'embarquement, bref, le temps de faire ce que tout voyageur doit faire avant le départ de son avion vers sa destination. Nous choisissons d'arriver toujours en avance et préférons de loin aller siroter une bière ou un thé au restaurant de l'aéroport si tout a procédé rondement, plutôt que de subir le stress de devoir courir jusqu'à la porte d'embarquement parce que le dernier appel a été lancé dans l'interphone alors qu'on nous retient parce que notre tube de dentifrice fait partie des interdictions de l'heure dans les bagages à main.

- **Règle n° 2 : soyez certain d'avoir en votre possession tous vos papiers de voyage,** passeport, billets d'avion, carnet de vaccination s'il y a lieu, confirmations de réservation d'hôtels et un stylo qui ne coule pas (la pression dans les avions peut faire couler l'encre de certains stylos !).
- **Règle n° 3 : être bien reposé** (évitez le gros party d'adieu la veille d'un départ) pour avoir en éveil toute votre concentration, pour ne rien oublier et ne rien perdre.
- **Règle n° 4 : ne pas avoir trop de bagages à main !** Le petit sac à dos est idéal. À l'intérieur, vous y déposez votre livre de lecture, un cache-yeux pour dormir, une petite trousse de toilette comprenant votre brosse à dent, un baume pour les lèvres, une brosse à cheveux, etc. Soyez extrêmement vigilant concernant la surveillance de vos effets personnels dans les aéroports. Ne les perdez jamais des yeux.

INTERNET

POUR VOS BAGAGES À MAIN, je vous suggère de faire une petite vérification sur le site Internet de votre compagnie aérienne (les règlements changent parfois d'une compagnie à l'autre) pour vous renseigner sur ce qui est permis d'avoir avec soi et quelle est la quantité maximum de produit liquide ou en gel (y compris les bouteilles d'eau) que vous pouvez avoir avec vous. Mieux vaut savoir avant plutôt que de vous présenter à la porte d'embarquement et de vous faire confisquer votre coûteuse crème pour le visage !

ALLEZ SUR LE SITE DE TRANSPORT CANADA AU **www.tc.gc.ca/aviationcivile** pour connaître tous les détails concernant les articles d'usage courant qui sont interdits à bord à cause de la présence possible de marchandises dangereuses.

En transit ou entre deux vols, certains aéroports disposent d'un service de location de chambres à la demi-journée. Vous avez cinq ou six heures d'attente entre deux vols et il est, selon votre heure au point de départ, 3 heures du matin ? Peut-être qu'une pause dans une chambre de l'hôtel adjacent à l'aéroport pourra adoucir le déplacement.

L'AVION

Prendre l'avion est, en soi, un désagrément. Cependant, malgré les nombreux inconvénients et le service qui se détériore sans cesse, l'avion demeure le moyen de transport le plus rapide et, quoi qu'on en pense, l'un des plus sûrs. Voici néanmoins quelques précautions à prendre lors d'un long vol en avion.

Les changements de pression dans la cabine, spécialement au décollage et à l'atterrissage, peuvent s'avérer très douloureux pour les tympans sensibles. Comme pour la plongée sous-marine, il suffit de rééquilibrer ses tympans. La gomme à mâcher est un excellent moyen, car mastiquer les débloque naturellement. Vous pouvez boire aussi et enfin boucher votre nez puis souffler doucement par les narines.

La déshydratation est l'un des inconvénients majeurs des longs vols. Le taux d'humidité est habituellement en dessous de 20 % dans un avion, comparable aux régions les plus arides de la Terre. La déshydratation, en plus de la fatigue générale, peut conduire au saignement de nez, à la formation de thrombose et à d'autres problèmes. Buvez, buvez, buvez ! Au minimum une tasse (250 ml) d'eau ou de jus à l'heure. Souvenez-vous que, si vous avez envie de faire des excès, la caféine et l'alcool déshydratent.

PRUDENCE !

MARCHER QUELQUES MINUTES DANS L'AVION toutes les deux ou trois heures est une excellente idée. En plus de délier le corps, ce petit exercice diminue la fatigue et réduit les risques de thrombose. Une thrombose peut se former dans une jambe après une trop longue période de station assise avec les jambes repliées. Si vous avez des problèmes de haute pression ou que vos jambes ont tendance à enfler au niveau des chevilles, vous êtes considéré un peu plus à risque que la moyenne des gens. Alors, marchez un peu, ça ne vous tuera pas.

Pour ceux qui sont sujets aux maux de cœur et aux vomissements dus au mal des transports, essayez de choisir un siège en vis-à-vis avec les ailes, c'est l'endroit le plus stable de l'avion.

Après avoir passé plusieurs heures assis dans votre siège, il est néfaste pour votre dos de vous lever brusquement et d'attraper à bout de bras vos effets personnels qui sont dans le compartiment placé au-dessus de votre tête. Prenez trente secondes pour vous étirer, votre dos ne s'en portera que mieux.

Les vêtements portés dans l'avion devraient idéalement être souples et amples. Évitez les jeans ou les vêtements ajustés. Prévoyez un chandail chaud pour la nuit, si vous avez un long vol à effectuer. L'air climatisé peut s'avérer une nuisance si on est trop légèrement vêtu et qu'il ne reste plus de ces petites couvertures qu'on prête dans l'avion. En outre, dans l'avion, à cause de la pression, nos extrémités enflent. Prévoyez une bonne paire de bas propres, ainsi, vous pourrez vous déchausser et vous mettre plus à l'aise.

LE TRAIN

Le train est souvent un mode de transport idéal. D'abord parce qu'on peut se lever, marcher et se dégourdir les jambes, ensuite parce que le train est, la plupart du temps, un lieu unique de rencontre et d'échange avec les habitants du pays. Vous risquez fort d'y rencontrer beaucoup de gens, de lier des amitiés et, en prime, d'avoir du bon temps. En Europe, c'est un moyen formidable de se déplacer. Les trains sont rapides, ponctuels et il est possible d'acheter une passe de train (Inter Rail ou Eurail Pass), plus économique si vous devez le prendre souvent. Ailleurs dans le monde, le train n'est pas toujours le moyen de transport le plus rapide, mais il est vraiment agréable et tellement pittoresque.

INDE/SRINAGAR | **1985** | MICHEL_22 ANS

Les choses se sont compliquées vers 19 heures lorsqu'un policier est monté nous rejoindre sur le toit du train et a obligé tout le monde à descendre. Comme celui-ci était déjà bondé à l'intérieur, les portes des wagons étaient fermées. Nous nous sommes retrouvés entre deux wagons à s'agripper pour ne pas tomber en attente de l'instant propice pour remonter sur le toit. Nous avons passé quelques heures de cette façon, cherchant désespérément une place dans un wagon lorsque le train stoppait à une gare. Cela faisait cinquante-huit heures que j'avais quitté Katmandou et que je n'avais pour ainsi dire pas dormi. Trois heures plus tard, je suis de retour sur le toit du train. Il file maintenant dans la nuit noire. Il n'y a plus un Indien avec nous (ils ne sont pas fous, eux). Je m'assoupis un peu et me réveille seul sur le wagon du train. Où est Mike ? Je n'ose songer à l'éventualité qu'il soit tombé. Il doit être descendu et doit finalement avoir trouvé une place à l'intérieur !

Quelle expérience incroyable. Depuis que je suis enfant je rêve de sauter dans un train en marche et d'aller... quelque part vers l'inconnu. L'inconnu, ce fut l'Inde, une nuit de mars 1985.

Dans la plupart des pays d'Asie, le train est une expérience incontournable. On peut choisir entre trois classes différentes, selon le confort souhaité, en plus des couchettes pour un voyage de nuit. Les retards sont fréquents, mais vous n'êtes pas à une heure près. En Afrique, le train est aussi une expérience très intéressante. Les réseaux les plus fiables se trouvent dans le nord de l'Afrique et en Afrique du Sud. Pour le reste de l'Afrique, le service est aléatoire et parfois inexistant.

CONSEIL

À CAUSE DES NOUVELLES MESURES EN VIGUEUR DANS LES AÉROPORTS, vous devriez envisager de prendre le train ou l'autobus plutôt que l'avion pour les courts transports (moins de 6 heures) à l'intérieur du pays que vous visitez. Si vous calculez le temps qu'il faut pour se rendre à l'aéroport — souvent situé à l'extérieur de la ville —, le temps d'embarquement, le temps de vol, le temps pour récupérer les bagages et revenir au centre-ville, il peut s'avérer beaucoup plus simple et infiniment plus agréable de prendre le train ou l'autobus.

L'AUTOBUS

Partout dans le monde, même dans les coins les plus reculés, l'autobus est « le » mode de transport. Souvent, plusieurs compagnies se font concurrence, aussi les prix sont-ils, en général, très abordables. L'autobus va plus vite que le train et est plus fiable, question horaire (j'exclus, encore ici, les trains d'Europe et d'Amérique du Nord). On peut choisir entre plusieurs classes : de luxe, première et deuxième classe et l'autobus local sans réservation, dans lequel on se retrouve quelquefois assis sur un simple banc de bois. Les autobus longs courriers en Asie ou en Amérique du Sud sont comparables à ceux que nous avons ici. On est confortablement installé et on peut aisément y passer la nuit pendant que l'on se rend à la prochaine étape. Il y a des toilettes à bord et souvent on servira un petit lunch aux passagers.

MEXIQUE/TULUM : **2000** : MICHEL_38 ANS

Le trajet Palenque-Tulum s'est fait sans heurts. Nous avons quitté Palenque à 20 heures et quatorze heures plus tard, l'autobus nous laissait au terminal de Tulum. Mon souper d'hier soir était avarié. Il a provoqué une formidable diarrhée. Heureusement qu'il y avait des toilettes dans l'autobus.

TRUC

MÉFIEZ-VOUS DE L'AIR CONDITIONNÉ (symbole de luxe occidental) qui peut être une véritable nuisance lors des longs déplacements de nuit. Prévoyez des vêtements chauds : des bas, des souliers, des gilets à capuchons ou un chapeau et même une couverture, même si au départ à la gare il fait 35 °C.

LE TAXI

Où que l'on soit dans le monde, un taxi demeure un taxi, c'est-à-dire une voiture avec chauffeur et un horodateur (*meeter*) comme chez nous, mais bizarrement, beaucoup de façons de faire « local » s'appliquent lorsqu'on parle de taxi en voyage. Il y a plusieurs petites subtilités qui varient d'un pays à l'autre et qui valent la peine d'être connues.

Dans les pays où le chauffeur n'actionne pas systématiquement son horodateur lorsqu'on embarque pour une course, cela signifie qu'il faut négocier le prix de la course *avant* le départ du taxi. Si vous oubliez de le faire, vous serez contraint d'accepter le prix qu'il vous réclamera à l'arrivée. C'est comme ça, et il sera alors très difficile de vous défiler. De même, soyez précis sur ce que vous attendez de la course et précisez si vous voulez, par exemple, que le taxi vous attende alors que vous visiterez une chambre d'hôtel et qu'il vous conduise sans frais supplémentaires à l'hôtel suivant si celle que vous venez de visiter ne convient pas. Y a-t-il un extra pour les bagages ? Demandez avant, après il sera trop tard.

D'autres fois, marcher 300 m pour prendre un autre taxi que celui qui est stationné devant l'hôtel de luxe où vous séjournez, vous permettra d'économiser la moitié du prix de la course. Le chauffeur doit peut-être payer une commission à l'hôtel pour avoir le droit d'embarquer sa clientèle, d'où les prix plus élevés. Dans les villes européennes comme Paris et Prague, si vous demandez à la réception de l'hôtel de vous appeler un taxi, l'hôtel prendra une commission (non négligeable) sur la course. Sachez aussi que, à Paris, au moment où vous l'appelez, le taxi met son horodateur en route. Ainsi lorsqu'il arrive pour vous chercher, il a déjà plusieurs euros (parfois jusqu'à 10 €) à son compteur qui seront à votre charge.

Il est certain aussi que de vous voir sortir d'un hôtel à quatre cents dollars la nuit lui donne une bonne idée de votre budget quotidien et de votre capacité à payer. Pour une longue course, jusqu'à l'aéroport par exemple, il peut être très profitable de sortir de l'enceinte de l'hôtel et d'aller au coin de la rue, accrocher un taxi sur la route et négocier le prix de sa course. Une fois cela fait, vous lui direz simplement de venir vous prendre à votre hôtel.

LA VOITURE AVEC CHAUFFEUR

SRI LANKA/ANURADHAPURA | **2002** | MICHEL_40 ANS

Une suite de coïncidences nous a ramené Vimale, le chauffeur que nous avions en tête. Vimale opère sa petite mini-van depuis vingt ans. J'avais eu un très bon feeling avec cet homme de 50 ans lorsqu'il nous avait cueillis à la gare d'Anuradhapura. Il était calme et il nous avait tout de suite demandé un prix juste pour sa course jusqu'à l'hôtel. Il m'avait donné rendez-vous le lendemain soir pour discuter de prix et de trajet, mais je ne l'avais pas revu. J'ai appris par la suite que sa grande fille de 14 ans faisait son entrée dans sa vie de femme et qu'il avait été retenu par la cérémonie qui avait entouré cet heureux événement. Pour parcourir les routes du Sri Lanka pendant neuf jours, je voulais quelqu'un d'expérience. Et, comme par magie, Vimale est réapparu hier après-midi, alors que nous nous promenions en ville. Il est intéressant de voir, de sentir, d'être attentif aux signes qui placent les bonnes personnes sur notre chemin.

Ça peut sembler un peu snobinard sur les bords et absolument antisocial dans un contexte nord-américain, mais dans plusieurs pays d'Asie, d'Afrique ou d'Amérique du Sud, la voiture avec chauffeur est quelque chose de courant et les chauffeurs se bousculent pour vous proposer leurs services. Cela peut s'avérer des plus agréables : un plaisir qui nous simplifie la vie et nous permet de voir du pays tout en respectant notre rythme. Avec un chauffeur, vous pouvez vous arrêter où bon vous semble et vous n'avez jamais à chercher votre chemin. Si vous avez la chance de tomber sur un bon père de famille, celui-ci prendra soin de vous, respectera vos exigences et facilitera les contacts avec les gens du pays. Il est là lorsque vous en manifestez le besoin, et il se volatilise quand vous n'avez pas besoin de ses services. Il peut vous suggérer des hôtels ou de bons petits restaurants peu coûteux, fréquentés par la population locale. Mais si vous hésitez à prendre un chauffeur privé, il faut vous poser les questions suivantes : ai-je réellement envie de conduire ici ? Y a-t-il des cartes routières pour que je puisse bien m'orienter ? Le prix avec chauffeur est-il beaucoup plus élevé ? Ai-je envie d'avoir un étranger avec nous dans la voiture pendant cinq ou dix jours ?

La location d'une voiture avec chauffeur se fait à la journée et même à la demi-journée. Informez-vous à la réception de votre hôtel, à un comptoir d'informations touristiques ou dans une petite agence de voyage locale qui organise des excursions à la journée. Les livres-guide seront aussi utiles pour dénicher un chauffeur. Pour une excursion de plusieurs jours, on s'entend sur le trajet et la destination finale. Il est préférable de ne pas inclure les pleins d'essence dans vos négociations, vous serez ainsi certain de payer le juste prix à la pompe chaque fois que le chauffeur s'arrêtera à une station-service. Votre négociation devrait inclure un prix pour chaque kilomètre parcouru ainsi que ses repas et son coucher. Mais attention, votre chauffeur mange à plus petits prix et ne dort pas aux mêmes endroits que vous. Très souvent, les hôtels réservent gratuitement ou à très petits prix des dortoirs et des repas simples pour les conducteurs (d'autobus ou de voiture privée) ou bien ils vont dormir dans leur famille ou chez des amis dans la région. C'est une pratique très courante. En Asie, en Afrique et en Amérique du Sud, vous pouvez vous attendre à payer entre 50 et 200 $ CA par jour pour les services d'un chauffeur privé, incluant ses repas, son coucher et le kilométrage (aller-retour, même si vous ne revenez pas au point de départ avec lui). Le prix varie selon la disponibilité du service, de la saison touristique, du nombre moyen de kilomètres effectués chaque jour, de la nature du terrain (montagneux, petites routes en terre…) et du nombre de jours que vous comptez utiliser ses services (si vous l'engagez pour plus de cinq jours, il sera plus enclin à diminuer son prix journalier). Si, dans votre parcours, vous traversez une frontière entre deux provinces ou un barrage routier et qu'il y a des frais, vous devrez les acquitter sur place ou les inclure dans le prix du forfait. Lors des négociations, renseignez-vous sur ces coûts supplémentaires. Souvent, ces frais sont volontairement cachés et lorsque vous arrivez à la frontière, on vous annonce la belle surprise !

Si vous prenez un chauffeur pour une seule journée pour faire une très longue distance, le prix variera entre 200 et 280 $ CA. Si vous êtes un groupe de quatre personnes et que le chauffeur a une camionnette, le prix peut être le même que quatre billets d'autobus. C'est alors très avantageux.

Il y a beaucoup de variantes à considérer pour arriver à une entente avec le chauffeur que vous avez choisi. Évitez de négocier tout ça au coin d'une rue. Invitez-le plutôt à prendre un thé à votre hôtel ou au restaurant, gardez le sourire et profitez de cette discussion pour faire plus ample connaissance. Si vous voulez l'engager pour plusieurs jours, assurez-vous que son caractère et sa personnalité sont compatibles avec la vôtre.

SRI LANKA/NUWARA ELIYA ⋮ **2002** ⋮ MICHEL_40 ANS

Nous voici donc, en ce jour du 31 décembre 2002, installés dans un magnifique hôtel — c'est une ancienne factorerie de thé rénovée et transformée en hôtel. La vue de notre chambre sur les plantations de thé est magnifique. On doit ce séjour ici à un magistral coup de tête. Toutes nos affaires sont d'ailleurs restées à Ella. Nous n'avons même pas une brosse à dent. Mais après avoir visité le superbe site de Horton's Plain, alors que nous nous dirigions vers cet hôtel dans l'unique but d'y casser la croûte et de repartir ensuite, j'ai eu l'idée un peu folle de m'informer s'il y avait des chambres de libre. Notre chauffeur ayant son propre cellulaire (eh oui ! la technologie est partout) il nous fut aisé de nous renseigner. Coup du hasard, il restait une chambre assez grande pour nous accueillir tous. Non seulement cela nous évitait le long trajet de retour (deux heures et demie) jusqu'à Ella, mais l'assurance d'un bon souper et d'un joyeux party du Nouvel An nous était très agréable. La liberté qu'offre le transport avec chauffeur nous a rendu possible ce revirement soudain.

LA VOITURE DE LOCATION

Dans toute l'Europe et en Amérique, la location d'auto est très répandue et il n'est plus nécessaire de vanter cette façon de voyager. Les cartes routières sont très bien faites, la signalisation est claire (renseignez-vous toutefois dans un bureau d'information touristique si certains panneaux de signalisation vous sont inconnus) et les indications si présentes sur les routes que l'on peut se débrouiller sans trop de problèmes. Entre les villes, ça va bien. Si vous voulez voir le paysage, les campagnes et être complètement libre de vos horaires et déplacements, c'est formidable. C'est à l'intérieur des villes européennes qu'il est plus difficile de se retrouver. Souvent vous devrez laisser votre voiture dans un stationnement 24 heures si vous êtes dans des villes comme Paris, Séville, Florence ou Athènes et payer entre 25 et 40 $ CA par jour, en plus de votre location journalière évidemment. Vous n'y êtes pas obligé, bien sûr, mais vous réaliserez sur place qu'il est beaucoup plus aisé de circuler à pied, en métro ou en taxi et qu'il est très difficile, voire impossible, de circuler et de stationner dans les rues.

Dans d'autres parties du monde, la conduite à la campagne peut être très compliquée. Les indications, les numéros des routes et les noms de rues sont parfois écrits dans un alphabet indéchiffrable ou une langue incompréhensible pour nous, et ça, c'est quand il y en a ! Imaginez maintenant dans les villes... Tenter de conduire son propre véhicule dans un pays comme la Bolivie, où les indications et les cartes routières sont pratiquement inexistantes, n'est pas une sinécure.

CONSEIL

SI VOUS DÉCIDEZ DE LOUER UNE VOITURE, préférez une compagnie reconnue internationalement. Inspectez la voiture avant de partir, et demandez que l'on note sur le contrat les rayures déjà existantes sur la carrosserie. Vérifiez l'état des quatre pneus, de la roue de secours et de ses accessoires et examinez scrupuleusement les assurances qui accompagnent le véhicule.

ASSUREZ-VOUS QU'IL Y AIT SUR LE CONTRAT D'ASSURANCE :

- une assurance responsabilité civile pour les dommages causés à autrui ;
- une assurance pour vos propres dommages matériels ;
- un numéro d'urgence en cas de pépin et je vous dirais même de l'essayer pour vérifier qu'il s'agit du bon numéro.

On vous donnera le choix entre une compacte ou une familiale. La compacte offre l'avantage évidemment d'être petite, la location sera moins chère, elle sera plus facile à conduire et à stationner dans les villes et plus économique en essence. Par contre, si vous êtes plus de deux passagers, vos bagages n'entreront pas dans le coffre arrière, souvent minuscule, et c'est un inconvénient important. Si vous vous arrêtez en route pour manger, visiter un lieu ou prendre du temps à la plage, vous n'aurez pas envie de laisser vos valises ou sacs à dos à la vue sur la banquette arrière. Les plaques d'immatriculation des voitures louées sont très souvent reconnaissables par les voleurs. Inutiles de les tenter encore plus.

POUR ÉVITER LE VOL DANS UN VÉHICULE, ne laissez aucun bagage à la vue qui montre que vous êtes des touristes et, un petit truc, laissez traîner dans la voiture un journal dans la langue du pays...

La conduite à gauche, dans certains pays, peut parfois être éprouvante. Si c'est votre première fois, optez pour une voiture automatique, vous aurez besoin de toute votre concentration aux carrefours et aux ronds-points. Pas besoin d'en rajouter en essayant de changer de vitesse avec la main gauche !

Lors d'un voyage de plusieurs semaines, il peut être agréable de faire quelques semaines en voiture, pour ensuite laisser ce moyen de transport afin de rejoindre en train une ville plus éloignée ou une petite plage paradisiaque. Vérifiez bien avant de signer votre contrat, il se peut que l'arrangement pris lors de votre location vous contraigne à revenir sur votre lieu de départ. Sachez qu'on peut maintenant, beaucoup plus facilement qu'avant, prendre possession d'une voiture de location à un point X et la laisser deux semaines plus tard à un point Y. Mais, évidemment, une bonne planification est essentielle pour bien profiter de ces avantages.

LES TRANSPORTS LOCAUX

Nous empruntons, la plupart du temps, les transports en commun (autobus, métro, *tuk tuk*, *rickshaw*, *collectivos*, *dala dala*, etc.) pour les déplacements journaliers à l'intérieur des villes et même pour se rendre sur les sites d'intérêts un peu à l'extérieur des villes. Comme le prix des taxis varie énormément d'un pays à l'autre et parfois même d'une ville à l'autre, nous avisons sur place et décidons de ce qui est le mieux pour nous et notre budget. En Italie, par exemple, il est ruineux de se balader en taxi. En Argentine où je me suis rendu en 2006, le prix d'une course à Buenos Aires était tellement abordable que nous n'avons que très peu utilisé les transports en commun.

Le métro est un moyen très efficace pour se déplacer dans une grande ville. Ne rejetez pas ce moyen de transport parce que vous le jugez, sans fondement réel, trop dangereux. Encore une fois, un bon livre-guide sera à même de vous renseigner sur ce genre d'information. Le centre d'informations touristiques de la ville que vous visitez vous donnera aussi l'heure juste sur ce point. Les métros de New York (pour se rendre dans le Bronx), de Naples (pour atteindre Pompéi) ou de Paris (pour aller voir le cimetière du Père-Lachaise) sont sûrs pour le touriste s'y promenant entre 6 heures et 21 heures... et dix fois moins cher qu'en taxis !

Pour la visite de pays plus exotiques, un autobus bondé de gens locaux peut s'avérer une vraie partie de plaisir. C'est une excellente façon de faire des rencontres et les gens sont presque toujours heureux de nous voir emprunter leur mode de transport. Ceux-ci peuvent se montrer particulièrement avenants, pour peu que l'on soit ouvert. En fin de journée, si vous êtes trop fatigué, vous pouvez toujours choisir de rentrer en taxi.

LE MAL DES TRANSPORTS

Ce mal embarrassant et salissant qui inclut, notamment, le mal de mer, le mal de l'air, le « mal de voiture », le « mal de train », le mal de l'espace, rend les déplacements beaucoup plus désagréables pour certains. Mais à part les problèmes de logistique que cela occasionne, le mal des transports n'est pas, à proprement parler, grave ni digne d'inquiétude.

Santé Canada nous dit que « le mal des transports est une réaction normale de l'organisme à la perception du mouvement, lorsque les divers récepteurs (visuels, vestibulaires et propriocepteurs) sont en conflit quant à l'interprétation des mouvements du corps ». Voilà, on comprend déjà beaucoup mieux le phénomène, n'est-ce pas ?

Les symptômes varient en fonction de votre susceptibilité naturelle, du mode de transport que vous empruntez et du genre de vol ou de trajet routier que vous subissez. Plus il y a de mouvements : turbulence, virages serrés, descentes et montées rapides, plus le sujet est soumis à rude épreuve. Le bateau est de loin le moyen de transport le plus susceptible d'occasionner le mal des transports, suivi de la voiture, de l'avion et du train. Des facteurs comme la présence d'odeurs, de vapeurs, de fumée, de monoxyde de carbone ou une ventilation inadéquate ont aussi pour effet d'augmenter les malaises ou d'accélérer leur apparition.

INDE/RISHIKESH | **2004** | MARIE-CHANTAL_39 ANS

On a littéralement traversé la province de l'Uttaranchal Pradesh d'est en ouest. Nous avons pris vingt heures de voiture pour nous rendre, par une route complètement défoncée à flanc de montagne où il y avait parfois des éboulis et des coulées de boue à certains endroits. On a fait ça en deux jours avec notre chauffeur Mohinder. Il appelait cette route « the highway » ! Au début, Mohinder prenait les virages un peu trop serrés à notre goût. On lui a demandé de ralentir de 60 km/h à 40 km/h. Ça s'est bien passé après.

VOICI QUELQUES MESURES POUR PARER LE PLUS EFFICACEMENT POSSIBLE AU MAL DES TRANSPORTS :

- réduire l'exposition aux mouvements au minimum en se plaçant au milieu de l'avion ou du bateau, où le mouvement est minimal ;
- s'installer en position semi-couchée ;
- réduire au minimum les mouvements de la tête et du corps ;
- limiter l'activité visuelle, c'est-à-dire fixer le regard sur l'horizon ou tout autre objet stable à l'extérieur du véhicule ;
- éviter de fixer un objet en mouvement ;
- éviter de lire ;
- à l'intérieur ou dans une cabine fermée, sans fenêtre, fermer les yeux ;
- si on contrôle son moyen de transport, essayer de réduire ou d'éviter autant que possible les accélérations et décélérations, les virages et autres mouvements du véhicule ;
- si possible, améliorer la ventilation.

Quant à l'alimentation, il est recommandé de réduire la quantité d'aliments ingérée en une fois, de consommer souvent de petites portions et, bien entendu, si vous êtes sensible à ce problème, munissez-vous avant de partir de petites serviettes humides, d'un sac de plastique et d'une serviette en tissus pour éponger au cas où il y aurait débordement.

Il est toujours préférable de consulter un médecin avant de prendre un médicament contre le mal des transports.

LE DÉCALAGE HORAIRE

Le décalage horaire est un phénomène qui dérègle notre horloge biologique et nous donne cette désagréable impression de lendemain de veille. Se retrouver jeudi alors qu'il est vendredi mais que nous nous croyons mercredi est un exercice fort irritant pour nos systèmes digestif et nerveux. Maux de tête, insomnie, manque d'appétit, trouble digestif, difficulté à éliminer, voilà le lot. Notre système est en mesure de gérer avec assez de facilité quelques heures de décalage, mais davantage le poussera à ses limites.

Question d'éviter que notre langue prenne la texture d'une vieille semelle de botte ou que notre peau se détache comme celle d'une momie égyptienne, voici quelques précautions à prendre avant, pendant et après le passage de plusieurs fuseaux horaires.

Avant

Le sommeil est la première victime du décalage horaire. Ajustez votre cycle de sommeil quelques jours à l'avance. Vous voyagez vers l'ouest ? Couchez-vous une heure ou deux plus tard, quelques jours avant votre départ. Et le contraire prévaut si vous voyagez en direction de l'est. Évitez aussi les fastes soupers d'adieu, bien arrosés de vin rouge, la veille d'un départ. Soyez indulgents envers votre appareil digestif, il s'apprête à faire un grand saut. Mieux vaut lui faciliter la tâche, il vous le rendra bien. Quelques jours avant un long vol, évitez l'alcool, diminuez le café, et favorisez la nourriture saine et facile à digérer. Efforcez-vous de vous reposer pendant les deux derniers jours précédant le départ. Autrement dit, organisez-vous pour que tout soit prêt. Alors, pas de courses de dernière minute pour récupérer ou acheter un objet que l'on a oublié. Gardez votre calme, reposez-vous. Idéalement, deux jours avant le départ, il ne devrait pas rester autre chose à faire que de placer les bagages dans le coffre de l'auto.

Pendant

Bien des symptômes du décalage horaire sont causés par les inconvénients mentionnés précédemment concernant les avions : la pressurisation, la déshydratation et l'air sec de la cabine. Boire beaucoup d'eau, aide considérablement. Nous entrons dans l'avion avec chacun une bouteille vide lors des longs transports. Après le décollage nous la faisons remplir par l'agent de bord pour éviter de le déranger trop souvent. Il faut aussi se lever et marcher fréquemment pour faire circuler le sang. Il ne s'agit pas de courir le marathon de Boston, mais se lever et marcher dans l'allée de l'avion toutes les deux ou trois heures permet aux membres de se délier. Et enfin, évitez l'alcool. L'alcool, en plus de déshydrater le corps, perturbe le sommeil, favorise les migraines et la léthargie.

Ajustez votre montre à l'heure de votre destination. Vous pourrez ainsi commencer à manger et à dormir à l'heure de « là-bas ». Pas facile à faire, me direz-vous, lorsqu'on est à la merci de l'horaire des repas de la compagnie aérienne. Ne mangez que si vous avez faim. La gastronomie aérienne : surgelé-décongelé-réchauffé, a un petit goût de pensez-y bien. En cas de doute, s'abstenir. Pour les très longs vols, essayez de prévoir une escale. Dites-vous bien que, de toute façon, il faudra récupérer la fatigue.

Après

Une fois rendu à l'hôtel et bien installé, faites de l'exercice physique et des étirements. Cela favorise une adaptation plus rapide au nouvel environnement. Allez vous baigner si l'hôtel où vous êtes descendu offre une piscine. Exposez-vous au soleil. Non seulement pour échanger votre teint vert olive pour le teint tropical, mais aussi pour régulariser les rythmes circadiens. Le thalamus bien nourri de lumière avisera votre cerveau de se mettre en état d'éveil.

Vous n'en pouvez vraiment plus ? Vos yeux se ferment ? Il est préférable de faire de courtes siestes de trente minutes et de s'offrir ensuite une bonne première nuit de sommeil. Si c'est possible, faites votre sieste sur une chaise longue sous un parasol plutôt que dans votre chambre, les rideaux tirés. Votre cerveau comprendra ainsi que ce n'est qu'une sieste.

Et rappelez-vous : il faut environ une journée de récupération pour deux fuseaux horaires franchis.

SUR LA ROUTE... COMMENT VOYAGER

LA PLANIFICATION DE LA JOURNÉE

Vous débarquez dans un charmant petit village où vous prévoyez passer trois ou quatre jours ? Bien ! Maintenant, de quoi seront remplies ces journées ? Un minimum de planification est essentiel pour que la journée soit réussie, et elle exige qu'on y consacre un peu de temps et quelques efforts. Il faut s'informer des distances, choisir un mode de transport, évaluer la température en fonction de la période de la journée où nous souhaitons visiter un ou des sites, préciser quel est notre intérêt pour ces visites, évaluer notre niveau de fatigue en fonction de la journée précédente, des difficultés de la journée à venir, et enfin prévoir un plan B. « Vais-je opter pour une journée de repos, de lecture, de piscine à l'hôtel ou suis-je disponible et en pleine forme pour une longue visite des tunnels de Cuchi, qui sont situés à plusieurs kilomètres hors de la ville de Saigon ? »

CONSEIL

CHOISIR DE VISITER UN SITE TRÈS EXPOSÉ SOUS LE SOLEIL de midi alors qu'il fait 34 °C n'est certainement pas idéal. Il faut privilégier le matin tôt ou la fin de l'après-midi, vers 16 heures.

« Irons-nous en autobus local ou en taxi ? » Plus d'une fois nous avons choisi de nous rendre visiter un lieu en empruntant les transports locaux; c'est plus économique et tellement plus pittoresque !

Il est souvent souhaitable de s'informer la veille de tous les détails concernant la journée du lendemain. Il est en effet très désagréable d'arriver à la gare à 9 h 05 pour se faire dire que l'autobus que l'on voulait prendre vient juste de partir et que l'on devra attendre jusqu'à 11 heures pour prendre le prochain. La journée précédant la sortie, en se promenant dans la ville, on passe vérifier les petits détails d'horaire et de transport. On fait aussi le plein de fruits, d'eau et de grignotines pour nous soutenir pendant le trajet si on ne trouve pas de restaurant.

PASSEZ DANS LES PETITES AGENCES DE VOYAGE LOCALES pour bien identifier les points forts et les *must* de la ville où vous vous trouvez. Ces agences ont souvent de belles photos pour appuyer leurs arguments de vente. Il est bon de voir leurs prix également. Quelquefois, il peut vous en coûter plus cher d'y aller par vos propres moyens et vous aurez alors à passer par d'innombrables transferts : du train à l'autobus et vice versa. Parfois, pour seulement quelques dollars de plus, une agence vous transportera en mini-van et vous fournira un repas sur place. Cela vous évitera bien de la fatigue. D'autres fois, vous déduirez que d'y aller seul sera peut-être plus compliqué mais plus intéressant comme expérience.

La préparation est la base de tout. Identifiez les « incontournables » de la ville où vous séjournez, prévoyez un nombre de jour « x » pour les couvrir et insérez quelques jours de repos à l'intérieur de l'horaire. En identifiant les choses que vous voulez voir, évaluez ceux qui se font en une demi-journée et ceux qui nécessitent une journée entière incluant un transport. Si vous avez bien fait votre préparation, il est alors facile, en cas d'imprévu, de se replier sur la visite du petit jardin au coin de la rue. Vous saviez déjà que vous vouliez parcourir la ville en carriole et que vous teniez à voir ce jardin, mais vous êtes un peu fatigué, vous n'avez pas envie d'une longue journée de visite : vous avez tout de suite une option B, plus simple et plus facilement réalisable sous la main.

VIETNAM/DA NANG | **1991** | MICHEL_28 ANS

Voici notre situation. Le visa que l'on nous a émis à Bangkok pour le Vietnam nous donne le droit de séjourner uniquement dans les villes de Saigon et de Hanoi. Mais moi, je désire autre chose, je désire acheter des bicyclettes pour pédaler de la ville de Da Nang, à travers les montagnes, jusqu'à la ville de Hue. Une distance de 130 km. Mais voilà, c'est interdit. Nous sommes en pays communiste, ils n'ont pas revu de Blancs depuis la fin de la guerre. Et que peut-il vraiment nous arriver si on se fait prendre par la police ? Expulsion du pays ? Amende ? Probable, mais c'est sans conséquence grave. Je ne cache pas que je suis nerveux.

Nous sommes retournés au poste de police pour tenter d'en savoir plus. Pour le trip à bicyclette, on oublie ça, il ne peut en être question. « On ne peut assurer votre protection si vous ne prenez pas de guide. Le guide est responsable de vous. » Voici donc mon idée sur le trip à bicyclette de 130 km entre Da Nang et Hue : allons-y et voyons ce qui va arriver !!!

(Le lendemain)

Cet après-midi, nous sommes allés sur une magnifique plage située à 8 km de Da Nang. Ça m'a rassuré sur ce que risque d'être le trip jusqu'à Hue. Nous étions déguisés et ma blonde aux cheveux blonds, coiffée de son chapeau vietnamien, est presque passée inaperçue. C'est un merveilleux moyen de transport, on voit beaucoup et on passe beaucoup plus incognito qu'à pied. Demain, on s'en va. Si ça marche, on sera probablement les deux premiers étrangers à avoir fait Da Nang – Hue à bicyclette !

Il faut lire et s'informer beaucoup lorsqu'on organise soi-même une visite ou une sortie dans une ville qui nous est inconnue. Vous devriez idéalement savoir, avant d'arriver dans la ville où vous allez séjourner, quels sont les points d'intérêts. Lors de l'étape de la planification, une fois rendu à « l'itinéraire », vous préparez le calendrier et vous jetez les bases de ce que sera, par exemple, votre voyage de deux semaines en Suisse. Ensuite vous évaluez sommairement le temps que vous passerez dans chaque ville ou village où vous coucherez. Une fois le trajet et le calendrier bien arrêtés, il vous faudra revenir sur chaque ville étape de votre voyage pour répertorier ce qui vous intéresse de voir. Vous savez que vous voulez passer trois jours et deux nuits à Genève. Il s'agit maintenant de préciser votre emploi du temps presque pour chaque heure. – « Pour chaque heure, me direz-vous, mais c'est de la folie ? » Ça semble un peu fou en effet, mais c'est ce que vous faites naturellement à la maison lorsque vous avez un souper le soir, que vous avez des commissions à faire le jour et que vous voulez avoir du temps pour revenir à la maison, prendre une douche et vous changer pour votre soirée. Vous évaluez à l'heure près le temps dont vous disposez pour vous rendre au centre commercial, en revenir, vous changer, etc. C'est la même chose pour une sortie dans Genève, à la différence que vous êtes moins habitué aux distances (celle entre votre maison et le centre commercial et entre votre maison et le lieu du souper, vous les connaissez et cela vous demande moins de réflexion, c'est tout).

Jour 1 à Genève :

Vous arrivez à Genève par le train de midi et évaluez qu'il sera probablement tout près de 14 heures lorsque vous serez prêt à visiter la ville après vous être restauré et installé dans votre chambre. Il ne vous reste donc, pour cette première journée à Genève, qu'un court après-midi et une soirée. Une visite à pied du centre-ville serait appropriée, histoire de prendre le pouls de la ville ; ce n'est pas trop loin et un bon repas sur place dans un resto branché serait une option idéale (mais encore faut-il avoir repéré un restaurant intéressant si l'on veut être comblé par notre soirée). Le retour à la chambre ne se fait pas trop tard pour être en forme le lendemain puisque le départ pour la visite choisie se fera assez tôt.

Où que vous alliez, quoi que vous fassiez, la préparation d'une journée de visite est toujours sensiblement la même. Vous devez répondre aux grandes questions :

Qu'est-ce que je choisis d'aller visiter ? Combien de temps pour me rendre et revenir de mon lieu de visite ? Comment vais-je m'y rendre et en revenir ? Combien de temps est-ce que j'alloue pour ma visite ? Où vais-je manger ?

JOUR 2 À GENÈVE :

7 h 00 : Lever

7 h 30 : Déjeuner (à l'hôtel)

8 h 00 : Départ pour la Fête des Vendanges (célébration de la vigne et du vin dans la campagne genevoise). Transport en commun, autobus et train, 1 h 30 (vous devez savoir précisément les horaires et le lieu où vous prendrez ces moyens de transport).

12 h 00 : Dîner sur le site

14 h 30 : Retour en taxi, 1 heure

18 h 00 : Souper au Café-restaurant de l'Hôtel de Ville (menu dégustation genevois)

20 h 00 : Cirque Kanie (le plus prestigieux cirque Suisse, tout près du café de l'Hôtel de Ville)

22 h 30 : Sortie à La Maison Rouge (bar à vin)

Vers 2 h 00… Retour à la chambre en taxi

JOUR 3 À GENÈVE :

Vous vous lèverez sûrement un peu plus tard que la veille, vous aurez quelques heures pour aller voir la Cathédrale Saint-Pierre et sa magnifique vue sur le lac Léman, que vous n'avez pas eu le temps de visiter le jour 1, et vous vous embarquez pour Évian-les-Bains à 13 heures.

« Mais je suis en vacances ! Je ne veux pas suivre un horaire !!! » Vous êtes en vacances, c'est vrai. Simplement, si vous envisagez, de quelque façon que ce soit, d'aller à la fête des vendanges dans la campagne genevoise, vous allez devoir vous organiser de la sorte, à moins que vous choisissiez d'y aller avec une agence touristique que vous aurez, il va sans dire, magasinée avant le départ ou sur place. Cette agence vous « organisera » alors votre journée ; transport aller-retour, guide sur place et probablement un repas. Cela dit, vous aurez tout de même à vous lever à une heure prédéterminée, à déjeuner et à vous poster devant votre hôtel à une heure précise pour attendre la navette qui viendra vous chercher. Si vous n'avez rien prévu pour le soir et que vous rentrez un tant soit peu fatigué de votre journée à la campagne, il y a fort à parier que vous finirez au restaurant de l'hôtel et que la soirée ne sera pas à la hauteur de ce que vous espériez.

C'est lorsqu'on est frais et reposé qu'il est préférable de se creuser les méninges pour savoir où aller, quoi faire et comment s'y rendre. Bien entendu, certaines journées sont plus simples à organiser que d'autres parce que l'on décide de voir moins, moins loin et moins vite.

CONSEIL

ALTERNER LES PETITES JOURNÉES CONTEMPLATIVES avec les journées qui demandent plus sur le plan organisationnel nous aide à garder le plaisir du voyage.

La planification quotidienne de nos journées, sur la route, est probablement la chose la plus exigeante du voyage en autonomie. C'est une des raisons qui font que certains voyageurs préfèrent le voyage organisé. Bien entendu, avec l'expérience, les calculs de temps et de distances se font plus vite, on repère plus facilement les points à ne pas manquer d'une ville, on évalue plus précisément les coûts pour l'activité choisie et le degré de fatigue qui en résultera. Mais lorsque l'on commence à voyager, toutes ces choses nous semblent moins évidentes et il faut y mettre le temps pour bien se préparer. L'exemple du jour 2 à Genève est réaliste et il peut aisément avoir été planifié avant de partir. Avec l'expérience que nous possédons maintenant, nous planifions au jour le jour sur la route. Le jour 2 à Genève aurait donc été planifié ou organisé à l'aide des livres-guide pendant le transport en train de Lausanne à Genève. La visite à la

Fête des Vendanges aurait été planifiée depuis la maison sur Internet en me renseignant sur Genève et ses environs justement pendant l'étape de la planification, alors que la soirée au cirque Kanie aurait été organisée spontanément en lisant les journaux locaux ou en croisant une publicité quelque part dans la ville.

UN GUIDE POUR LA JOURNÉE

Il est toujours agréable, sur la route, de retenir les services d'un guide local pour une journée ou deux. Ne vous en privez pas si vous en avez le goût et que vos moyens vous le permettent. Dans la grande majorité des pays d'Asie, d'Afrique et d'Amérique centrale et du Sud, il est aisé de retenir les services d'un guide local. Ce peut être un conducteur de taxi ou simplement un habitant qui connaît bien sa ville, qui parle une langue que vous comprenez et qui désire se faire quelques dollars pour sa journée. Il vous mènera où vous le désirez. Il vous indiquera où changer de l'argent, où vous procurer certains articles dont vous aurez besoin pour la suite de votre voyage, où manger à bas prix dans un bon restaurant fréquenté par des locaux. S'il est bon et souriant, un guide local peut égayer et rendre votre journée infiniment plus agréable et facile. Il vous enseignera à bien prononcer les quelques mots et expressions dans la langue du pays que vous avez mémorisés avant de partir, il vous guidera à travers les transports en commun et les petites ruelles de sa ville, il vous fera rencontrer des gens.

Négociez un prix de départ et ne vous engagez pas pour la deuxième journée tout de suite, voyez avant. Les guides qui se proposent pour la visite d'un monument historique ou d'une ville ne sont, évidemment, pas tous compétents. S'ils sont reconnus par une agence du gouvernement, c'est qu'ils ont suivi une formation. Voilà un point positif, mais qui ne garantit pas le sourire et l'amabilité du guide. Essayez pour voir. Ça nous a souvent très bien réussi.

TROUVER À SE LOGER

Lorsqu'on est sur la route et que l'on voyage en autonomie d'une ville à l'autre sans réservation, trouver à se loger n'est jamais aussi simple qu'il y paraît. C'est probablement d'ailleurs, en ce qui nous concerne, l'étape la plus stressante ou la plus déplaisante d'un déplacement vers une autre ville. Plus d'une fois, nous sommes arrivés en soirée dans une nouvelle ville que nous ne connaissions pas, complètement exténués après un long déplacement en autobus ou en train et avons dû cogner à plusieurs hôtels affichant « complet » avant de trouver un endroit où poser nos sacs à dos. Pour vous dire toute la vérité, la presque totalité des moments les plus difficiles de nos nombreux voyages à l'étranger sont reliés à la recherche d'un endroit où se loger. Ce qui crée un sentiment de stress, ce n'est pas la peur de ne pas trouver de chambre d'hôtel et de se ramasser assis sur le trottoir sans endroit où dormir. C'est de devoir se contenter d'une chambre minable où on ne sera pas bien et de devoir ainsi s'obliger à refaire les bagages le lendemain et à changer d'hôtel au lieu de commencer la journée en allant visiter la ville. C'est aussi de devoir payer trop cher pour notre budget, une chambre inutilement luxueuse parce que tous les hôtels que nous avions présélectionnés sont complets.

Lorsque vous arrivez dans une nouvelle ville sans avoir fait de réservation, il est toujours préférable d'avoir repéré, dans le livre-guide ou dans des dépliants publicitaires, trois ou quatre hôtels qui se situent dans votre catégorie de prix. Les rabatteurs, qui peuvent parfois être très gentils et serviables, ainsi que les chauffeurs de taxis se feront une joie de vous en proposer d'autres, mais prenez d'abord le temps de débroussailler le terrain. Ciblez bien le quartier ou le secteur qui vous intéresse (certaines villes comme Mexico City sont, pour nos standards canadiens, incroyablement grosses) et assurez-vous que l'hôtel choisi sera central. Il est tellement plus agréable de sortir de l'hôtel et de trouver toute l'animation désirée sans avoir à trop marcher ou à prendre un taxi. Mais cela nous ramène au budget puisqu'un hôtel central est en général plus coûteux que celui situé loin du centre-ville.

Prenez le temps de visiter quelques hôtels. C'est important de trouver un endroit accueillant et où l'on se sente bien. Encore que cela ne porte pas à conséquence si vous comptez n'y séjourner qu'une seule nuit et repartir au petit matin, mais si vous avez choisi cet endroit avec l'idée de faire une pose repos de quelques jours dans votre voyage, prenez le temps de bien magasiner. Faites preuve de souplesse, aussi, en ce qui concerne le classement des hôtels.

Ne décidez pas *a priori* que vous ne descendrez que dans telle ou telle catégorie d'hôtels. Voyez sur place, par vous-même, avant. Plus d'une fois, il s'est avéré que le petit *guest house* économique était le mieux situé et le plus accueillant pour nous, mais à d'autres moments, c'est le bel hôtel quatre étoiles avec piscine qui offrait la vue et qui avait su choisir le site parfait. Nous alternons donc, au gré des coups de cœur, entre petit *guest house* et bel hôtel avec étoiles. En Amérique du Nord, surtout si on fait affaire avec une chaîne d'hôtel connue comme *Best Western* ou *Holiday Inn*, nous savons exactement à quoi nous attendre comme chambre d'hôtel; ailleurs dans le monde, il est souvent bon d'aller voir la chambre et de demander s'ils en ont une autre si celle que vous venez de voir ne vous convient pas. Lorsque vous visitez un hôtel bien situé qui vous intéresse mais que celui-ci est complet, voyez s'il n'y aurait pas juste à côté d'autres hôtels, même moins chers que votre premier choix, qui seraient susceptibles d'être intéressants. Vous pourriez trouver la perle rare, tout aussi bien située et à moins cher!

TRUC

IDÉALEMENT, SI VOUS ÊTES DEUX et que vous magasinez votre hôtel en taxi, une personne attendra dans le véhicule pour garder les bagages et l'autre sera désignée pour monter jeter un coup d'œil à la chambre et au prix. Ne laissez pas partir votre taxi. Si la chambre ne correspond pas à vos attentes, il suffira de retourner dans le taxi et d'indiquer au chauffeur une nouvelle adresse.

MALAISIE/ÎLE DE TIOMAN | **1991** | MICHEL_28 ANS

Nous avons enfin trouvé. Nous sommes à Salang, au nord de l'île. Un vrai petit coin de paradis. Notre bungalow, sur pilotis, donne sur la mer et, au moment où j'écris ces lignes, le soleil disparaît derrière la petite île en face de nous. Le ciel est orange et bleu. Un bateau de pêcheur rentre au port; c'est magnifique. Nous resterons ici pour les sept prochains jours. Ce fut difficile d'arriver jusqu'ici, mais on a ce qu'on voulait. Opter pour l'option de la facilité, se choisir un hôtel moche, sans âme ou trop cher pour ne pas avoir à se casser la tête n'est souvent pas, selon mon expérience, le meilleur choix. Il faut persévérer, chercher un peu plus, demeurer exigeant. Une fois de plus, cela nous a réussi.

Certaines personnes sont beaucoup plus sensibles que d'autres à leur environnement. Le seul fait de changer de chambre d'hôtel les bouscule et perturbe leur nuit. Il est conseillé, alors, d'arriver dans la chambre plus tôt dans l'après-midi afin d'apprivoiser son environnement. Isolez-vous comme vous pouvez, si vous avez le sommeil léger, en vous plaçant dans un coin retiré de la chambre, loin de la fenêtre d'où viendra le soleil du matin. Il est souvent indiqué dans les livres-guide si l'hôtel est situé dans un quartier bruyant. On vous suggérera alors de demander par exemple la chambre du fond qui ne donne pas sur la rue.

NOUS UTILISONS UN PETIT TRUC EN VOYAGE, qui consiste à choisir une odeur familière, parfum, bougie odorante, etc. (en ce qui nous concerne, nous brûlons de l'encens) et à répandre cette odeur dans chaque chambre d'hôtel où nous séjournons. Un repère de plus.

Si vous vous installez pour plus d'une nuit dans une chambre d'hôtel, n'hésitez pas à déplacer un fauteuil ou la petite table devant la fenêtre qui gêne vos déplacements, de débarrasser la commode du cendrier, des cartes d'affaire ou des dépliants publicitaires de la région. Faites-vous un coin pour mettre vos bagages, votre brosse à cheveux ou votre paire de sandales. En vous installant dans votre chambre, allez aussi jeter un coup d'œil au fonctionnement de la douche. En dehors de l'Amérique du Nord, l'eau chaude est un luxe qui se paye et si vous avez payé pour l'avoir, allez vous instruire sur son fonctionnement. Vous vous rendrez compte que très souvent, et même dans les hôtels quatre étoiles, l'eau chaude provient d'un petit réservoir et qu'il faut l'activer trente minutes avant de prendre sa douche. Il est préférable de savoir cela avant de se coucher le soir plutôt qu'au petit matin alors que vous avez un autobus à prendre à heure précise.

CHOISIR SON RESTAURANT

Un peu de la même façon qu'avec le choix d'un hôtel, dressez, à partir des informations glanées dans les livres-guide, magazines, Internet, etc., une petite liste des restaurants potentiellement intéressants avant d'arriver dans une nouvelle ville. Vous passez près d'un de ces restaurants en vous rendant visiter un site historique ? Arrêtez voir le menu. Si le restaurant dispose, en plus, d'un petit jardin, d'une fontaine ou qu'il se trouve un peu en retrait de la rue, vous devriez le considérer. Si le restaurant de l'hôtel où vous êtes descendu est agréable et sert de la bonne nourriture, profitez-en pour y retourner quelquefois.

Le service de repas à la chambre devrait aussi être envisagé comme un plus et non pas comme un luxe inutile. Lorsqu'on est fatigué, après une longue journée ou que l'on ne se sent pas très bien, le service à la chambre permet de manger à son rythme, dans le calme de son intimité. Si votre hôtel n'a pas de restaurant, cela vaut la peine qu'un de votre groupe sorte et aille chercher un repas à l'extérieur. Dans les pays d'Asie, par exemple, il est toujours très facile de trouver, sur la rue, des petits restos ambulants qui offrent des *take-out* dans des contenants jetables. Un pique-nique sur le lit, un bon roman d'une main et les baguettes de l'autre... juste pour faire changement !

Y A-T-IL UN MÉDECIN SUR LA ROUTE ?

Pour l'Amérique du Nord et l'Europe — l'Australie fait également partie du club —, la question ne se pose pas, il y a toujours un médecin sur la route et un hôpital prêt à vous accueillir en cas de nécessité. Dans les pays en voie de développement, aussi surprenant que ça puisse paraître pour certains, il y a aussi presque toujours un médecin sur la route. Le tout est de pouvoir payer, ce que la population locale ne peut se permettre la plupart du temps. La réception de votre hôtel est souvent l'endroit idéal pour vous renseigner si vous avez besoin de soins. On vous référera habituellement à un médecin compétent, qui a l'habitude de soigner les touristes. Toutes les fois où nous avons dû consulter un médecin en voyage : île de Bali, Népal, Inde, Myanmar, celui-ci s'est toujours avéré extrêmement compétent et sécurisant. Bien entendu, si vous êtes à six jours de chameau en plein désert du Sahara, il se peut que le médecin ne soit pas à portée de main. C'est à vous de choisir jusqu'où vous êtes prêt à aller.

Donc, pour résumer, des médecins, il y en a. De bons hôpitaux aussi. Les assurances maladie et hospitalisation, achetées avant le départ, sont indispensables.

L'HYGIÈNE

Les mains

Les mains sont le vecteur par lequel la majorité des bactéries entrent dans le corps. Gardez-les toujours le plus propres possible.

PRUDENCE !

LAVEZ-VOUS SOUVENT LES MAINS, surtout si vous êtes du genre à toucher beaucoup et à toutes sortes de choses. Rien n'est aussi dangereux que des mains ayant touché un animal, une plante venimeuse, une autre personne, une rampe, de la nourriture infectée, etc. Les nommer tous serait impossible. Gardez sur vous, en tout temps, des serviettes mouillées et un petit savon, une petite bouteille de savon liquide de type *Purell* ou des enveloppes de serviettes jetables pré-imbibées d'alcool.

Lors d'un voyage de deux mois en Inde avec nos deux enfants, nous devions souvent leur rappeler de faire attention à ce qu'elles touchaient. Moins prudentes que nous, elles sont tombées malades (gastroentérite) six jours après notre arrivée. Nous avions mangé la même chose et nous, adultes, nous sentions parfaitement bien, la nourriture n'était donc pas en cause. Les deux nuits et deux jours sur le carreau à courir aux toilettes ont été un fort incitatif pour réduire cette manie de toucher à tout pour ensuite se mettre les doigts dans la bouche ou dans le nez. Les mains étaient en cause, ça ne faisait aucun doute.

Les cheveux

Dans les endroits où la salubrité ou l'hygiène laissent à désirer, il est préférable de garder les cheveux longs attachés. Vous courrez moins de chances de ramasser des passagers indésirables. Lors des transports, portez sur votre tête un chapeau ou le capuchon de votre chandail. Ça empêche les cheveux d'être en contact avec les sièges de taxis et d'autobus et diminue les risques qu'ils servent eux-mêmes ensuite de moyen de transport.

Les poux de tête sont des petites bêtes d'un brun grisâtre, à peu près de la grosseur d'une graine de sésame, qui vivent sur le cuir chevelu des humains. Ces petites bibittes affectionnent particulièrement le derrière des oreilles et la nuque, alors lorsqu'on les cherche, c'est là qu'il faut regarder en premier. Ils ne sont pas dangereux pour la santé, mais peuvent être un problème persistant et ennuyeux, causant de la démangeaison. Ces insectes, qui n'ont pas d'ailes et qui ne peuvent ni sauter ni voler, sont difficiles à voir. La femelle pond chacun de ses œufs (lentes) sur un cheveu, à environ 1 cm du cuir chevelu. Les lentes sont de la grosseur d'un grain de sable, de forme ovale et de couleur beige ou brune. Il est très difficile d'enlever les lentes collées aux cheveux avec les doigts et les laver avec un shampooing ordinaire ne fera aucun effet. Les lentes demeureront vivantes et vont éclore dans les sept jours suivants. Pour s'en débarrasser, il faut absolument laver les cheveux infestés avec un shampooing antiparasitaire, que l'on trouve dans toutes les pharmacies du monde. D'ailleurs, ne soyez pas intimidé de parler de votre problème au pharmacien local, il s'y connaît probablement puisque les poux de tête doivent, dans une certaine mesure, faire partie de son quotidien de pharmacien. Il peut donc vous aider à choisir un produit efficace, qu'il connaît.

Administrez immédiatement un premier traitement à toutes les personnes infestées en même temps (il est conseillé de traiter ensemble tous les membres de la famille ou du groupe), puis un autre sept à dix jours plus tard. Les recherches ont montré que le premier traitement tue les poux de tête mais non pas tous les œufs (lentes). Même si on enlève toutes les lentes visibles, certains œufs plus petits demeureront en place. Peut-être vont-elles éclore au cours de la semaine suivante. Le deuxième traitement tuera les poux nouvellement éclos afin qu'ils ne puissent se propager d'une tête à l'autre ou se reproduire. Les lentes mortes ou vides sont de couleur blanchâtre et restent fermement attachées à la tige du cheveu. À mesure que le cheveu pousse, les lentes mortes et inoffensives s'éloignent du cuir chevelu. Pour se débarrasser des lentes mortes, un peigne fin peut faire le travail.

Finalement, les poux et les lentes ne survivent pas loin de la chaleur et de l'humidité du cuir chevelu. Il n'est donc pas nécessaire de faire plus de ménage que d'habitude ni de vaporiser des insecticides. Par contre, il est souhaitable de laver à l'eau très chaude les peignes, les brosses, les chapeaux, la literie et les serviettes.

LES MOUSTIQUES

Les insectifuges

En voyage, nous ne le répéterons jamais assez, tout se joue au niveau de la prévention. S'il y a des moustiques pendant la soirée ou la nuit, portez des vêtements longs en évitant les couleurs vives ou foncées et qui couvrent un maximum de peau. Portez aussi bas et souliers et appliquez un insectifuge (voir chap. 2, « Les antimoustiques », page 153).

Les répulsifs avec du *Deet* (entre 20 et 35 %), s'ils sont bien appliqués, sont très efficaces et certains n'ont besoin que d'une application par jour. À noter, le *Deet* dégage une légère odeur d'insecticide, surtout si vous transpirez.

Les moustiquaires

Si, à l'hôtel, on vous charge un supplément pour une chambre avec moustiquaires et que vous êtes dans une région tropicale, n'hésitez pas. Si on vous en offre, c'est qu'il y aura des moustiques ; ou si vous voyez les résidants les utiliser, ne vous posez plus de questions et installez-les avant la tombée de la nuit si le personnel de l'hôtel ne l'a pas déjà fait pour vous.

Pour maximiser son efficacité, une fois installés dans vos lits, il faudra bloquer toutes les entrées potentielles en repliant les extrémités de la moustiquaire sous le matelas. Lorsque vous sortez du lit après la sieste de l'après-midi ou si vous allez à la toilette la nuit, pensez à replier tout de suite la moustiquaire pour vous assurer qu'aucun moustique ne pénètre à l'intérieur pendant votre absence. Pendant la journée, si vous n'avez pas besoin de la moustiquaire, remontez-la en faisant un gros nœud; elle sera moins encombrante.

LES ANIMAUX DANS LES RUES

Attention aux chiens ! Dans la majorité des pays, à part l'Europe et l'Amérique du Nord, les chiens ne sont pas de gentils toutous. Ils sont, la plupart du temps, porteurs de tiques et de puces et peuvent être très dangereux. La mentalité des pays d'Amérique latine, d'Asie, d'Afrique, etc. face aux animaux domestiques est très différente de la nôtre. Ils sont souvent battus, chassés ou maltraités. Ils ont peur des humains ou même les attaquent dès que l'on approche la main. En outre, beaucoup de chiens, dans ces pays, sont les gardiens de la maison. Prudence.

NÉPAL/BHAKTAPUR | **1990** | MARIE-CHANTAL_24 ANS

La nuit tombait et la rue devant nous devenait de plus en plus étroite. Au tournant d'une petite intersection, trois chiens étaient là, debout, face à nous. On avait l'impression qu'ils nous attendaient. Sans nous consulter, nous avons reculé doucement. Les chiens avançaient maintenant dans notre direction. Dès que la distance entre nous s'est espacée, on s'est retourné et on a couru comme des fous. La meute de chiens, augmentée maintenant par trois autres chiens, a couru aussi. On a réussi à entrer de justesse dans un commerce et fermer la porte sur le museau de ces bêtes sauvages. J'en tremble encore...

Dans les pays en voie de développement, vous rencontrerez beaucoup d'autres animaux dans les villes et villages. Les animaux comme les poules, les vaches, les chèvres, les moutons, les dromadaires et les éléphants appartiennent toujours à un propriétaire. Même s'ils se baladent en toute liberté dans la ville, à travers la circulation, ils appartiennent à quelqu'un et cette personne réussit à retrouver son animal pour le nourrir ou pour le traire, selon le cas (c'est encore un mystère pour moi à savoir comment ils font pour les retrouver !...). Les singes et les chats, quant à eux, n'appartiennent à personne. De toute façon, qu'ils soient domestiques ou non, ne touchez jamais aux animaux et ne tentez pas de les nourrir. Vous pourriez être mordu, contracter un virus ou recevoir un coup de corne.

PRUDENCE !

MÉFIEZ-VOUS TOUT PARTICULIÈREMENT DES SINGES. Ces bêtes, souvent trop habituées à l'homme, peuvent se montrer terriblement effrontées et même agressives, sans aucune raison. Elles sont très imprévisibles.

LA BAIGNADE

En Amérique du Nord, nos lacs et nos rivières n'abritent, pour ainsi dire, aucun animal dangereux pour le baigneur. Ces mêmes lacs et rivières étant, pour la majorité, relativement propres, nous ne sommes pas davantage habitués aux maladies infectieuses que l'eau peut transmettre. Rien de surprenant donc à ce que notre degré de vigilance sur ce point ne soit pas très élevé. Mais, selon l'endroit visité, la baignade peut nous exposer à des dangers bien réels. Le mieux est toujours de s'informer auprès des gens qui habitent sur place et de pouvoir ainsi recouper l'information contenue dans notre livre-guide.

Risques de noyade

En général, les consignes de sécurité émises dans un livre de voyage concernant une plage, sont vraies. N'oubliez pas que 5 % des décès qui surviennent à l'étranger sont dus aux noyades. Le danger vient souvent du ressac des vagues, qui nous éloigne du bord et nous amène au large sans que nous y prenions garde. Certaines plages aux vagues gigantesques rendent la baignade carrément hasardeuse. Lors de notre voyage au Mexique, nous avons opté pour un séjour sur les plages de la mer des Caraïbes par opposition aux plages de la côte du Pacifique, juste à cause des vagues qui étaient beaucoup moins fortes de ce côté. Nous voyagions à ce moment-là avec nos deux enfants, ce choix était donc celui de la tranquillité d'esprit.

Qualité de l'eau

Comme les virus et les bactéries sont présents dans une eau de mauvaise qualité, otite et gastroentérite sont en tête de liste des infections qui peuvent survenir à la suite d'une baignade. L'eau de la mer, naturellement salée, est logiquement beaucoup plus sûre que l'eau d'un lac, surtout en pays étranger. Surveillez les déversements d'eaux usées à proximité des aires de baignade. Quelquefois, dans les pays du sud, lorsque les plages sont à proximité d'un port, l'eau peut s'avérer passablement polluée. Le coliforme *E. coli*, souvent impliqué dans les cas de gastroentérite frappe justement ceux et celles qui ont avalé de l'eau.

L'otite du baigneur est aussi, son nom l'indique, une des conséquences de la baignade. La chaleur et l'humidité sont deux facteurs qui contribuent à ce type d'infection.

Dans l'eau

Selon le pays visité et même selon la plage choisie, le baigneur peut s'exposer à bien des dangers. Aussi naïve que puisse sembler cette mise en garde, suivez-la à la lettre : dans l'eau, on ne touche pas à ce que l'on ne connaît pas. D'ailleurs, dans les cours de plongeur autonome (cours qui permet de plonger sous l'eau avec des bombonnes d'air comprimé), cette mise en garde est très sérieuse.

Les méduses (ou *jellyfish*) se retrouvent dans tous les océans du monde. Il en existerait plus de 2000 variétés. Ces invertébrés s'agrippent à notre peau grâce à leurs tentacules gorgés de toxines. Si votre peau a le malheur d'entrer en contact avec une méduse, vous ressentirez immédiatement une vive sensation de brûlure qui peut durer quelques jours. Ne pas frotter la peau. Comme antidote : rincer la peau avec du vinaigre ou à grande eau. Informez-vous auprès des habitants ; il est fort possible qu'ils connaissent un remède miracle (du genre, se rouler dans le sable).

Les oursins, qui s'accrochent aux bancs de coraux, peuvent aussi causer des malaises. Les dards des oursins sont difficiles à retirer et très douloureux. Évitez les bancs de coraux, surtout si le courant est fort. En plus des oursins, le corail a souvent des arêtes coupantes comme des lames de rasoirs. Certaines espèces de corail, comme le corail de feu, sont très dangereuses. Elles vous brûleront à coup sûr.

LA FATIGUE ET LE SOMMEIL

Nous avons tous besoin de repos et de moments d'arrêt. Nous voulons tout voir, c'est normal, nous sommes en voyage dans un pays merveilleux et il y a de fortes possibilités qu'on n'y revienne pas de sitôt. Mais attention, ne remplissez pas vos journées de visites de toutes sortes, sans penser à votre degré de fatigue. Un organisme trop fatigué sera plus susceptible de tomber malade parce que son système immunitaire, affaibli, ne travaillera pas à plein régime. Pour un voyage de plus de trois semaines, un après midi, de temps à autre, passé à se détendre dans un jardin ou sur le bord de la piscine de l'hôtel est un *must*. Écoutez-vous.

Sur un voyage d'une ou deux semaines, il est aisé d'accumuler une grande fatigue. Nous connaissons tous quelqu'un parmi nos proches qui est déjà revenu de voyage plus fatigué que lorsqu'il est parti. Il se peut qu'après mûre réflexion le voyageur ou la voyageuse se dise qu'on ne va pas en voyage pour se reposer et qu'au retour il sera toujours temps de dormir et de reprendre le sommeil perdu. Cette façon de voir les choses est logique et parfaitement justifiable si vous savez qu'au retour vous disposerez du temps pour vous débarrasser de la fatigue accumulée. Pour les gens à la retraite, c'est certainement plus facile à réaliser que pour le travailleur qui retourne au travail deux jours ou quelquefois vingt-quatre heures seulement après l'atterrissage de son avion. La réalité peut alors frapper durement. Le travail accumulé sur le coin du bureau pendant notre absence nous apparaîtra comme une montagne et nous donnera le goût de tourner les talons et de fuir. Plusieurs psychologues ont déjà porté à notre attention le stress non négligeable que représente un retour au travail après quelques semaines de vacances. Assurez-vous que le rythme de votre voyage s'harmonisera avec votre retour. Prévoyez le coup.

LE VOL

Le vol est-il une préoccupation majeure en voyage ? Nous répondrons qu'il faut s'en préoccuper pour adopter une façon de vivre et de se comporter de manière appropriée, puis l'oublier et ne pas se laisser hanter par cette pensée constamment.

PRUDENCE !

LA RÈGLE D'OR, LORSQUE VOUS SORTEZ : n'ayez en poche que la somme d'argent dont vous aurez besoin pour la journée. Le reste doit demeurer sous vos vêtements, dans votre ceinture de taille, avec votre passeport et vos papiers importants ou dans le coffret de sécurité de votre chambre ou de l'hôtel.

Les agressions armées qui ont pour but de vous soutirer toutes vos possessions sont très rares en voyage. Mais le vol des sacs à mains et des petits sacs à dos est, lui, plutôt fréquent. Qu'on vous le subtilise pendant un moment d'inattention (c'est la façon la plus courante), qu'on vous le découpe à la lame de rasoir dans un train ou un autobus, qu'un as du pickpocket vous vole son contenu alors que vous l'avez sur le dos, l'effet est le même : si vous y avez laissé votre passeport et votre argent, vous voilà dans les ennuis. Sinon, vous êtes quitte pour une nouvelle caméra, de nouvelles lunettes de soleil et un nouveau livre-guide. Rien de bien traumatisant.

Méfiez-vous toujours des foules où les gens sont collés les uns sur les autres, c'est un lieu de prédilection pour les pickpockets. Les gares d'autobus, de trains, ainsi que les aéroports, sont aussi des endroits très courus par les voleurs de toutes sortes. Sans oublier les terrasses de café. Un « sport » très couru dans le sud de l'Europe (Italie, Espagne) consiste à profiter du fait que vous êtes tranquillement attablé à la terrasse d'un bar ou d'un restaurant pour vous subtiliser votre sac négligemment accroché au dossier de votre chaise ou, pire, prendre sans crier gare l'appareil photo posé devant vous sur la table.

Le vol de biens ou d'argent dans sa chambre d'hôtel doit aussi être envisagé. Les pires moments pour le vol sont lorsque nous sommes à la plage. Non pas que ce soit plus dangereux qu'en d'autres temps, mais c'est lorsque nous allons à la plage que nous sommes susceptibles de laisser argent et passeport dans la chambre d'hôtel. À la plage, souvent, nous apporterons avec nous un sac de jour dans lequel nous aurons glissé l'argent et le passeport d'un seul d'entre nous. Dans le cas d'un vol, sur la plage ou à la chambre, il restera toujours quelque chose. Plusieurs hôtels de catégories supérieures offrent le service de coffret de sécurité à la réception ou encore dans la chambre, c'est idéal comme mesure de protection.

En ce qui concerne les bagages : (vêtements, sacs à dos, souliers, caméra, etc.), il faut, jusqu'à un certain degré, « abandonner », se dire que tout ira bien et partir la tête tranquille. Sinon, on ne respire plus, on vit dans la crainte du vol et ça brise complètement l'ambiance de la journée. Attention, « abandonner et se dire que tout ira bien » ne veut pas dire laisser son sac à dos appuyé contre un mur sans surveillance le temps d'aller se procurer des billets d'autobus ou de laisser ses bijoux, son bel appareil photo neuf ainsi que tous ses produits de luxe bien étalés, à la vue sur le lit de sa chambre d'hôtel. De grâce, aidez-vous un peu ! Considérez *a priori* que les gens sont honnêtes, mais encouragez-les à le rester en gardant tous vos sens en éveil lorsque vous êtes dans des lieux publics avec vos valises ou vos sacs à dos et en rangeant bien tous vos objets de valeur avant de quitter la chambre, surtout si vous savez que quelqu'un viendra faire la chambre. Ne laissez rien de valeur traîner à la vue. Une caméra posée sur le coin d'une table dans un restaurant ou un pot de crème pour la peau qui vaut 20 $, laissé dans la salle de bain, peut être tentant pour un employé qui ne gagne que 10 $ par semaine. Mettez-vous à sa place.

CONSEIL

OÙ QUE VOUS SOYEZ, France, Canada, Mexique, Finlande, Angleterre, Vietnam ou Maroc, pour ne pas les nommer tous, si on vous attaque pour vous voler votre argent ou vos biens personnels, *donnez tout sans hésiter*. L'argent, une caméra, un sac à dos, ça se remplace, mais pas un foie perforé par un couteau ou un crâne fendu par un coup de bâton. Vous ne voulez sûrement pas d'un trou dans votre poumon gauche pour avoir voulu sauver vos lunettes à 300 $. Je répète : donnez tout, sans hésiter.

La sécurité, en voyage, est un sujet qui peut en inquiéter plusieurs. Détendez-vous : assurer sa sécurité en voyage, c'est d'abord et avant tout s'assurer de rester en bonne santé (des informations sur ce sujet suivront plus loin). Pour le vol, vous en savez déjà un peu plus. Que reste-t-il alors ? Il reste les arnaques en tous genres, les agressions sur la personne, la consommation de drogues interdites et la visite d'endroits peu recommandables à des heures peu recommandées.

Les arnaques

L'arnaque, c'est quoi ? C'est se faire charger le double de la course en taxi parce qu'on n'a pas demandé le prix avant ; c'est se faire voler de l'argent en changeant des devises sur le marché noir ou en essayant d'aider un résident qui, soi-disant, ne peut aller à la banque ; c'est se faire avoir en achetant des pierres précieuses qui n'ont de précieux que le nom ; c'est s'embarquer dans un tour organisé de quelques jours (par exemple : la visite d'un lointain temple situé en pleine jungle) pour s'apercevoir que la qualité du service ne reflète pas du tout ce que l'on nous a promis et ce pourquoi on a payé ; c'est se faire embarquer dans un supposé coup d'argent qui nous coûtera finalement la peau des fesses ; c'est acheter de faux billets pour un faux spectacle, de fausses lunettes de grande marque à un faux bas prix, c'est payer d'abord et ne rien voir ensuite.

L'arnaqueur ne procède pas de la même façon que le voleur. Il ne vous vole pas votre argent en vous l'arrachant des mains ou en vous le dérobant à l'aide d'une arme. L'arnaqueur est plus sournois, plus rusé. Il utilise la tromperie, la ruse. Son artifice favori est de jouer la carte de l'amitié entre les peuples.

CONSEIL

NE SOYEZ PAS NAÏF. Le père Noël ne passe que le 25 décembre. Si on vous propose le prix du siècle, le deal du millénaire ou le coup de votre vie à toute autre date que le 25 décembre, c'est qu'il y a anguille sous roche. Et qu'est-ce que ça fait une anguille quand on retire la roche ? Ça mord et puis ça s'éclipse dans la nature. Personne ne fait de cadeau gratuit à un étranger sans une attente ultérieure. Personne ne passera un après-midi à vous guider dans les souks d'Istanbul sans vous demander quelque chose par la suite (pas un adulte en tout cas, un enfant qui veut pratiquer son anglais, peut-être). Personne ne vous vendra des pierres précieuses au tiers de leur valeur juste pour vos beaux yeux, même s'ils sont très beaux, et personne ne vous emmènera en safari à la moitié du prix que l'on charge dans toutes les autres grandes agences parce que vous êtes Canadien et que le gars de l'agence a un cousin à Toronto. Méfiez-vous de tout prix qui ne soit pas conséquent avec les prix demandés par les autres commerçants.

Méfiez-vous du chauffeur, de l'ami, du guide qui ne veut pas vous emmener à l'hôtel ou à l'endroit où vous voulez aller parce qu'il prétend que c'est fermé, insalubre, complet ou pour toute autre raison. Demandez d'abord à aller voir par vous-même.

En Amérique du Nord et en Europe, la force policière est bien rémunérée et les chances sont minces qu'on essaie de vous escroquer. Il n'en va pas de même partout et dans nombre de pays d'Asie, d'Afrique ou d'Amérique du Sud, il se peut qu'un policier essaye de tirer avantage de sa position. Quoi qu'il arrive, demeurez poli, mais du même coup, ne vous posez pas en victime.

Soyez ferme lorsqu'un policier ou un agent de sécurité vous aborde. Demandez à voir ses papiers, demandez-lui de s'identifier. Ne laissez jamais votre passeport ou vos cartes d'identité à un officiel pour qu'il fasse des vérifications au poste de police. Les arnaques de ce genre sont fréquentes. S'il doit vérifier vos papiers dans un autre lieu, vous y allez avec lui. Il est toujours préférable de rester au poste de police, même si c'est très long, et d'attendre que l'on vous redonne vos papiers. Il nous est arrivé quelquefois en Asie de nous faire escroquer par des policiers. Leur tactique la plus courante est de prétendre que nos papiers ne sont pas en règle (visa, permis quelconque, assurances de voiture ou de moto...). Ils nous demandent, dans ces cas, de l'argent pour *refaire* nos papiers. Lorsque nous sommes absolument certains que nos papiers sont en ordre, nous menaçons de contacter l'ambassade, avec un ton qui en impose, et nous quittons les lieux calmement. Cela a déjà très bien fonctionné. Sinon, nous négocions une somme d'argent qui nous semble raisonnable.

Avec l'arnaque, il s'agit avant tout d'éviter de devenir paranoïaque tout en conservant une certaine lucidité. Une lucidité qui vous retiendra de vous faire piéger malgré la finesse et la subtilité de l'arnaqueur. Payez le juste prix, informez-vous beaucoup, demandez un reçu si possible, transigez avec des agences ou magasins ayant pignon sur rue, enfin... observez et étudiez les gens avec qui vous allez négocier.

Les articles protégés

Tout ce qui est antiquités, coquillages, fossiles, objets du patrimoine, animal ou partie d'animal, sont des objets à risques pour le touriste. Ces articles sont souvent protégés par les lois sur l'exportation. Soyez très vigilant avec ce genre d'objets. Renseignez-vous avant d'acheter. On ne s'en prendra pas à celui qui vous l'a vendu, mais à vous qui le détenez et qui essayez de le sortir du pays. La plupart du temps, les autorités ne rigolent pas avec ce genre d'infraction. Ces restrictions seront souvent signalées dans les livres-guide sur le pays que vous visiterez.

La drogue

Les vendeurs de marijuana ou de haschisch ne sont pas tous des gens prêts à vous vendre au premier policier venu, mais soyez conscient que toutes les arnaques sont possibles et doivent être envisagées. Vous êtes un touriste, vous êtes loin de chez vous, vous avez de l'argent, ça fait de vous une cible de choix; sachez cela et agissez en conséquence. Restez très vigilant si vous désirez vous en procurer ; si ça sent l'arnaque, si le vendeur est lui-même drogué ou si vous ne vous sentez pas en sécurité, laissez tomber. Je ne vous ferai pas accroire que l'achat d'une petite quantité de drogue douce (les drogues dures sont une tout autre histoire) pour une consommation sur place mène droit à la prison, c'est faux. Toutefois, des milliers de touristes purgent des peines de prison pour des délits en rapport avec la possession de drogue. Dans certains pays, la consommation de drogue par les touristes est très sévèrement punie, dans d'autres, vous ne serez qu'invité à quitter le pays ou à payer une amende. Renseignez-vous. Personne n'a envie d'étirer ses vacances pour une visite approfondie des prisons de Bangkok ou de vivre le film *Midnight Express* pour vrai !... La modération s'applique ici plus que partout ailleurs. Gardez la tête froide et le cerveau lucide.

Les endroits peu recommandables

Mais qu'est-ce donc qu'un endroit peu recommandable ? C'est un endroit où le degré de risque d'agression, de vol, de viol et d'enlèvement est plus élevé qu'ailleurs. C'est un endroit que les familles ne fréquentent pas et où vous n'enverriez pas votre petite sœur jouer, le soir venu. Ces endroits « chauds » sont certes attirants à plus d'un égard par leur côté sombre, caché, extrême, parfois illégal, souvent relié au sexe, à la prostitution ou à la drogue. Je parle ici de secteurs souvent appelés les « red light », de discothèques, de bars ou de lieux consacrés à une activité extrême comme les *raves*, ou encore d'endroits illégaux qui se veulent retirés des yeux de la majorité, comme un champ ou une fumerie d'opium, un salon de jeu, une piquerie, un bordel, etc.

Je ne dis pas qu'il n'est pas hautement dépaysant et culturellement intéressant de visiter un de ces endroits, je dis que la prudence est de mise et que vous devez faire preuve de beaucoup d'écoute pour savoir quand il est temps de rester et quand il est temps de partir. Vous courrez aussi évidemment le risque d'être pris dans un incident qui ne vous concerne pas comme, par exemple, une bagarre, un règlement de compte ou un junky hystérique qui vous saute dessus parce qu'il n'en peut plus. Soyez doublement prudent, vous n'êtes pas chez vous.

L'agression sur la personne

Elle est très rare. Vous risquez une agression sur la personne si vous circulez tard le soir dans des rues désertes, mal éclairées ou si vous fréquentez des endroits « chauds ». Certaines villes sont définitivement plus dangereuses que d'autres : Lima au Pérou, par exemple, Nairobi au Kenya, Mexico City, certains coins de Bangkok ou de New York et évidemment toutes les capitales des pays en guerre. Comme je le dis toujours, si vous cherchez le trouble et que vous vous y mettez, vous aller le trouver, c'est certain. Il y a des villes où on ne rentre pas à pied à son hôtel, le soir ; c'est comme ça, un point c'est tout. Ne jouez pas au téméraire. Nous, Canadiens ou Québécois, sommes très peu habitués aux villes dangereuses comme il y en a tant aux États-Unis et ailleurs dans le monde. Il est rare que des secteurs entiers de nos villes soient à éviter pour cause de danger de violence. Il faut apprendre et s'adapter.

FRANCE/PARIS | **1994** | MARIE-CHANTAL_28 ANS

... il n'était pourtant que 22 heures. Aucun taxi dans les environs. On a donc décidé de marcher tranquillement vers l'hôtel. Tout près de l'Arc de Triomphe, un homme est apparu de nulle part et s'est approché de mon visage très rapidement. Il voulait cinq francs. Mon réflexe a été de hurler après lui en sortant absolument tous les jurons québécois que je connais et nous avons poursuivi notre chemin, laissant derrière nous un homme bien ahuri !

Pour ce qui est des attaques au couteau ou à la pointe du fusil, rappelez-vous cette règle que nous avons vérifiée à maintes reprises dans plusieurs pays du monde : lorsque des enfants jouent aux alentours, sur les terrasses, dans les rues, il n'y a que peu de danger. Quel que soit le pays, il est très rare qu'on magouille avec un enfant à ses côtés. Et, plus que tout, écoutez votre instinct. Lorsque celui-ci vous signifie (et il le fait presque toujours) par un drôle de sentiment d'inconfort que vous ne devriez pas être là, que vous sentez que l'atmosphère est lourde, ne restez pas, allez-vous en.

Coup de théâtre hier soir : une attaque au couteau dans une ruelle de Cascais. Cet incident vient à propos nous rappeler que tous ceux qui viennent à nous ne sont pas nécessairement nos amis. Nous étions assis juste en face du bar « John Bull », là où nous avions été précédemment avec nos trois merveilleux amis espagnols, ceux-là mêmes qui nous avaient emmenés de l'Espagne jusqu'ici voir la course de Formule 1. Trois Portugais apparaissent et viennent à nous. Ils semblent sympas, on boit un peu de vin, on rigole, puis on se lève et on marche un peu en leur compagnie, on se promène sans but. Mais voilà, leurs intentions ne sont pas bonnes. Sans trop nous en rendre compte, nous quittons les rues éclairées et débouchons dans un labyrinthe de petites ruelles. Pas de mauvais pressentiment sinon qu'en passant devant une autre de ces petites rues, je pense en moi-même : « Excellent endroit pour se faire arnaquer. » Nous continuons à marcher, croisons un flic qui se promène. Il s'arrête, nous lance un regard franchement suspicieux (je comprends maintenant ce regard, c'était le regard de quelqu'un qui sent que quelque chose se prépare). Nous nous éloignons du policier, faisons une boucle et, quel hasard, descendons justement par la petite ruelle à arnaque que j'ai aperçue un peu plus tôt. Mike et moi, un peu engourdis par l'alcool, ne voyons pas ce qui se prépare. (Peut-être est-il nécessaire de spécifier, en partie pour notre décharge, que nous venions juste de quitter, le jour d'avant, trois amis espagnols rencontrés sur la route avec qui nous avions vécu trois jours de grand bonheur et qu'à cause de cela, nous étions encore sur le mode « tout le monde est fin, tout le monde est beau ! ») Ainsi donc, nous descendons tous les cinq dans la petite ruelle louche qui débouche quelques mètres plus loin sur une petite terrasse sombre et déserte à cette heure. Elle est circonvenue par un muret de pierre, un escalier noir qui donne accès à la mer perce le muret sur la droite. Nous nous retrouvons adossés au muret, les trois gars devant nous rigolent, nous aussi. C'est l'endroit que nos faux amis ont choisi pour passer à l'action. Le gars devant mon ami Mike sort son couteau et l'agite devant son visage quatre ou cinq fois en disant « your money, your money. » Mike sourit et puis « pouf », il bascule et se jette en arrière et atterrit dix pieds plus bas dans l'escalier. Je suis maintenant seul. Le barbu me prend le bras gauche et me dit « money, money » en touchant ma ceinture de taille cachée sous mes vêtements, celle qui contient mon passeport et tout mon argent. Je ne sais pas comment, mais il sait qu'elle est là. Je me lève car j'étais assis sur le muret de pierre et je dis ; « OK, OK, I'll give you my money », et sur ces mots je saute moi aussi le mur. Je saute sans avoir aucune idée de la hauteur ni où j'atterrirai. J'aurais pu me tuer, j'aurais pu... enfin, quinze pieds plus bas j'atterris sur une marche de l'escalier qui descend à la mer. Je suis mieux tombé que Mike qui lui, à failli se briser le tibia. Je rejoins mon ami qui m'attendait et qui s'apprêtait à remonter si j'avais tardé plus longtemps et nous courons, courons, courons. Fin de l'épisode. On a eu chaud.

LES GUERRES ET LE TERRORISME

Il est surprenant de constater à quel point la liste des pays classés « dangereux » ou « à risque » est longue. Je crois que l'agence gouvernementale qui propose cette liste (si vous allez sur Internet, vous constaterez que chaque pays a la sienne) joue la carte de la prudence. C'est probablement mieux ainsi.

INTERNET

POUR AFFAIRES ÉTRANGÈRES CANADA (AEC), il existe neuf niveaux d'avertissements aux voyageurs. S'il est dangereux de se rendre dans une région ou un pays étranger, ils recommanderont d'éviter « tout voyage » dans cette région ou ce pays et, dans certains cas, de quitter le pays ou la région. Si la menace est moins grave, ils recommanderont d'éviter « tout voyage non essentiel » vers cette destination, etc. Consultez le site : **www.voyage.gc.ca/dest/sos/warnings-fr.asp**

Malheureusement, les attentats des dernières années ont beaucoup changé les perspectives. En effet, aucune région du monde ne peut maintenant être considérée comme étant totalement à l'abri du danger. Les attentats survenus aux États-Unis (New York), au Royaume-Uni (Londres), en Turquie (Istanbul et Cesme) et en Espagne (Madrid) prouvent bien que les groupes terroristes opèrent maintenant partout et qu'aucun pays n'est à l'abri.

Cela dit, il faut éviter la paranoïa. Au moment où nous sommes allés au Sri Lanka en 2002 avec nos deux filles, le pays n'était pas recommandé aux voyageurs, même chose pour la région du Chiapas au Mexique (2000), qui était « chaude » au moment de notre visite. Nous avons pourtant jugé ces deux endroits suffisamment sûrs pour y séjourner. C'est donc dire à quel point la décision de se rendre dans un pays considéré comme à risque se fera en fonction de votre situation, des activités que vous compter faire sur place, de vos craintes concernant votre sécurité et de votre connaissance du pays ou de la région. Vous seul pouvez prendre cette décision.

PRUDENCE !

UNE CHOSE EST CERTAINE, EN CAS DE TROUBLE OU DE RISQUE POTENTIEL, une vigilance accrue est de mise. Dans les endroits très fréquentés comme les centres commerciaux, les transports publics, les restaurants, les bars... restez vigilant. Suivez attentivement l'actualité politique du pays de votre destination. En cas de mauvais pressentiment ou de sentiment d'insécurité, partez.

J'ai tendance à faire confiance en ma bonne étoile, à ne pas prendre pour de l'argent comptant tout ce que les journalistes rapportent et à vouloir aller me rendre compte par moi-même de la situation. Mais j'évite systématiquement tout pays où un conflit armé ouvert sévit depuis plusieurs années et où les confrontations entre groupes de guérilleros, organisations paramilitaires et forces armées se produisent dans les zones rurales. J'évite aussi tous pays ou les risques d'enlèvements sont élevés. Pour moi, des pays comme la Colombie, Haïti, Israël, l'Afghanistan, l'Irak, etc. font absolument partie de ce groupe de pays à éviter. Il y a plusieurs pays d'Afrique où je ne m'aventurerais pas davantage.

Un attentat terroriste demeure un événement isolé et il faut, de surcroît, une réelle malchance pour tomber sur le restaurant ou le bar visé. Mon frère a visité l'Égypte trois mois après l'attentat isolé qui a tué une cinquantaine de touristes à Louxor, en novembre 1997. Au moment de sa visite, le pays lui a semblé très sûr (après un attentat, les forces policières sont accrues) et il a pu bénéficier de la chance de visiter ce pays sans le déluge de touristes qui, en temps normal, assaille ce pays.

Pour clore sur ce sujet bien sérieux, je vous conseillerais de lire beaucoup, d'aller sur Internet visiter des sites de groupe de discussions sur différentes destinations et de faire la part des choses en ne prêtant pas oreille à tout ce qui se dit et s'écrit par la presse qui a quelquefois tendance à étendre à tout un pays un événement isolé. Le choix de foncer ou de passer est éminemment personnel. Si beaucoup d'autres pays vous intéressent outre celui considéré à risque, peut-être devriez-vous, pour cette fois, choisir une autre option.

LES SPORTS À RISQUES

Je ne parle pas ici pour les casse-cou, mais pour les gens qui, souvent, pratiquent dans leur pays un sport à risque comme l'escalade, le delta-plane, le parachutisme, la plongée sous-marine, etc. Je parle pour moi qui adore installer des cordes et escalader des rochers, jouer de la pagaie dans de jolies rivières, enfiler des bombonnes d'air comprimé pour explorer les fonds marins et qui ai toujours le goût de tenter de nouvelles expériences.

Si vous allez jusqu'à apporter en voyage avec vous votre équipement ; vélo, matériel d'escalade, de plongée sous-marine, planche de surf, etc., c'est qu'en règle générale, vous êtes déjà quelqu'un d'expérimenté et bien au fait des dangers inhérents à la pratique de votre sport. N'empêche, soyez doublement vigilant. Vous êtes loin de chez vous, les soins peuvent s'avérer moins qu'adéquats et une cheville foulée ou une entorse au dos peut compromettre le reste de votre voyage. Cette mise en garde peut s'avérer superflue pour ceux dont le but premier du voyage sera la pratique du sport en question, mais pour les autres, portez une attention toute spéciale à ce point. Un mauvais atterrissage en parapente peut-il compromettre le reste de votre voyage ? Très certainement. À vous de juger. N'hésitez pas à bien inspecter l'équipement que vous vous apprêtez à louer, vérifiez bien si les guides savent de quoi ils parlent et s'ils ont de l'expérience. On n'est jamais trop prudent.

N'oubliez pas, en ce qui concerne la plongée sous-marine, qu'il est nécessaire d'attendre entre douze et vingt-quatre heures après la dernière plongée avant de reprendre l'avion.

C'est récent mais ça s'est répandu dans le monde comme une traînée de poudre. Les cafés Internet sont maintenant partout et accessibles. En Amérique du Nord, étrangement, ils sont plus rares. La raison est simple : ici, la plupart des gens ont un ordinateur à la maison ou au travail et n'ont donc pas besoin de ce genre de service. Mais dans la plupart des autres pays, dans les hôtels de classe moyenne et supérieure et dans des petits commerces spécialisés, vous trouverez ce service qui vous permettra de garder contact avec ceux que vous aimez. Vous n'aurez plus d'excuses de ne pas rassurer votre pauvre mère qui s'inquiète. C'est un des points bien positifs de l'ère de la technologie ou du village global.

Avant de partir ou sur place, prenez une adresse courriel avec Hotmail, Yahoo (en Asie, yahoo.fr fonctionne mieux que hotmail.com) ou un autre de votre choix et amusez-vous à donner des nouvelles et à recevoir les commentaires de vos proches. Dans certains cybercafés plus modernes, si on remarque que vous parlez français, on vous proposera un clavier européen. Demandez plutôt un clavier américain, si c'est possible, car les touches des claviers européens sont à des places inhabituelles pour nous (le A à la place du Q, par exemple) !

INDE/DHARAMSALA | **31 DÉC. 2004** | MARIE-CHANTAL_39 ANS

(courriel à la famille)

D'abord... tout va bien. Nous sommes très loin du centre de ce tsunami qui a causé tant de morts et de pertes. Nous poursuivons donc notre voyage en famille, tout va merveilleusement bien et nous sommes tous en bonne santé. L'Inde est magnifique et Dharamsala, un très beau village de montagne. Nous avons failli rencontrer le dalaï lama, le lendemain du tsunami, mais la chose ne s'est pas concrétisée. Mais seulement d'être là, de savoir qu'il est présent, de voir les Tibétains qui sortent de sa maison avec l'écharpe blanche et sa bénédiction, c'est touchant. On vous souhaite un beau Jour de l'An. On va se contenter ce soir de soupe aux patates, de pain tibétain, de pois et de chou à la sauce tomate et de thé sucré ! Bonne année !

LA PAUSE « JOURNAL DE BORD »

La pause « journal de bord » est en fait un moment d'arrêt. On en profite pour fixer les images de son voyage. Lorsque l'on voit tellement de nouvelles choses et qu'on est constamment alimenté par une foule de nouvelles sensations, le moment de l'écriture ou du dessin, parce que l'on peut aussi illustrer ce que l'on voit, est un moment d'arrêt où on peut s'interroger sur ce qu'on aime et ce qu'on aime moins, sur ce qui nous a marqués. Cette « pause » peut se faire le matin, en déjeunant, ou en fin d'après-midi, lorsque l'on se repose sur son lit. Tous les moments sont bons, en fait. Mais, il faut se motiver un peu, ça ne viendra pas tout seul.

Les extraits que vous voyez retranscrits ici n'existeraient pas sans nos journaux de bord. On oublie vite le nom des villes, des gens. On oublie aussi les pensées que l'on a eues, l'introspection que l'on a faite et les décisions que l'on a prises sur notre vie future. Les voyages provoquent ce genre de réflexions. Notez, notez… vous relirez le tout un jour à l'hospice !

L'ACHAT DE SOUVENIRS

Mon expérience me prouve que lorsque l'on trouve quelque chose qui nous plaît beaucoup et dont on est sûr de l'intérêt, mieux vaut l'acheter sur-le-champ plutôt que de penser rencontrer cet objet plus tard dans une autre ville. Souvent, chaque ville ou village a ses spécialités, surtout en ce qui a trait à l'art local, et on ne retrouve pas nécessairement les mêmes produits partout. Si vous êtes au début de votre voyage et que vous ne voulez pas trimballer ce bagage supplémentaire, considérez le poster dès que vous rencontrerez un bureau de poste dans une grande ville. Ces derniers sont plus fiables que les comptoirs postaux éloignés dans les petits villages.

Souvent, les articles que l'on achète peuvent être emballés dans le magasin même, pour éviter qu'ils ne se brisent dans l'avion au retour. Spécifiez-le tout en négociant le prix. Si l'objet est volumineux ou lourd, demandez que l'on vous fabrique une poignée en corde pour faciliter les déplacements. S'ils ne peuvent pas vous l'emballer convenablement, les bureaux de poste offrent habituellement ce service. L'emballage est parfois gratuit si vous postez votre colis sur place, sinon on vous demandera quelques dollars.

TRUC

SI VOUS ÊTES À LA FIN DE VOTRE VOYAGE, vous pouvez considérer l'achat d'une valise supplémentaire pour y ranger tous vos souvenirs (surtout s'ils sont nombreux) et ainsi vous éviter le désagrément d'avoir des bagages à main supplémentaires dans l'avion. À la fin de notre voyage au Sri Lanka, nous avions entre les mains un magnifique masque en bois qui faisait 1 m de long. Quelques jours avant le départ, un menuisier voisin de notre hôtel nous a fabriqué un coffre en bois brut sur mesure, pour 20 dollars seulement, pour nous faciliter le retour. Pendant notre dernière semaine en Tanzanie, nous avons parcouru un marché local et acheté une valise en plastique pour y mettre des sculptures fragiles enroulées dans des draperies peintes que nous nous étions procurées tout au long du voyage. Tout est arrivé intact à la maison !

SOYEZ TRÈS PRUDENTS ET MÊME RÉSERVÉS dans l'achat de vêtements typiques des pays visités. Une femme peut se sentir très élégante et à l'aise de porter son magnifique sari en Inde, mais de retour dans son patelin, après l'avoir porté une fois pour le montrer à ses amies, elle risque de se sentir beaucoup moins à l'aise et de regretter le montant qu'elle y a consacré.

L'ASSISTANCE CONSULAIRE EN CAS DE BESOIN

En cas de besoin, vous pouvez vous adresser à l'un des deux cent soixante-dix points de service que le Canada met à votre disposition dans le monde entier. Si vous appelez une mission en dehors des heures de bureau, votre appel sera automatiquement transféré à un agent consulaire à Ottawa, où vous pourrez laisser un message sur un répondeur. Dans certains pays où le Canada n'a pas de mission résidente, les missions australiennes et britanniques vous fourniront une aide d'urgence.

L'assistance consulaire peut : joindre, à votre demande, votre famille ou vos amis pour leur demander de vous envoyer des fonds d'urgence ; vous aider dans des situations critiques telles que les catastrophes naturelles et les soulèvements civils ou militaires ; vous renseigner sur les lois, les règlements et la culture du pays ; vous procurer un visa ou un nouveau passeport et vous aider en cas d'urgence médicale. Et si vous êtes arrêté, l'assistance consulaire peut faire en sorte que l'on vous traite avec équité en vertu des lois du pays, et informer, le cas échéant, vos proches de votre arrestation.

Les bureaux du Canada à l'étranger offrent tout un éventail de services aux Canadiens en voyage, mais ne comptez pas sur eux pour les services suivants : organisation des voyages, transfert de fonds ou paiement de factures, entreposage d'effets personnels, service de traduction, aide à la recherche d'un emploi, demande de permis ou de licences.

Bref, envisagez l'assistance consulaire comme un dernier recours. Lorsque vous aurez fait tous vos devoirs, si vous voyez que ça ne fonctionne pas, alors demandez l'aide du consulat.

SITUATIONS D'URGENCE À L'ÉTRANGER :

Tél. : (613) 996-8885 (à frais virés)
Téléc. : (613) 943-1054

CONSEILS AUX VOYAGEURS ET RENSEIGNEMENTS GÉNÉRAUX :

Tél. : 1 800 267-6788 (au Canada et aux États-Unis)
ou (613) 944-6788

SITE INTERNET :

www.dfait-maeci.gc.ca/world/embassies/cra-fr.asp

COURRIEL :

voyage@international.gc.ca

LA NOURRITURE

NOTRE COMBUSTIBLE !

Pour les humains que nous sommes, le ravitaillement en nourriture se fait généralement à trois reprises au cours d'une même journée. Ce n'est pas une mince affaire. En voyage, pour un plein de nourriture au restaurant, vous consacrerez un minimum d'une heure pour commander votre repas et le manger. Vous passerez donc entre trois et quatre heures par jour assis au restaurant ! Pour tirer profit de vos haltes ravitaillement, apportez avec vous votre journal de bord, un livre de lecture ou votre livre-guide, un jeu de cartes ou votre MP3 ! Même en bonne compagnie, vous risquez d'épuiser vos sujets de conversation.

L'EUROPE, L'AMÉRIQUE DU NORD, ET... LE RESTE DU MONDE

Lorsqu'on aborde la question de la nourriture, il est important de faire une distinction entre les pays d'Amérique du Nord, d'Europe et l'Australie, et les pays qui composent le reste du monde. Au Canada, aux États-Unis, en Belgique, en Allemagne, en Autriche, en Grèce, en Nouvelle-Zélande, pour ne nommer que ceux-là, la nourriture est sécuritaire et il y a peu de risques que vous tombiez malade. Des règles sanitaires strictes régissent ces pays et le touriste y est en sécurité côté aliments cuisinés, eau, lait, produits laitiers, fruits et légumes et tout ce qui a trait à la santé en général. Bien entendu, tous les systèmes digestifs n'ont pas le même degré de sensibilité. Faites-vous partie du groupe que rien ne dérange ou du groupe que tout peu affecter ? Ajustez absolument votre façon de vous alimenter en fonction de la sensibilité de vos intestins, où que vous soyez.

Les règles qui suivent s'appliquent principalement aux pays du tiers-monde de l'Afrique, de l'Asie et de l'Amérique centrale et du Sud. Même si vous vous devez d'être alerte en tout temps lorsque vous voyagez, vous devez doubler les précautions et ne prendre aucun risque dans les pays en voie de développement.

CE QUE L'ON PEUT MANGER EN TOUT TEMPS

- tous les fruits et tous les légumes crus, dont vous avez enlevé la pelure;
- les boissons embouteillées, en conserve ou en canette;
- de la viande et du poisson bien cuits;
- des repas cuits qui sont chauds quand on vous les sert;
- les yogourts vendus commercialement (choisissez des marques européennes, australiennes ou nord-américaines et vérifiez les dates de péremption);
- le yogourt artisanal (comme le *curd* en Inde);
- les noix, les croustilles, les biscuits, les cornets de crème glacée et les petits gâteaux vendus commercialement dans un emballage scellé (vérifiez les dates de péremption).

CE QUE L'ON PEUT MANGER AVEC MODÉRATION

- les repas préparés et vendus dans la rue (regardez pendant quelques minutes comment la nourriture est préparée, si les comptoirs sont relativement propres et si les aliments utilisés sont frais. De plus, si les plats restent sur un réchaud ou à l'air libre plus de trois minutes, ne les consommez pas);
- le fromage non pasteurisé;
- la crème glacée artisanale.

À PROSCRIRE

- l'eau du robinet;
- les glaçons;
- le lait (à moins qu'il n'ait été bouilli et réfrigéré tout de suite après ou le lait en poudre que vous mélangez avec de l'eau embouteillée);
- la nourriture que l'on retrouve dans les buffets (à moins que ce soit celui d'un grand hôtel administré et géré selon les standards occidentaux);
- les aliments non cuits (les crustacés, les tartares, les viandes et poissons marinés);
- les salades de tout genre;
- la pelure des fruits (pomme, poires, raisin, etc.).

La nourriture est assurément un élément hautement stratégique pour garder le moral et la santé en voyage. Si certains voyageurs privilégieront une destination pour le simple plaisir d'apprécier la cuisine locale, pour d'autres, la différence de nourriture en voyage peut s'avérer une source d'inquiétudes considérable. Si vous voyagez en Amérique du Nord ou en Europe, il est évident que le choc sera moins grand, même si certaines différences peuvent faire lever le nez de certains.

Si vous séjournez dans un pays du tiers-monde, vous trouverez, comme à peu près partout ailleurs dans le monde, deux types de restaurants destinés à la clientèle locale, plus ou moins fortunée. Il y aura des restaurants bon marché, où la qualité de la nourriture est passable, et des restaurants plus dispendieux où la qualité de la nourriture est supérieure. Plus vous irez vers une cuisine de qualité, préparée dans des conditions de salubrité idéale, plus cher, évidemment, il vous en coûtera. Bien que le prix ne soit pas toujours garant de la qualité.

En écrivant ces lignes, je repense à cette soupe aux tomates que nous avons mangée au *Holiday Inn* de Lhassa alors que nous visitions le Tibet et que Marie-Chantal était enceinte de six mois. En mangeant cette soupe, elle a eu un doute sur sa fraîcheur, elle m'en a fait part, mais nous n'avons pas réagi. Elle aurait dû suivre son instinct. La nuit même, elle a vomi la soupe ; je vous laisse deviner les désagréments d'une telle nuit et ses effets sur la journée du lendemain. Ce même instinct nous dit qu'il est préférable d'éviter les buffets où la nourriture repose trop longtemps, parfois, sur les comptoirs. Même chez nous, nous ne sommes pas très friands des buffets, pour ces mêmes raisons. Par contre, certains buffets dans les grands hôtels sont de première qualité. Tout dépend où vous mangez, si le restaurant est connu et très fréquenté. En Tanzanie, nous avons mangé de très bonnes salades et des crudités dans des restaurants tenus par des Européens qui nous assuraient que tous les légumes étaient lavés dans une eau filtrée contenant du bicarbonate de soude. Il faut se renseigner. Mais si le doute persiste, abstenez-vous.

Il serait sage de tenir compte des goûts et des différences de chacun dans la planification de l'itinéraire et du budget. Peut-être êtes-vous du genre à vous accommoder à merveille de trois semaines de nourriture locale mangée dans les petits restaurants thaïlandais, sur le bord de la rue, où les habitants vont se restaurer, mais il est possible que votre partenaire ne partage pas vos goûts. De même, sauter un repas en grignotant sur le pouce un fruit et quelques noix peut très bien vous satisfaire, mais si votre partenaire de voyage est plus sensible, souffre de diabète ou d'hypoglycémie, celui-ci ou celle-ci aura besoin de s'arrêter et de s'attabler quelque part et même de retrouver, à l'occasion, une diète à l'occidentale plus souvent offerte dans les grands hôtels dispendieux.

Le fait de goûter à des aliments vendus dans la rue peut constituer une nouvelle expérience culturelle ; toutefois, il faut se rappeler que nombreuses sont ces petites stalles qui n'ont pas d'installations sanitaires ou d'équipement de réfrigération adéquats, ce qui augmente, par le fait même, le risque de contracter la diarrhée du voyageur. Soyez doublement prudent.

PRUDENCE !

À PART LA NOURRITURE COMME TELLE, portez une attention à la propreté des ustensiles. Si les assiettes vous arrivent encore mouillées par l'eau de vaisselle, que les ustensiles sont sales, que les baguettes sont en bois (même lavées, elles gardent beaucoup de bactéries) ou que la vaisselle est lavée dans une eau puisée à même l'égout de la ville (j'ai déjà vu ça !), levez-vous et sortez. Vous ne pouvez vous permettre de prendre des risques.

Pour conclure sur ce sujet, dites-vous qu'on doit manger pour rester en santé et ce, même si cela signifie consommer quatre jours d'affilée le même petit riz aux légumes ou le même sandwich aux œufs. Où que vous soyez, quel que soit le degré d'exotisme de la cuisine locale, vous pourrez toujours vous accommoder de quelques plats sains et nourrissants, même s'ils sont sans saveur. Si le plaisir n'y est pas, choisissez en fonction de votre santé et de l'apport énergétique. Vous vous paierez la traite plus tard. Votre tour reviendra, soyez sans crainte.

MALAISIE/MERSING | **1991** | MARIE-CHANTAL_26 ANS

Un peu malgré moi, j'ai mangé des sauterelles aujourd'hui ! Nous attendions notre bateau pour Tioman. Deux femmes mangeaient, ce qui me semblait, des chips. Le vent transporta leur sac et son contenu sur mes jambes. Avec une expression qui devait être très comique, j'ai découvert que les fameuses chips étaient en fait des sauterelles séchées ! Dans leur hilarité, elles ont beaucoup insisté pour que j'y goûte... c'est pas si mal finalement !

LE WESTERN FOOD

Quel plaisir de goûter un mets de chez nous lorsqu'on est à l'aventure de l'autre côté du monde ! Certaines personnes ressentent très fort le changement de nourriture. Si vous faites partie de ce nombre et que votre désir d'explorer de nouvelles saveurs est pratiquement nul, sachez que sur la route, dans la majorité des pays du tiers-monde, le *western food* est maintenant beaucoup plus facile à trouver qu'il y a dix ans. À moins de vous aventurer très loin hors des sentiers battus, dans des villages où les touristes ne vont pratiquement pas, il y aura presque partout un restaurant où l'on servira une cuisine qui se veut occidentale ; pizza, patates frites, spaghetti, grill cheese sandwich, etc. Quelquefois, ce n'est qu'une pâle imitation au goût incertain, d'autres fois, la cuisine est vraiment excellente. Attention, cependant, aux attentes irréalistes face à ce type de nourriture. Le spaghetti *bolognese* de votre mère ne figurera pas au menu du petit resto local.

CHINE/CHENGDU | **1992** | MARIE-CHANTAL_27 ANS

Avec nos amis américains, on a essayé le fameux Hot pot swechuan. Un gros chaudron rempli d'une huile très épicée dans lequel on jette un tas de « choses » comestibles. Je n'ai presque pas pu avaler quoi que ce soit. Après quelques bouchées de « viande », ma lèvre inférieure s'est mise à brûler intensément. Plus tard, un Chinois désireux de pratiquer son anglais nous a expliqué ce que nous avions mangé. Il se servait de son propre corps pour nous indiquer les différents organes... estomac et gosier de buffles et de moutons, intestins de canard (vidés...), sang coagulé et foie de porc... au secours !...

Les boissons les plus sûres sont, entre autres, les boissons gazeuses, l'eau plate et gazeuse embouteillée, les jus de fruits embouteillés et les breuvages alcoolisés sans glaçon, ainsi que les boissons chaudes comme le thé et le café.

Attention aux jus de fruits pressés devant vous, que le petit vendeur de la rue vous propose : quelquefois il y ajoute de l'eau sans qu'on s'en aperçoive et les fruits, souvent déjà coupés ou pelés, peuvent avoir été manipulés par des mains sales. Prenez un moment et regardez-le s'activer pour d'autres clients. Vous pourrez juger de sa méthode et de l'hygiène générale. Si vous croyez la chose assez sûre, allez-y, foncez, ces jus peuvent êtres vraiment délicieux et sont, à coup sûr, excellents pour la santé.

Attention à l'alcool frelaté ou artisanal. Les méthodes de fabrication sont souvent douteuses et les ingrédients qu'on utilise sont très souvent avariés ou carrément toxiques.

L'eau

L'eau ne doit jamais être considérée comme potable, même dans les grandes villes modernes, même dans les grands hôtels. À part l'Amérique du Nord, je ne connais pas d'endroit au monde où l'on peut boire l'eau directement du robinet. Dans la plupart des pays, vous n'aurez aucune difficulté à trouver de l'eau embouteillée sur place. Servez-vous et ne buvez que cette eau. Dans les pays du tiers-monde où les lois sont moins rigides et où les mailles du filet sont plus grandes, inspectez bien les bouteilles d'eau que vous achèterez. Une bouteille vendue dans le commerce qui est propre et qui a un scellé intact, nous indique que l'eau qu'elle contient est bonne à consommer, quelles que soient sa marque ou sa provenance.

Si cette première option n'est pas accessible, tournez-vous vers la deuxième option qui consiste à boire de l'eau du robinet qui a été bouillie pendant au moins cinq minutes à gros bouillons ou filtrée et désinfectée avec du chlore ou de l'iode (voir chap. 2, « Les produits et procédés de désinfection de l'eau », page 150).

L'eau servie dans les grands hôtels est généralement bouillie et filtrée ; malgré ce fait, j'avoue n'avoir jamais bu un verre d'eau que l'on m'ait offert dans un hôtel, quel qu'il soit, sauf en Amérique du Nord. L'eau est souvent la cause de nombreuses maladies et il est préférable de ne pas prendre de risques inutiles. Chez certaines personnes, le simple fait de changer de sorte ou de qualité d'eau, même si dans les deux cas elle reste potable (une eau provenant du réseau d'aqueduc de Montréal par opposition à celui de Québec, par exemple), est suffisant pour créer des inconforts du côté des intestins. Dans les restaurants, si vous n'avez plus d'eau avec vous, demandez qu'on vous apporte une bouteille qui n'a pas été ouverte. Les bouteilles d'eau sont toujours plus chères dans les restaurants. Vous paierez parfois le double qu'au petit commerce du coin pour la même marque. S'approvisionner en eau potable est une préoccupation quotidienne. Il ne faut pas en manquer.

Dernière petite note sur ce sujet : les bouteilles d'eau en plastique vides sont une très grande source de pollution partout à travers le monde. Si vous désirez faire votre part pour diminuer les déchets, achetez votre eau dans des contenants de 5 ou 10 litres plus économiques et versez chaque matin, dans une bouteille plus petite, votre ration de la journée. Si vous déménagez d'hôtel tous les deux jours, l'option 10 litres n'est vraiment pas pratique, mais si vous vous installez pour une semaine au même endroit ou si vous voyagez en voiture, le choix d'un grand contenant contribuera à la santé de notre planète et de votre portemonnaie ! De plus, essayez de jeter vos bouteilles vides dans des endroits appropriés.

Le lait

Dans les pays sous-développés, le lait pasteurisé disponible est souvent importé de l'occident ou d'Australie et il est offert ou vendu par des organismes humanitaires aux familles locales ayant de jeunes enfants. Le lait pasteurisé en vente libre est souvent très cher (plus qu'ici !) et en conserve, donc à la température locale ! Le lait non pasteurisé doit absolument être bouilli 10 minutes et refroidi dans un réfrigérateur avant d'être consommé. S'il est refroidi à l'air libre, cela prendra du temps, il se formera des bactéries et vous boirez un lait tiède.

TRUC

VOUS AVEZ BESOIN D'UN VERRE DE LAIT ? Repérez la section des sucreries et des biscuits des épiceries, vous trouverez peut-être du lait en poudre. Préférez les marques européennes, australiennes ou nord-américaines. Mélangez cinq à six cuillers à soupe de lait en poudre dans 250 ml (1 tasse) d'eau fraîche (voir les recommandations sur l'eau, ci-contre) et vous aurez là un bon verre de lait instantané pour accompagner les petites pâtisseries fraîches que vous venez d'acheter à la boulangerie du coin ! Le lait en poudre, lorsqu'il est mélangé avec l'eau, ne se conserve pas plus longtemps que le lait frais. Il faut donc préparer le mélange juste avant la consommation, surtout s'il fait chaud.

LES PRODUITS LAITIERS

En Asie, en Afrique, en Amérique du Sud et au Moyen-Orient, les produits laitiers font cruellement défaut. Si vous appréciez les produits laitiers et que vous voyagez sur ces continents, cela risque de vous manquer beaucoup. Voici toutefois quelques produits que vous pouvez consommer pour satisfaire votre goût des produits laitiers.

Vous pouvez manger les fromages non pasteurisés et de la crème glacée dans les petits comptoirs mais avec modération, deux à trois fois par semaine, dans les pays en voie de développement. Si vos intestins réagissent mal, n'en mangez plus. Par contre, les cornets de crème glacée préemballés vendus dans des comptoirs d'aliments congelés sont absolument sans danger. Ils sont très souvent importés des États-Unis ou d'Australie. Et... si vous êtes en Italie et que vous avez un foie solide, je vous invite à savourer sans retenue la *gelati* italienne !

Le *curd* (ou *dahi*), une sorte de yogourt local fait du lait de buffle d'eau, très populaire en Inde, au Sri Lanka et dans quelques autres pays asiatiques, est également sans danger. Nous en avons toujours mangé à profusion, dans ces pays, sans problème. Le yogourt est excellent pour la digestion et procure à l'intestin la culture bactérienne dont il a besoin pour combattre la diarrhée et certains virus. Plusieurs pays d'Afrique du Nord et du Moyen-Orient font aussi des yogourts artisanaux qu'il faut expérimenter. Demandez que l'on ajoute un peu de miel si vous trouvez que le goût est trop acide. Le yogourt fait d'ailleurs partie intégrante de plusieurs recettes en Iran, en égypte, au Liban, en Syrie et en Turquie. Il faut goûter… c'est absolument savoureux !

LES FRUITS ET LÉGUMES

En Asie, en Afrique, en Amérique du Sud et au Moyen-Orient, il est préférable de s'abstenir de consommer les légumes crus et les fruits qui ne peuvent être pelés facilement comme les raisins, les fraises et les framboises. Les fruits et les légumes doivent avoir été pelés ou cuits depuis peu. Tout ce que vous pouvez peler, comme la banane, la pomme, la mandarine, la papaye, l'avocat, la mangue, la carotte, etc. est parfaitement sûr et tout à fait délicieux !

SRI LANKA/POLONARUWA | **2002** | MARIE-CHANTAL_37 ANS

Sur la route, on a croisé des centaines d'avocatiers. Les fruits mûrs pendent au bout des branches et n'attendent que d'être cueillis. Lors d'une petite pause, à une cinquantaine de kilomètres d'ici, une femme qui me regardait observer les fruits en question, m'a offert trois avocats de son arbre et une limette. On s'est régalé ! Un peu plus loin, un marché offrait, sur ses étalages, des montagnes de pommes grenades. On s'est encore régalé !!! Ça nous change des papayes que l'on mange en quantité ici.

LES ALLERGIES ALIMENTAIRES

Le niveau de stress d'un voyageur allergique à un ou plusieurs aliments n'est pas banal. Ce n'est pas toujours vous qui préparez les repas, les descriptions des emballages sont écrites dans une langue étrangère et les réglementations sur les étiquettes ne sont pas les mêmes que chez nous. Par exemple, une loi peut permettre dans un pays d'écrire, sur l'étiquette d'un petit gâteau, la mention « sans œuf » si le produit en contient moins de 5 %. Un beau cocktail pour nous donner des sueurs froides ! Mais... ce n'est pas une raison pour ne pas voyager !

D'abord, vous êtes la personne la mieux renseignée sur vos allergies. Vous vérifierez tout, vous vous imposerez dans la cuisine des restaurants, vous vous arrêterez souvent dans les petits commerces et marchés d'alimentation pour acheter des collations et des fruits appropriés, vous chercherez sans cesse la possibilité d'avoir dans votre assiette l'aliment nature, vous apprendrez les mots clés dans la langue locale, vous aurez avec vous une liste et des photos des aliments à proscrire et des mélanges à éviter, écrite avec la langue et l'alphabet utilisés dans le pays et vous poserez beaucoup, beaucoup de questions. Cela fera partie de votre quotidien en voyage, c'est inévitable.

TRUC

POUR ALLÉGER CE QUOTIDIEN, voici des petits trucs qui m'ont été transmis par mon amie Marie-Hélène, grande voyageuse et mère d'un garçon allergique aux œufs et aux arachides. D'abord, elle me dit qu'il faut être très patient avec les gens que l'on questionne dans les restaurants et ne pas se laisser impressionner par leur indifférence, leur impatience ou leur scepticisme. Il faut poser les questions nécessaires et exiger des réponses claires. Si un restaurateur vous paraît très collaborateur, retournez dans ce restaurant plutôt que d'en essayer un nouveau chaque jour. De plus, elle conseille de séjourner dans des hôtels avec cuisinettes pour prendre un ou tous les repas de la journée à la chambre parce que le restaurant, on ne s'en sort pas, demeure un moment stressant. Elle m'a aussi parlé de toujours avoir avec soi de la nourriture pour combler un repas, comme par exemple des sachets de nourriture déshydratée (que vous aurez apportés de la maison) à laquelle on a seulement à ajouter de l'eau bouillante, des petits pots de nourriture pour bébés (les grands aiment ça aussi !), des fruits, des craquelins, les très soutenants fruits déshydratés, des petites boîtes de céréales, etc.

En cas de doute, abstenez-vous. Vous le faites déjà, même si vous êtes en visite chez des amis ; la même règle s'applique en voyage. Ayez en votre possession l'ordonnance de votre ÉpiPen et une lettre de votre médecin, en anglais ou dans la langue du pays (le consulat ou l'ambassade du pays peut vous aider pour ça) expliquant pourquoi vous ne pouvez vous en séparer. On pourrait vous la demander avant d'embarquer dans l'avion. Vous ne voudrez certainement pas vous faire confisquer les précieuses seringues juste avant de partir... j'en suis certain !

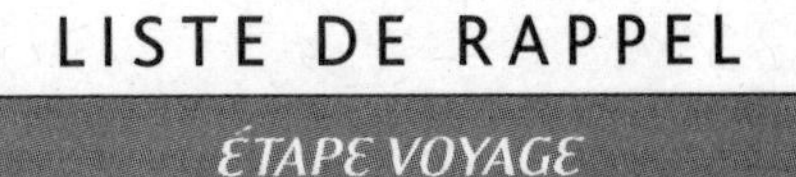

Je suis sur la route.

L'aventure est commencée, c'est fantastique, mais... bien évidemment tout ne se passe pas comme prévu !!! Je dois faire preuve de souplesse et garder le sourire. Voici quelques règles à garder en tête et... tout près du cœur aussi.

» *J'écoute mon sixième sens (intuition) quand il me signale quelque chose.*

» *Je fais attention à la fatigue, pour ne pas perdre le sourire et mon sens de l'humour.*

» *Je prends le temps de respirer... et de voir. Et je me rappelle que je ne pourrai pas tout voir !*

» *Je dois tenir compte de mes capacités, de mes peurs, de mes inquiétudes, les accepter et m'ajuster en conséquence.*

» *Enfin, je fais ce qui me tente et ce qui me rend heureux... même si le livre-guide du pays que je visite me dit que le site historique tout près de mon hôtel est un incontournable...*

CHAPITRE.04 LA SANTÉ EN VOYAGE

LA PRÉVENTION AVANT TOUT

LES GRANDES ET PETITES INQUIÉTUDES

La santé en voyage dépend de votre préparation avant le départ, de votre comportement sur la route et de la façon dont vous réagirez si vous êtes face à des symptômes inquiétants.

La santé en voyage est probablement ce qui vous aura le plus inquiété avant de partir. La liste des dangers peut sembler infinie, elle l'est. Rassurez-vous, si c'était si dangereux et qu'une personne sur deux n'en revienne pas, personne ne voyagerait.

Le présent chapitre décrit une foule de problèmes de santé, petits et gros, qui peuvent survenir durant un voyage. À la fin du chapitre, vous trouverez peut-être qu'il y en a beaucoup et cela pourrait susciter une certaine crainte du voyage. Mais le but de cette énumération n'est pas de vous effrayer, encore moins de vous faire renoncer, mais plutôt de bien vous informer pour que vous soyez en mesure, justement, de ne pas vous inquiéter indûment s'il survenait un problème de santé, quel qu'il soit... ce qui n'arrivera pas nécessairement ! Je vous souhaite que ce chapitre vous soit totalement inutile !... Mais... lisez-le quand même... juste au cas où...

LES RÈGLES DE BASE

La prévention est la pierre angulaire de la santé en voyage. Il ne s'agit pas de se dire que l'on a eu les bons vaccins avant de partir, de savoir que l'on a avec soi les bons antibiotiques et qu'il est aisé de dénicher sur la route un bon docteur. Il s'agit de n'avoir besoin ni des antibiotiques, ni des anticorps développés par le concours du vaccin, ni même du médecin. Il s'agit de ne pas tomber malade, un point c'est tout.

Les règles de base de la santé en voyage concernent l'hygiène, la nourriture, les moustiques et l'eau. Si vous vous montrez vigilant envers ces règles, vous éviterez 95 % de tous les problèmes et maladies cités plus loin dans ce livre.

Précision : ces règles s'appliquent, dans différentes mesures, à tous les pays du monde. Sur la route, être prévenant, être vigilant, c'est une façon de vivre et de se comporter qui ne s'applique pas uniquement aux pays du tiers-monde. Vous êtes en sécurité partout, comme vous n'êtes en sécurité nulle part. Mon ami Jean s'est intoxiqué avec une lasagne avariée à l'aéroport de Miami en revenant de quatre semaines sans problème en Bolivie. Cherchez l'erreur !!!

- **Les mains.** Lavez-vous les mains plusieurs fois par jour avec un savon et bien sûr, lavez-les avant de boire ou de manger et après être allé à la toilette. (voir chap. 3, « L'hygiène », page 207)
- **L'eau.** Ne buvez que de l'eau embouteillée commercialement ou de l'eau qui a été purifiée, même pour vous brosser les dents. (voir chap. 2, « Produits et procédés de désinfection de l'eau », page 150) et (voir chap. 3, « Les boissons », page 234)
- **Les moustiques.** Appliquez un antimoustique dans les régions chaudes et le soir, préférez les vêtements longs. (voir chap. 2, « Les antimoustiques », page 153) et (voir chap. 3, « Les moustiques », page 209)
- **La nourriture.** Consommez des repas qui ont été cuisinés dans les meilleures conditions possibles. (voir chap. 3, « L'Europe, l'Amérique du Nord, et... le reste du monde », page 229)

LES SYMPTÔMES INQUIÉTANTS

Vous partez pour trois semaines au Portugal ? Inutile de plonger dans la liste de toutes les maladies inquiétantes de la planète. Sachez où vous allez et ajustez votre lecture de ce qui suit en conséquence. Mais ce livre est écrit pour permettre autant au voyageur qui quitte pour la Suisse ou le Japon qu'à un autre qui part pour l'Uruguay ou le Zimbabwe, d'y trouver son compte. Peut-être un jour, lors d'un prochain voyage au Cambodge, sentirez-vous le besoin de revenir et d'aller plus en profondeur dans ce chapitre. En attendant, ne vous sentez pas mal à l'aise de passer plus vite sur les points qui vous concernent moins pour votre prochain voyage.

LA DIARRHÉE DU VOYAGEUR

Il n'est pas anormal d'avoir un épisode de diarrhée pendant un voyage qui dure plus de deux semaines, quelle que soit la destination. De la nourriture et une eau différentes de votre quotidien sont suffisantes pour provoquer une diarrhée. Il y a toutefois des gens plus sensibles que d'autres. Certaines personnes ont des diarrhées dès qu'elles passent plus de deux jours en dehors de chez eux, même si ce n'est qu'à leur chalet...

Si vous souffrez de diarrhée en voyage sans qu'il y ait d'autres symptômes inquiétants, diminuez les fruits, les légumes ainsi que les aliments sucrés et augmentez, dans l'alimentation quotidienne, l'apport en riz et autres féculents ainsi que les bananes, la compote de pommes, les rôties et les œufs. Salez vos aliments un peu plus qu'à l'habitude et buvez beaucoup d'eau à température modérée pour évacuer le plus rapidement la bactérie qui cause l'inconfort. Si vous aimez les yogourts, offrez-vous jusqu'à quatre portions par jour pour vous aider à refaire votre flore intestinale. Le yogourt artisanal, dans certains pays d'Asie, est fortement recommandé par les médecins locaux pour aider à diminuer la diarrhée. Son haut taux de culture bactérienne est absolument bénéfique pour les intestins, souvent malmenés lorsque nous sommes en voyage. On peut aussi apporter des capsules de yogourt de la maison.

Si vous souffrez de diarrhée, restez autant que possible près de votre hôtel pour accéder rapidement à la salle de bain. Mais si vous devez prendre un transport pour vous déplacer, vous devriez ingérer, dans ce cas, des comprimés d'*Imodium*. Prenez deux comprimés avant le départ et ensuite un comprimé après l'évacuation de selles trop liquide. Il ne faut pas dépasser huit comprimés par jour.

Si la diarrhée est accompagnée de maux de ventre ou de nausées, vous pouvez soulager les symptômes avec *Pepto Bismol* en comprimés à croquer. Il est recommandé de prendre deux comprimés à la fois.

Finalement, le charbon végétal activé peut aussi soulager la diarrhée. Il a la propriété d'absorber les éléments toxiques qui se trouvent dans le système digestif. Si la diarrhée est causée par un aliment avarié, c'est un bon choix.

Sachez, cependant, qu'il n'est pas recommandé de prendre des médicaments contre la diarrhée (comme l'*Imodium*) dès que l'inconfort se présente. Il est préférable de boire beaucoup d'eau, de manger peu et d'aller à la toilette souvent pour évacuer la bactérie intestinale. Il faut savoir que la prise de médicaments contre la diarrhée ne fait que soulager temporairement et même retarder la guérison. Prenez ces médicaments seulement si vous devez vous déplacer ou si vous savez que les toilettes seront difficilement accessibles.

Si votre diarrhée est accompagnée de fièvre, consultez un médecin. Vous avez peut-être besoin d'un antibiotique (comme du ciprofloxacin).

LA CONSTIPATION

La constipation est plutôt rare en voyage, mais cela peut se produire. Elle est causée principalement par le stress, l'absorption d'une nourriture comportant trop de féculents (riz, pâtes, pain, pommes de terre), le manque de fruits ou légumes ou tout simplement le changement des habitudes alimentaires. Si vous avez l'habitude de prendre, par exemple, un café tous les matins (ce qui est très laxatif) et qu'en voyage vous n'en buvez presque pas, cela peut être suffisant pour perturber votre métabolisme et vous rendre constipé.

Pour y remédier, essayez de prendre vos repas à peu près aux mêmes heures tous les jours, augmentez la consommation de fruits et de légumes, buvez beaucoup de liquides et diminuez le gras et les féculents. Si vous avez la chance de trouver sur la route des dattes et des figues (très présents sur le continent Africain et au Moyen-Orient), mangez-en sans retenue ! L'exercice, les mouvements de bassin, les massages du ventre et la danse stimulent aussi le passage des matières fécales dans l'intestin.

La constipation peut être aussi provoquée par des émotions, (choc culturel) ou par le manque d'écoute de son corps (trop de stimulations extérieures). Lorsque l'on se retient d'aller à la selle, les déchets alimentaires restent en attente dans le gros intestin. Cela est très pratique, mais si on abuse de ce service que nous rend l'intestin, il cessera, après un moment, de nous envoyer des signaux. Après un certain temps, les selles se déshydratent, durcissent et deviennent beaucoup plus difficiles à évacuer. En outre, les toilettes, en pays étranger, abstraction faite de l'Europe, de l'Amérique du Nord et du continent australien, sont loin d'être des lieux agréables à visiter. Elles sont généralement d'une saleté repoussante et n'offrent parfois qu'un trou dans le sol (appelé toilettes turques). Et ça, c'est quand il y en a ! Rien pour faciliter la chose, quoi.

Finalement, aller à la selle aux mêmes heures aide à conditionner l'organisme : après le petit-déjeuner, par exemple, juste avant de quitter la chambre d'hôtel pour la journée.

LE VOMISSEMENT

Si vous avez vomi votre dernier repas et que vous vous sentez mieux, il n'y a pas lieu de s'inquiéter. Vous avez tout simplement mal digéré. Si, par exemple, vous mangez depuis deux semaines du riz aux légumes et quelques fruits, et que, pour une occasion quelconque vous vous gavez de viande rouge et de desserts riches, il se peut que vous souffriez de vomissements pendant toute la nuit qui va suivre… On appelle ça une gastrite et dans ce cas précis, elle est causée par un changement draconien dans l'alimentation. Cela dure entre deux et quarante-huit heures. Il n'y a pas lieu de s'inquiéter dans un cas comme ça et c'est inutile d'appeler un médecin, il n'y a rien à faire. Assurez-vous de ne pas vous déshydrater, installez-vous dans une chambre avec une salle de bain privée et propre et attendez que ça passe.

NÉPAL/KATMANDOU | **1985** | MICHEL_22 ANS

La vie se réinstalle en moi, je reprends des forces. La musique qui joue sur mon baladeur met un baume sur mon estomac mortifié. Nous n'avons pas pu partir pour Jiri, premier village sur le chemin du camp de base de l'Everest. Voilà trois jours que je suis malade. Maux d'estomac et diarrhée liquide. Je n'aurais jamais tant pensé à mon chez-moi depuis le début du voyage que durant ces trois derniers jours.

Si par contre les vomissements arrivent brusquement, qu'ils ne procurent que faiblesse et étourdissements, vous devez consulter un médecin le plus rapidement possible. À peu près toutes les maladies, qu'elles soient graves ou bénignes, ainsi que les virus contractés dans les pays du tiers-monde provoquent des vomissements et de la fièvre.

RÉINTÉGRER LA NOURRITURE

Après un épisode de vomissement ou de diarrhée, si vous vous sentez mieux depuis trois ou quatre heures et que vous avez faim, vous pouvez commencer à incorporer des aliments solides très graduellement, sans jamais en manger une trop grande quantité à la fois. Le but de l'opération est de garder ce peu de nourriture dans votre estomac et qu'elle soit digérée.

En pays étranger, un paquet de biscottes ou de biscuits, salés ou non salés, est assez facile à trouver dans les petits commerces qui vendent des aliments. Si vous trouvez du melon, cela sera aussi apprécié de votre estomac en voie de guérison. Si tout va bien avec ces aliments, incorporez ensuite le riz blanc, les pommes de terre ou les carottes bien cuites, les pommes (enlever la pelure) et les bananes. Préférez les aliments salés, ou ajoutez-en un peu sur les légumes. Le sel vous aidera à garder l'hydratation et à remplacer les sels minéraux perdus.

Si vous n'avez pas vomi dans l'heure qui suit, vous êtes sur la voie de la guérison et pouvez augmenter les portions graduellement. Même si vous avez recommencé à manger, vous devez continuer à boire de l'eau et des jus non sucrés, si vous en trouvez. Attendez entre dix-huit et vingt-quatre heures pour remettre au menu les produits laitiers ou tout autre aliment gras ou sucré. Même si les selles sont encore molles pour quelques jours, on peut reprendre la route.

> CONSEIL
>
> **NOTEZ QUE LES BOISSONS GAZEUSES DÉGAZÉES** et les bouillons n'aident en rien au rétablissement d'une personne qui a souffert de diarrhée et de vomissements. Ils risquent au contraire d'aggraver les symptômes.

LA DÉSHYDRATATION

La déshydratation survient lorsque les réserves d'eau de l'organisme s'abaissent au-dessous d'un certain seuil. La déshydratation peut être provoquée à la suite d'un exercice intense au cours duquel le sujet a transpiré abondamment ou par la perte des fluides corporels (diarrhée sur une longue période, vomissements à répétition, saignements abondants).

L'eau est essentielle au maintien de la santé de l'organisme. Si le malade n'est pas rapidement réhydraté, la tension artérielle peut s'abaisser à un seuil dangereusement faible, entraîner un état de choc et des lésions graves à plusieurs organes internes. Comme les cellules cérébrales sont les plus sensibles à la déshydratation, la personne peut présenter un épisode de confusion.

Le premier symptôme d'un organisme en manque d'eau est la fatigue. Vous aurez envie de dormir en plein jour, n'importe où. Ensuite, la transpiration du corps diminuera ainsi que l'urine, la salive et les larmes.

> CONSEIL
>
> **EN VOYAGE, IL EST IMPORTANT DE SURVEILLER SA CONSOMMATION D'EAU.** Vous devriez boire un litre d'eau par jour et davantage s'il fait très chaud, si vous vous dépensez physiquement ou si vous avez une diarrhée.

Se réhydrater

Si la déshydratation est légère, le simple fait de boire de l'eau peut être suffisant. S'il n'y a pas d'amélioration dans les 15 minutes, les électrolytes (sels minéraux composés surtout de sodium et de potassium) doivent aussi être remplacés et un simple verre d'eau ne peut pas faire ce travail. Dans la plupart des pharmacies de ce monde, il est possible de se procurer une solution de réhydratation en poudre que vous mélangez vous-même avec de l'eau ou prête à boire. Les solutions de réhydratation les plus connues chez nous sont le *Gastrolyte* et le *Pédialyte*. Ces produits de remplacement des électrolytes sont disponibles en poudre (mélanger un sachet avec 200 ml d'eau potable) et il est fort utile d'en avoir quelques sachets dans ses bagages.

Il est aussi possible de fabriquer une solution de réhydratation tout aussi efficace que ce qui est vendu dans le commerce.

VOICI LA RECETTE :

- 20 oz (600 ml) d'eau embouteillée et qui a été, en plus, bouillie 10 minutes (si vous n'avez pas la possibilité de faire bouillir l'eau, le traitement peut quand même fonctionner.)
- 12 oz (360 ml) de jus d'orange non sucré
- ½ cuiller à thé (2,5 ml) de sel

Cette recette ressemble beaucoup aux liquides vitaux que nous avons dans notre organisme, dans son équilibre sucre/sel. N'y ajoutez pas de jus d'orange si vous n'appréciez pas le goût, car cela perturberait justement cet équilibre qui est essentiel à la réussite du traitement.

Pour vous réhydrater, buvez un demi-litre de votre solution de réhydratation à raison d'une gorgée toutes les cinq à dix minutes. Ensuite, faites une pause d'une heure (dormez un peu...) et si vous en sentez encore le besoin, buvez un autre demi-litre. Cette méthode a beaucoup aidé Marie-Chantal à Jaisalmer dans le désert de Thar, alors qu'elle se sentait très fatiguée et aux prises avec une diarrhée depuis quelques jours. Après une journée de repos, sans manger, et un litre de solution réhydratante, elle était sur pied !

LA FIÈVRE

La fièvre indique que quelque chose ne va pas. La température du corps s'élève pour combattre une infection.

Vous faites de la fièvre si votre température est supérieure à : 38,0 °C ou 100,4 °F avec un thermomètre buccal.

Une température qui se maintient sous 38,8 °C (ou 102 °F) signifie que le corps combat bien l'infection et que les anticorps font leur travail. Si la température a tendance à monter un peu au-dessus, prenez de l'acétaminophène toutes les quatre heures. Normalement, la fièvre devrait descendre d'environ 1 °C (ou 2 °F). Lorsque l'on est fiévreux, il faut boire beaucoup de liquide, s'habiller légèrement et éviter de trop s'envelopper de couvertures.

Voyez un médecin sans tarder si votre température ne descend pas après la prise d'acétaminophène, si la température s'élève rapidement et dépasse 40 °C (ou 104 °F) quatre heures après la prise de l'acétaminophène ou si vous faites de la fièvre depuis plus de 72 heures (3 jours).

Mais surtout, souvenez-vous que l'apparence et le comportement d'une personne malade sont plus importants que les chiffres sur le thermomètre. Si la personne a du mal à respirer, de la difficulté à avaler, qu'elle semble confuse, somnolente, difficile à éveiller ou qu'elle n'a pas uriné depuis plus de huit heures, quelle que soit sa température, consultez immédiatement un médecin.

L'ÉPUISEMENT CAUSÉ PAR LA CHALEUR

Les maux de tête, la fatigue, les étourdissements, la nausée, un pouls faible ou rapide, ainsi qu'une peau froide, moite et pâle sont tous des symptômes courants de l'épuisement causé par la chaleur. Si une personne présente ces symptômes, emmenez-la dans un milieu frais, enlevez-lui le plus de vêtements possible et couchez-la sur le dos, avec les pieds légèrement élevés. Épongez-la avec de l'eau froide et, si possible, utilisez un ventilateur ; mais évitez le refroidissement. Si la personne ne se sent pas désorientée, faites-lui boire de petites quantités d'eau.

LE COUP DE CHALEUR

Le coup de chaleur est plus grave que l'épuisement causé par la chaleur. Il se produit lorsque le système de refroidissement du corps cesse de fonctionner normalement à cause de l'accumulation interne de chaleur. La peau de la victime s'échauffe, s'assèche et rougit et son pouls devient fort et saccadé. Les maux de tête et les étourdissements peuvent provoquer l'évanouissement. Le coup de chaleur est une urgence médicale qui nécessite une intervention immédiate. Emmenez la personne atteinte dans un endroit frais, puis consultez un médecin sans tarder.

Pour éviter le coup de chaleur, buvez régulièrement au cours de la journée. Beaucoup d'eau, de jus ou de boissons avec des électrolytes (de type *Gatorade*), toutes les 15 à 20 minutes, s'il fait très chaud. Il est préférable d'éviter l'alcool et les boissons à la caféine, puisqu'elles nuisent à la capacité du corps de réduire sa température. Un très haut taux d'humidité peut aussi nuire à l'expulsion de la sueur qui contribue à refroidir le corps. Lors de journées très humides, il faut éviter les activités sportives à l'extérieur et envisager de rester plus longtemps à la mer ou sur le bord de la piscine. Des serviettes humides appliquées sur le visage, le cou et les bras, ainsi que des bains et des douches rapides sont d'excellents moyens de vaincre la chaleur. On peut aussi éviter les repas copieux et porter des vêtements légers de couleur pâle.

LES DANGERS DU SOLEIL

Le soleil peut tuer, ce n'est plus une légende urbaine, mais la triste réalité. Si on passe la journée à l'extérieur, les dermatologues recommandent d'appliquer un écran solaire toutes les deux heures. Souvenez-vous aussi que l'écran solaire doit être appliqué de quinze à trente minutes avant l'exposition au soleil. Une crème avec un indice de 15 FPS est un minimum et bloque environ 93 % des rayons UVB, un FPS 30, 96 % et un FPS 60, 98 %. On devrait se protéger même quand le ciel est nuageux, puisque 80 % des rayons ultraviolets peuvent traverser les nuages.

Il est bon de porter une attention particulière au visage, la région où se développent le plus de cancers de la peau. Certaines zones comme les oreilles, le nez, la ligne des yeux et des cheveux et le tour de la bouche sont souvent oubliées au moment de l'application ou mal protégées parce que la quantité de crème est insuffisante.

Un parasol offre un bon abri contre les rayons du soleil, mais il ne peut pas bloquer ceux qui sont réfléchis par les surfaces qui nous entourent. Par exemple, l'eau, le béton et l'asphalte peuvent réfléchir jusqu'à 10 % des rayons ultraviolets, le sable, 18 % et la neige, 88 % ! C'est pourquoi il est recommandé d'utiliser un écran solaire même si l'on est à l'ombre.

Certains médicaments, comme les antibiotiques, les anti-inflammatoires, les antidépresseurs risquent d'augmenter notre sensibilité au soleil. La liste est longue : le mieux est de vous renseigner auprès de votre médecin ou de votre pharmacien si vous prenez des médicaments.

Il n'y a pas que la peau qu'il faille protéger contre le soleil, il faut aussi protéger les yeux. Des lunettes de soleil de qualité avec les indices UVA et UVB sont indispensables. En altitude, le soleil est encore plus dangereux et, s'il y a de la neige, il peut être carrément impossible d'ouvrir les yeux tellement l'éblouissement est fort.

En terminant, une fausse croyance populaire veut qu'avant un voyage dans le sud ou en début d'été, il est avisé de préparer notre peau à une exposition prolongée au soleil en s'exposant graduellement au soleil ou en fréquentant un salon de bronzage pour obtenir un léger hâle. Sachez qu'une peau bronzée ne protège pas contre les effets néfastes des rayons UV. Toute exposition aux rayons UV, en salon ou à l'extérieur, de façon graduelle ou intensive, cause des dommages à la peau.

LES PROBLÈMES QUE CAUSE L'ALTITUDE

Vous choisissez de passer par La Paz, Lhassa, Quito ou tout autre endroit situé en haute altitude (plus de 1 500 m) ? Sachez qu'il y a des précautions à prendre ainsi que des règles à suivre. Plus vous montez haut, au-dessus du niveau de la mer, moins vous trouvez d'oxygène à respirer. Tout le monde est susceptible de développer une forme de mal de l'altitude. Il n'y a aucun rapport entre la forme physique ou l'âge de la personne et la sensibilité au mal des montagnes.

Cependant, tout le monde n'en souffre pas nécessairement; les effets de l'altitude varient d'une personne à l'autre. Certaines personnes s'adaptent plus facilement que d'autres à la diminution d'oxygène dans l'air. Mais il demeure un fait incontournable: plus la personne monte haut et plus elle monte vite, plus grands sont les risques de développer le mal de l'altitude. Plutôt rares en deçà de 2 000 m, les symptômes associés au mal des montagnes commencent à se manifester vers une altitude de 2 500 m. Ils peuvent se comparer à un lendemain de veille: maux de cœur, perte d'appétit, étourdissements, maux de tête. En bonus viennent l'insomnie, la lassitude et l'essoufflement. Ces symptômes surviennent habituellement dans les dix à vingt-quatre heures suivant l'arrivée à une nouvelle altitude. Ces désagréments s'amenuisent habituellement après trois jours à la même altitude. Par contre, l'essoufflement ne diminue pas beaucoup.

Si, après trois jours, les symptômes désagréables ne s'estompent pas ou, pis encore, s'ils augmentent, vous devez absolument descendre à une altitude moindre, jusqu'à ce que vous vous sentiez bien. Si vous ne le faites pas, vous pourriez développer un œdème pulmonaire de haute altitude (OPHA) ou un œdème cérébral de haute altitude (OCHA), tous deux responsables de la majorité des décès en haute montagne. Les œdèmes se développent au-dessus de 2 500 m d'altitude.

L'œdème pulmonaire de haute altitude se développe entre un et trois jours après une ascension rapide au-delà de 2 500 m. Dans ce cas, le fluide pulmonaire s'accumule plus rapidement qu'il ne s'évacue; c'est un peu comme si la personne atteinte était en train de se noyer. Le malade devient si haletant qu'il lui est pratiquement impossible de respirer normalement, même à la suite d'un repos prolongé. Il se manifeste d'abord par une toux sèche évoluant vers une toux grasse caractérisée par des crachats rosés, voire sanguinolents. Il s'ensuit une détresse respiratoire évoluant rapidement. Si vous présentez de tels symptômes, il faut immédiatement descendre à une moindre altitude, même si c'est le milieu de la nuit.

L'œdème cérébral de haute altitude provoque, pour sa part, un gonflement du cerveau qui peut se traduire par un coma et un décès, et ce, en quelques heures seulement. Les premiers signes sont : des maux de tête carabinés, presque insupportables, un état de confusion générale et des hallucinations, ainsi que des titubations et des trébuchements. Toute personne souffrant d'un OCHA doit immédiatement redescendre à une altitude plus basse afin d'éviter des conséquences plus graves. Il s'agit d'une urgence médicale, car s'il n'est pas traité, un œdème cérébral est mortel. Les gens qui grimpent trop rapidement à une trop haute altitude en sont les principales victimes.

PÉROU/ EXPÉDITION SUR L'ALPAMAYO | **1996** | MICHEL_34 ANS

Camp I (4700 m). La montagne est perdue, pour une deuxième journée d'affilée, dans un nuage de neige et de brouillard. Vers la fin de la nuit, Mike s'est réveillé dans une sorte de délire hallucinatoire causé par le mal de l'altitude. Au petit matin, il a commencé sa descente. Il n'est plus question de continuer. Éric démontera le camp pendant que je monterai au col chercher l'équipement et la nourriture qui y avaient été déposés. Nous rejoindrons Mike au camp inférieur. Des regrets... pas vraiment. Nous sommes venus ici pour vivre de beaux moments et contribuer à renforcer une grande amitié, pas pour aller chercher un sommet à tout prix. L'Alpamayo n'était qu'un prétexte.

La prévention en altitude

Si vous prévoyez grimper à plus de 2500 m, vous devez vous soumettre aux mêmes règles de prévention que les alpinistes expérimentés. La méthode la plus sûre demeure l'ascension progressive, c'est-à-dire que vous devez éviter une ascension trop rapide. D'abord, passez deux nuits à une même altitude entre 2000 et 3000 m avant de poursuivre votre ascension. Ensuite, restez vingt-quatre heures au même endroit à chaque gain de 600 m d'altitude, si vous désirez poursuivre l'ascension. Si un membre du groupe a des symptômes inquiétants de développement d'un œdème, il doit redescendre immédiatement à une altitude inférieure. Des excursions d'une journée à une altitude supérieure suivies d'un retour à une altitude inférieure pour la nuit facilitent grandement l'acclimatation.

L'acclimatation est le processus par lequel les alpinistes ou marcheurs s'adaptent graduellement à l'hypoxie (une diminution de la quantité d'oxygène dans les tissus). L'exercice modéré favorise l'acclimatation, mais un exercice intense doit être évité.

Vous pouvez, lors de l'apparition de symptômes désagréables de l'altitude, prendre du *Diamox*. Ce médicament, disponible sur ordonnance seulement, améliore votre sommeil puisqu'il équilibre au niveau des reins la source complexe de vos symptômes. Le Diamox est particulièrement conseillé si vous prévoyez une ascension rapide à 3000 m et plus (altitude à laquelle on couchera) en moins de vingt-quatre heures.

Par exemple, à Lhassa, au Tibet où à La Paz, en Bolivie, vous atterrissez en avion directement à 3500 m d'altitude. Vous ne pouvez donc pas bénéficier de l'acclimatation et de l'adaptation graduelle à l'hypoxie. Le *Diamox* est contre-indiqué pour les femmes enceintes ou allaitantes et les personnes diabétiques. Les anti-inflammatoires et l'acétaminophène (*Advil*, *Motrin*, *Tylenol*) réduisent aussi efficacement les maux de tête et le *Gravol*, la nausée. En revanche, si vous avez déjà expérimenté l'altitude sans aucun problème, la médication préventive n'est pas indiquée.

ARGENTINE/ EXPÉDITION SUR L'ACONCAGUA | **1999** | MICHEL_37 ANS

Jour 7. C'est jour de repos au camp de base, aujourd'hui. Nous en avons besoin. Je n'oublie pas qu'hier en montant j'ai vu redescendre un grimpeur mort dans un traîneau. Selon les dires des deux Russes, il avait atteint le sommet mais était mort d'hypothermie en descendant. La montagne est forte.

Le sommeil est souvent perturbé en haute altitude. À une altitude d'environ 3000 m, certaines personnes auront un sommeil de mauvaise qualité, alors que la majorité des personnes qui dorment à plus de 4300 m présenteront des troubles marqués du sommeil.

CONSEIL

EN ALTITUDE, PROTÉGEZ VOS YEUX. La pénétration des rayons ultraviolets (UV) augmente d'environ 4 % pour chaque gain de 300 m d'altitude. Les UV qui sont reflétés sur la neige peuvent causer le cancer de la peau, l'ophtalmie des neiges, la kératite et différentes lésions à la cornée.

Le rein est l'organe le plus important dans l'acclimatation en haute altitude. Il permet de mieux s'acclimater par un processus complexe dans lequel la perte d'urine est accrue. Il faut boire plus que d'habitude, d'autant plus que le *Diamox*, qui agit aussi comme un diurétique, vous fait perdre à son tour davantage de fluides.

PRUDENCE

NE SOUS-ESTIMEZ PAS non plus le froid de la montagne. La température chute en moyenne de 6,5 °C tous les 1000 m et la combinaison du froid et de l'hypoxie accroît le risque de gelures et de troubles liés à l'altitude.

LES MALADIES CAUSÉES PAR DES PLAIES INFECTÉES

QUE FAIRE EN CAS DE BLESSURES MINEURES?

Pour les blessures mineures et les égratignures, faites comme à la maison: nettoyez-les avec un savon doux et de l'eau propre, appliquez une pommade antibiotique (de type *Polysporin* ou *Bactroban*) et couvrez-les avec un pansement, même s'il ne s'agit que d'égratignures. Si la blessure s'infecte un peu, verser un peu de peroxyde sur la plaie.

Le plus important, dans le traitement des égratignures, comme pour les coupures, est le nettoyage et ensuite de garder la blessure loin de toute saleté. Vous n'auriez peut-être pas pensé à couvrir certaines égratignures bénignes si vous étiez à la maison. En voyage, ne prenez aucun risque. Couvrez toutes les égratignures, même si elles sont toutes petites.

Si le blessé fait de la fièvre, qu'il y a un écoulement de pus, une rougeur, une enflure ou une sensation de chaleur autour de la blessure, c'est qu'il y a infection. Si vous constatez un de ces signes, consultez un médecin. Sachez que certaines coupures mineures, surtout au visage et au cuir chevelu, peuvent saigner abondamment, car les vaisseaux sont particulièrement nombreux dans ces régions. Après avoir stoppé le saignement, examinez bien la coupure pour déterminer si vous devez consulter un médecin.

Vous devez faire examiner la coupure par un professionnel de la santé lorsque la plaie est profonde (les médecins attachent plus d'importance à la profondeur d'une plaie qu'à sa longueur), lorsqu'elle expose le tissu musculaire (rouge) ou adipeux (jaunâtre), si elle reste ouverte lorsque vous ne retenez pas ses bords, si elle se trouve sur une articulation ou à un endroit où la guérison peut être difficile. Des points de suture peuvent être nécessaires pour maintenir la plaie fermée ou lorsque les bords de la plaie sont inégaux.

Si la coupure est importante mais pas au point de faire faire des points de suture par un médecin, utilisez les sutures cutanées *Steri-strip* (voir chap. 2, « La trousse médicale du voyageur », page 143), que vous aurez apportées dans votre trousse médicale pour tenir la peau bien en place durant la guérison. Attention : lavez bien vos mains avant d'approcher la plaie et de poser les *Steri-strip*. Vous prendrez la précaution de couvrir la plaie suturée le jour avec une compresse stérile pour la protéger des saletés ou du sable. Pendant la nuit, découvrez-la.

QUE FAIRE EN CAS DE MORSURE ?

Il faut consulter un médecin pour une morsure. Méfiez-vous de tous les animaux que vous ne connaissez pas. Restez très vigilant si vous êtes à proximité de chiens, de singes, de chats, de ratons laveurs, de chauves-souris et autres animaux de ce genre.

Si le pire devait advenir, lavez immédiatement la plaie avec de l'eau et du savon pendant plusieurs minutes. Ce simple geste peut réduire de 90 % le risque de développer la rage. Sur place, un vétérinaire ou un médecin peut vous renseigner sur les animaux de sa région particulièrement infestés par le virus, puis consultez un médecin.

LA RAGE

La rage est une maladie mortelle causée par un virus qui s'attaque au système nerveux central des animaux à sang chaud (les mammifères). Une fois les symptômes apparus, la rage est mortelle chez les animaux. Chez les humains, elle peut également l'être si elle n'est pas traitée.

La rage est transmise lorsque la salive d'animaux infectés entre en contact avec une plaie, même petite, par exemple lors d'une morsure ou de contacts avec les muqueuses de la bouche, du nez ou des yeux. Par conséquent, même le léchage est à proscrire.

Tous les mammifères sont susceptibles d'avoir la rage et ils peuvent être contagieux pendant plusieurs jours sans même présenter aucun des symptômes cliniques de la maladie. Ce sont les animaux sauvages qui présentent le risque le plus élevé d'avoir la rage. Il faut savoir que chaque région géographique a son vecteur préférentiel: loup au Moyen-Orient, chacal en Afrique, mangouste en Afrique du Sud, renard, mouffette, raton laveur et chauve-souris en Amérique du Nord. En Europe, la rage est transmise essentiellement par le renard.

Premiers soins : le meilleur mécanisme de protection consiste à éliminer le virus de la rage au siège de l'infection en lavant et en rinçant la plaie à fond avec de l'eau et du savon pendant plusieurs minutes. Ce simple geste peut réduire de 90 % le risque de développer la rage. Après avoir bien irrigué la plaie, il faut appliquer de l'éthanol à 70 %, de l'iode (en teinture ou en solution aqueuse) ou de la povidone iodée. Il est recommandé de ne pas suturer la plaie tout de suite (attendre quarante-huit heures) pour pouvoir faire d'autres applications des produits mentionnés ci-dessus.

Sur place, un vétérinaire ou un médecin peut vous renseigner sur les animaux de sa région particulièrement infestés par le virus.

LE TÉTANOS

Le tétanos est une maladie musculaire sévère. Le tétanos n'est pas contagieux d'une personne à une autre, il ne s'attrape que par le contact d'une plaie ouverte avec la toxine de la bactérie tétanique qui se trouve dans la terre, la poussière, les selles d'humains et d'animaux et la rouille. L'infection s'acquiert plus facilement lors d'une blessure pénétrante, comme un clou ou une morsure par exemple, à cause de la difficulté de la nettoyer en profondeur. Le tétanos peut causer la mort dans 30 % des cas.

La personne atteinte ressentira une augmentation du tonus musculaire et des spasmes généralisés, une contracture des muscles de la mâchoire, de la difficulté à manger et parfois à avaler, de la raideur, des douleurs au cou et aux muscles le long de la colonne vertébrale.

Le tétanos est encore bien présent dans le monde. C'est essentiellement dans les régions rurales et chaudes que la maladie survient pendant les mois d'été.

Pour s'en prémunir, la vaccination est le seul moyen, même après une blessure. En cas de plaie, rendez-vous à l'hôpital ou chez un médecin qui pratiquera une injection antitétanique.

LES MALADIES CAUSÉES PAR L'EAU ET LA NOURRITURE

LA GASTROENTÉRITE

La gastroentérite est une inflammation simultanée des muqueuses de l'estomac et de l'intestin. Soixante-dix pour cent des cas sont dus à des aliments contaminés par la bactérie *E. coli*. Les parasites et les virus peuvent être d'autres causes cependant moins fréquentes de maladie gastro-intestinales. La gastroentérite est très contagieuse pour les aidants qui seront en contact avec les vomissures ou les excréments du malade. La prévention consiste, une fois de plus, essentiellement à se laver les mains encore et encore. Une personne atteinte de la gastroentérite aura de l'inconfort durant cinq à quarante-huit heures.

Les symptômes de la gastroentérite s'apparentent à bien des virus et empoisonnements de toutes sortes. Si les inconforts persistent ou augmentent au-delà de 48 heures, si la fièvre monte sans cesse, si vous avez des étourdissements ou s'il y a du pus, du mucus ou du sang dans vos selles, ce n'est certainement pas de la gastroentérite dont vous souffrez.

LES INTOXICATIONS ALIMENTAIRES

Si un membre du groupe vomit à répétition, qu'il a des douleurs abdominales mais ne fait pas de fièvre et que vous doutez de la qualité de la nourriture que vous avez mangée plus tôt, il faut suspecter une intoxication alimentaire. Dans ce cas, le charbon végétal activé est tout indiqué. Je vous suggère de prendre deux capsules et de répéter la dose une ou deux fois pendant la journée ou la nuit. Plus ce produit est administré rapidement, plus il sera efficace. Normalement, les symptômes vont persister de une à quatre heures et diminuer ensuite. Par contre, si les symptômes s'aggravent dans les heures qui suivent la prise de charbon végétal activé, il faut voir un médecin ou aller à l'hôpital le plus rapidement possible. Le charbon végétal activé est contre-indiqué si la personne est sous médication (contraceptifs oraux, médicaments antipaludiques, antibiotiques), mais en fonction de la gravité des symptômes, il est parfois préférable d'altérer l'efficacité de sa médication pour une journée ou deux afin de pouvoir se débarrasser d'une intoxication virulente. Le charbon végétal activé provoque parfois de la constipation, dans 15 % des cas. Après l'ingestion de ce produit, il est normal d'avoir des selles presque noires.

Ce produit peut aussi être administré en prévention si vous avez des doutes sur la qualité de la nourriture, pour annihiler les effets de l'alcool, pour soulager une gastroentérite ou pour régulariser les fonctions intestinales. Ce produit va jusqu'à contrecarrer les effets des piqûres d'abeilles, d'araignées et d'anémones de mer.

PRUDENCE :!

IL EST TRÈS DANGEREUX D'INHALER du charbon végétal activé en poudre par les voies nasales ou la bouche. En effet, ce produit est très nocif s'il se retrouve dans les poumons. N'ouvrez pas les capsules, sauf si vous préférez mélanger le charbon avec un peu d'eau et boire le médicament au lieu d'avaler la capsule.

LA DYSENTERIE

La dysenterie est une douloureuse infection intestinale généralement provoquée par des parasites ou des bactéries. Cette maladie survient la plupart du temps lorsque vous mangez des aliments contaminés avec des matières fécales humaines... sans le savoir bien entendu !

Les symptômes de la dysenterie se manifestent dans les quatre jours après la contamination. La maladie commence par de la fièvre, des nausées, des vomissements, des crampes abdominales, des étourdissements et des diarrhées. Les symptômes ressemblent beaucoup à ceux de la gastroentérite dans les quarante-huit premières heures. Si les inconforts persistent ou augmentent au-delà de ce délai ou s'il y a du pus, du mucus ou du sang dans vos selles, la dysenterie est à suspecter en tout premier lieu et il faut consulter un médecin.

Une dysenterie peut provoquer une déshydratation rapide. Elle se manifeste par une extrême sécheresse de la bouche, un renfoncement des yeux et une pâleur de la peau. Le malade aura soif, sera agité, irritable et pourrait être léthargique.

La dysenterie se prévient par une hygiène personnelle stricte et se soigne avec des antibiotiques.

LA FIÈVRE TYPHOÏDE

La fièvre typhoïde s'attrape par le biais d'une nourriture et d'une eau contaminées infectées par la bactérie *salmonella typhi*.

La typhoïde se manifeste par une forte fièvre, une perte d'appétit, des frissons, des maux de tête sévères et des douleurs musculaires et articulaires généralisées. Les symptômes apparaissent généralement une ou deux semaines après l'infection.

La prévention de la fièvre typhoïde consiste essentiellement à éviter les aliments et l'eau contaminés. Les règles de base concernant la nourriture et l'eau s'appliquent. (voir chap. 4, « Les règles de base », page 244) On peut traiter la fièvre typhoïde à l'aide d'antibiotiques. Le taux de décès est de moins de 1 % si un traitement par antibiotiques est instauré rapidement.

LE CHOLÉRA

Le choléra est une infection intestinale aiguë causée par la bactérie *vibrio cholerae*. Le début de la maladie est très brusque. On détecte la présence de cette maladie avec l'apparition soudaine d'une diarrhée aqueuse grave (habituellement accompagnée de vomissements), causant une déshydratation sévère. On contracte le choléra de façon directe par l'eau ou par des aliments contaminés ou de façon indirecte par l'exposition aux excréments ou aux vomissures d'une personne infectée. La période d'incubation du choléra varie de dix heures à cinq jours.

Le choléra est maintenant endémique à presque toute l'Afrique. En 1991, il est apparu en Amérique latine, après plus d'un siècle d'absence. En moins d'un an, la maladie s'est propagée dans onze pays et, depuis, s'est étendue à tout le continent. Toutefois, même dans un pays où la situation est endémique, la plupart des voyageurs courent très peu de risques de contracter la maladie. Seulement deux voyageurs sur un million contractent le choléra dans les régions où il est endémique.

La détection et le traitement précoce de la maladie augmentent les chances de guérison. La réhydratation est le principal traitement et consiste à remplacer l'eau et les sels perdus lors des vomissements et des diarrhées. Dans les cas les plus graves, on pourra administrer un antibiotique efficace pour diminuer la diarrhée.

PETITE PAUSE... HISTOIRE DE SOUFFLER UN PEU

Mais qu'est-ce qu'il y en a de ces fichues maladies ! C'est à vous donner le goût d'aller revisiter Val-d'Or et Sainte-Eulalie !

Mise au point importante : ces informations, rassemblées ici, ne sont pas là pour vous donner le goût de jouer au docteur ou pour vous faire croire qu'une fois sur la route vous pourrez vous passer des services d'un médecin. Le seul but de ce chapitre est de vous donner les connaissances pour mieux détecter la maladie et ainsi être à même de pouvoir réagir plus rapidement en cas de problème de santé. Mieux renseigné, vous pourrez plus facilement communiquer avec le médecin. Mieux renseigné, vous comprendrez plus rapidement ce que le médecin vous explique… dans une langue étrangère.

Loin de nous l'idée de faire de vous un spécialiste. En cas de doute, il n'y a pas de risque à prendre, il faut consulter un médecin. À Bali, dans notre petit bungalow sur le bord de la mer, je me suis mis à faire de la forte fièvre et ma gorge était en feu. Marie-Chantal et moi avions déjà une très bonne idée du mal dont je souffrais avant même d'appeler le médecin. Il nous a confirmé, après examen, que j'avais une grosse laryngite, comme nous le pensions, et nous a donné le feu vert pour que je prenne l'antibiotique à large spectre prescrit par notre médecin avant le départ. Il trouvait cet antibiotique supérieur en qualité à ceux que nous pouvions nous procurer sur place. La communication fut aisée et nos questions bien préparées.

Le mot d'ordre avec la maladie est de mieux connaître pour mieux anticiper et mieux prévenir. Avant de poursuivre, je vous rappelle une fois de plus que dans 95 % de vos voyages vous n'aurez pas à utiliser ces connaissances. Soyez zen.

SRI LANKA/NUWARA ELIYA | **2002** | MICHEL_40 ANS

La grande tortue remonte des profondeurs pour venir pondre ses œufs.

Le bel éléphant traverse la jungle en quête de nourriture.

La feuille vert lime de frangipanier soupire d'aise sous la pluie.

Et toi, les yeux tournés vers le ciel, tu regardes la nuit.

L'arbre à thé s'accroche aux pentes arides des collines escarpées.

La grande vague bleue vient mourir sur la plage de sable fin.

La terre fait un tour sur elle-même.

Et toi, les yeux tournés vers le ciel, tu regardes les flocons de neige tourbillonner dans l'azur.

Et ce faisant, malgré toi, tu participes à faire tourner la grande roue de la vie.

Comment pourrait-il en être autrement ?

Tout l'univers habite en toi.

Fin de la pause. Allez, c'est reparti.

LES INSECTES PIQUEURS ET LEURS CONSÉQUENCES

QUELLES SONT CES « BIBITTES » QUI PIQUENT?

Habituellement, la plupart des guêpes, frelons, taons, abeilles, fourmis et autres hyménoptères s'occupent de leurs petites affaires sans déranger personne et laissent le sale boulot de protection contre les intrus aux individus de leur colonie spécialisés dans le domaine. Mais tous ces insectes se défendront s'ils sont dérangés pendant leur collecte de nourriture.

Il y a des douzaines d'espèces de tiques, de mouches noires, de mouches du sable, de punaises et de puces. Techniquement, aucun d'eux n'est venimeux, mais certains ont une salive qui peut irriter ou provoquer une réaction et d'autres peuvent transmettre des infections lors de leur morsure.

Certaines morsures de tiques peuvent provoquer une paralysie temporaire qui s'étend, si elles ne sont pas découvertes, dans les jours qui suivent. Les mites qui construisent leurs habitats près des êtres humains, telles que les acariens, ne mordent pas, mais il existe des mites d'oiseaux et d'animaux qui attaquent occasionnellement les humains et introduisent des larves sous la peau. Elles provoquent une réaction cutanée locale. Les larves provoquent une rougeur et une démangeaison (dermatite prurigineuse), alors que les mites adultes font une petite morsure qui irrite généralement après quelques heures ou quelques jours. Vous courrez plus de risques d'être mordu par des mites si vous êtes en contact avec des oiseaux vivants ou des volailles, des porcs, des lapins, des chats ou des chiens (en particulier les chiots), des graines, de la paille ou du foin.

L'aspirine, les antihistaminiques et la lotion calamine peuvent être efficaces pour réduire les inconforts. L'application d'un paquet de glaçons pour empêcher la propagation du venin et l'application d'une pâte de bicarbonate de soude et d'eau peut également être efficace pour soulager le gonflement.

Pour éloigner le plus possible les petites « bibittes », portez des vêtements longs couvrant le plus de peau possible et de couleur claire (les moustiques sont attirés par les couleurs sombres) ainsi que des bas et des souliers. Et finalement, troquer votre parfum à odeur de fleur contre un antimoustique à l'odeur de *Deet* ! (voir chap. 2, « Les antimoustiques », page 153)

Les puces de lit peuvent aussi être une nuisance. Nous en avons connu un épisode au Sri Lanka. Nous dormions dans un charmant petit *guest house* près de la plage d'Hikkaduwa. Malheureusement, les lits étaient infestés de puces. Dans le cas de Marie-Chantal, les morsures de puces ne lui font aucun effet. Par contre, j'en étais très affecté. J'étais couvert de petits points rouges qui me démangeaient. Pour contrer le problème, nous sortions les matelas dehors tous les jours en les exposant au soleil.

LE PALUDISME (MALARIA)

Le paludisme, mieux connu sous le nom de malaria, est transmis aux humains par la piqûre d'un moustique infecté. Il s'agit tout particulièrement de la femelle du moustique anophèle, un insecte qui pique pendant la soirée et la nuit. Le paludisme est endémique dans presque toute l'Afrique subsaharienne, et présent dans de nombreuses régions du Moyen-Orient, de l'Asie, de l'Océanie, d'Amérique centrale et du Sud, et dans certaines régions du Mexique.

Les symptômes du paludisme sont semblables à ceux de la grippe, ils causent donc fièvre, maux de tête violents, nausées et vomissements. Les tremblements et les spasmes musculaires sont aussi des symptômes fréquents. La gravité de la maladie varie selon l'espèce du parasite responsable de l'infection. Si vous êtes dans une région où sévit la malaria, un médecin local saura diagnostiquer rapidement la maladie. Même en cas de doute (seul un test sanguin peut confirmer l'infection), il vous administrera un médicament approprié parce qu'une intervention rapide augmente les chances de guérison complète.

INDE/GOA	1990	MARIE-CHANTAL_25 ANS

J'ai perdu connaissance en plein restaurant. Je mangeais mon déjeuner et, sans avertissement, je suis tombée en bas de ma chaise. Michel a eu toute la misère du monde à me ramener à la chambre, mes jambes ne voulaient plus me porter. Le proprio de l'hôtel a appelé un médecin pour nous. Il est arrivé une heure plus tard. J'étais très nerveuse, j'avais peur d'avoir la malaria. Il a regardé mes yeux avec une loupe et il m'a auscultée pendant une quinzaine de minutes. Il parlait bien anglais et me posait des questions précises. Il m'a finalement affirmé que je n'avais pas la malaria mais plutôt une dysenterie. Pour en savoir plus, il aurait fallu que je passe des tests à l'hôpital, mais le médecin ne trouvait pas cela nécessaire pour le moment. Il m'a donné des antibiotiques pour cinq jours. Il reviendra dans quelques jours pour voir si ça va mieux. Diète de riz et d'eau seulement...

Presque tous les cas de paludisme peuvent être guéris si l'infection est diagnostiquée rapidement et traitée de façon adéquate. La progression de l'infection peut parfois être très rapide et mener à la mort après trente-six à quarante-huit heures, dans certains cas. Si vous prenez déjà du *Malarone* une fois par jour en prévention, que vous suspectez faire une crise de malaria et que le médecin tarde à venir, prenez quatre comprimés la même journée avec des intervalles de trois ou quatre heures, avec beaucoup d'eau et un peu de nourriture, pendant trois jours. C'est, de toute façon, probablement le médicament que le médecin vous prescrira sur place. (voir chap. 2, « Protections contre le paludisme », page 161)

LA FIÈVRE DENGUE

La fièvre dengue est une maladie virale transmise par les piqûres de moustiques infectés. Le moustique vit surtout dans les zones urbaines et pique pendant la journée. La maladie a été signalée dans plus de cent pays. Elle se manifeste d'abord par des symptômes semblables à ceux d'une grippe, notamment des fièvres, des maux de tête, des douleurs musculaires et articulaires, des douleurs derrière les yeux et de légères éruptions cutanées. La fièvre est parfois si forte qu'elle provoque des convulsions et des hallucinations. La fièvre dure de trois à cinq jours, rarement plus de sept jours.

Bien que la maladie soit souvent peu sérieuse et de durée limitée, elle peut prendre une forme grave: la fièvre dengue hémorragique. Les symptômes de la dengue hémorragique sont notamment la perte d'appétit, les nausées, les douleurs abdominales intenses, les symptômes de choc et les saignements de nez ou sous la peau. Les personnes les plus à risque sont celles qui souffrent d'une deuxième infection ou d'une immunodéficience ou qui ont moins de 15 ans. La fièvre dengue hémorragique est parfois mortelle.

Il n'existe pas de vaccin ni aucun traitement spécifique contre le virus de la dengue. Le seul moyen de réduire le risque est de prendre des mesures de protection contre les piqûres d'insectes.

BALI/LEGIAN | 1992 | MARIE-CHANTAL_27 ANS

Notre copine américaine a déliré toute la journée et la nuit d'hier. Nous étions vraiment inquiets pour elle. Elle avait des hallucinations et ne nous reconnaissait pas. Nous avons essayé de nous relayer à son chevet pour que Tom puisse dormir un peu. Aujourd'hui, elle va mieux. Elle a marché un peu sur la plage en fin de journée. Le vent était bon. Le pire est derrière nous. Cette fièvre dengue fut bien intense, jamais je ne m'étais sentie aussi impuissante devant une personne malade. Il fallait que ça passe, et ça a passé.

LA FIÈVRE JAUNE

La fièvre jaune, transmise par la piqûre de diverses espèces de moustiques infectés, est une maladie virale aiguë de courte durée et de sévérité variable.

Un petit nombre de personnes infectées ne présentent aucun symptôme. S'ils apparaissent après une période d'incubation de trois à six jours, les symptômes varient d'une simple fièvre à une fièvre soudaine accompagnée de frissons, de maux de tête, de douleurs musculaires au dos, d'une perte d'appétit, de nausées et de vomissements. Dans certains cas graves, la fièvre jaune peut provoquer un état de choc, des hémorragies, le dysfonctionnement des organes, la jaunisse et la mort.

Il n'existe aucun traitement contre cette maladie. Les personnes atteintes ont 70 % de chance d'en survivre et les voyageurs qui sont décédés à la suite d'une fièvre jaune n'étaient pas vaccinés.

La vaccination est la plus importante mesure de prévention contre la fièvre jaune. Toutefois, ne négligez pas les antimoustiques (pour la peau et vos vêtements) ; ils permettront de réduire le risque d'exposition au virus.

Les moustiques qui propagent la fièvre jaune piquent de jour. Il est donc important de porter un antimoustique toute la journée dans les endroits à risque. Paradoxalement, dans ces mêmes régions sévit la malaria, qui est contractée par un moustique qui pique le soir et la nuit. Il est donc recommandé de s'enduire d'antimoustique 24 heures sur 24 !

LES MALADIES VIRALES

LA ROUGEOLE

La rougeole constitue l'une des principales causes de décès infantiles dans le monde et cette maladie est encore très courante dans les pays en développement. La présence de rougeole est confirmée par la présence d'une irritation cutanée généralisée durant plus de trois jours, accompagnée d'une fièvre et de l'un des symptômes suivants : toux, écoulement nasal ou les yeux rouges.

Il s'agit d'une maladie très contagieuse, dont le taux de mortalité est élevé, qui rend ses victimes vulnérables à d'autres infections et qui entraîne de graves complications. Dans les pays en développement, les enfants âgés de moins de cinq ans représentent la plus forte proportion de cas.

Les voyageurs adultes ont peu de risque d'attraper le virus à moins d'être en contact étroit avec un enfant infecté. De plus, la vaccination a permis une nette diminution de la maladie dans le monde.

LA DIPHTÉRIE

La diphtérie est une maladie infectieuse qui ressemble à un gros rhume. Elle se transmet d'une personne à une autre par l'intermédiaire des gouttelettes de salive qui sont émises de la gorge d'un malade lorsque celui-ci tousse ou éternue. La maladie est généralement localisée aux amygdales, au pharynx et au larynx. Elle cause souvent de graves problèmes de respiration et des dommages irréversibles aux nerfs. Une personne sur dix qui attrape la diphtérie en meurt.

La période d'incubation est généralement de deux à cinq jours. La maladie se traite avec l'administration d'antibiotiques appropriés. Ceux qui survivent à la diphtérie peuvent l'attraper de nouveau. Il faut donc quand même se faire vacciner pour être protégé.

LA MÉNINGITE

La méningite est une infection de l'enveloppe du cerveau et de la moelle épinière. Il existe deux types principaux de méningite : la méningite virale et la méningite bactérienne. Dans les deux cas, les symptômes sont très semblables de sorte que des examens médicaux sont nécessaires pour déterminer de quel type de méningite il s'agit.

Les symptômes les plus courants de la méningite sont : de violents maux de tête, une forte fièvre, des vomissements, une raideur de la nuque, de la douleur aux articulations, de la somnolence, de la confusion et une sensibilité à la lumière.

La méningite virale est la forme de méningite la plus fréquente et la moins grave. Les antibiotiques n'ont aucun effet et la presque totalité des personnes qui en sont atteintes se rétablissent entièrement sans aucun traitement. Par contre, la méningite bactérienne est une infection très grave. Elle peut être à l'origine de complications à long terme comme la surdité ou des lésions cérébrales et peut même provoquer la mort. Il faut intervenir immédiatement et administrer des antibiotiques.

La maladie se propage en toussant, en éternuant ou en s'embrassant. Attention aux verres, aux bouteilles d'eau, aux cannettes de boisson gazeuse et aux instruments musicaux que l'on met dans la bouche sans y penser. Cela fait partie des règles de base de la santé en voyage.

LA POLIOMYÉLITE

Il s'agit d'une maladie très contagieuse provoquée par un virus qui envahit le système nerveux. Il pénètre dans l'organisme par la bouche et se multiplie dans les intestins. Les symptômes initiaux sont souvent inexistants mais il peut y avoir de la fièvre, des maux de tête, des vomissements, une raideur de la nuque et des douleurs dans les membres. Le virus peut entraîner en quelques heures une paralysie irréversible (des jambes, en général) dans un cas sur deux cents. La polio affecte principalement les enfants de moins de cinq ans, mais les adultes peuvent aussi contracter la maladie.

Une personne peut être infectée en consommant de l'eau ou des aliments contaminés ou en ayant un contact direct avec les matières fécales d'un sujet infecté. La période d'incubation de la polio varie de quatre à trente-cinq jours.

LES HÉPATITES

L'HÉPATITE A (VHA)

L'hépatite A représente la forme d'hépatite virale la plus fréquente et c'est également la forme la plus bénigne. C'est une infection virale du foie qui se transmet principalement par l'eau, les aliments contaminés, les excréments humains et les pratiques sexuelles. Les mollusques, comme les huîtres et les moules, sont aussi parfois vecteurs du virus.

Le VHA a une période d'incubation de trois à cinq semaines. Ce qui donne amplement le temps à la personne infectée de transmettre le virus. La maladie apparaît dès le début sous le mode aigu avec des symptômes de type grippal: fièvre, mal de tête, courbatures, faiblesse, nausées, manque d'appétit, inconfort abdominal, jaunisse, foie sensible au toucher. La jaunisse se manifeste chez plus de la moitié des adultes. L'hépatite A peut donc souvent passer inaperçue. On peut croire qu'il s'agit d'un coup de froid, d'un gros rhume ou d'une grippe.

Il n'existe pas de traitement particulier si on a contracté l'hépatite A, mais on peut administrer un traitement pour contrer les symptômes (charbon végétal activé, acétaminophène, *Imodium*, *Pepto Bismol*...). La guérison survient spontanément au bout de deux à huit semaines mais chez certains, la maladie peut durer six mois. Sauf exception, il ne restera aucune séquelle. La guérison complète d'une infection au VHA confère aux personnes infectées une immunité à vie.

Le meilleur moyen de prévenir cette infection est de prendre des précautions relatives à l'eau et aux aliments. Les règles de base d'hygiène en voyage s'appliquent ici comme ailleurs.

L'HÉPATITE B (VHB)

L'hépatite B est une grave inflammation des tissus du foie causée par un virus qui se transmet par les sécrétions vaginales, le sperme, la salive, les plaies ouvertes, le lait maternel, les larmes et le sang contaminé. La contamination s'opère surtout par les voies sexuelles, par échange de seringues (usagers de drogue intraveineuse) ou par tout instrument servant à percer la peau (piercing, tatouages).

Les symptômes de la maladie sont d'abord grippaux: fièvre, perte d'appétit, mal de tête, courbatures, faiblesse. Ensuite, le malade va ressentir des douleurs abdominales dans la région du foie, des nausées, il aura une urine foncée (parfois presque noire), des selles pâles, et la personne atteinte contractera une jaunisse dans environ la moitié des cas. Les symptômes de l'hépatite B se manifestent d'habitude entre vingt-cinq et cent quatre-vingt jours après la contamination. L'hépatite B ne peut être transmise par la toux, les éternuements, l'eau, les aliments ou les contacts habituels.

L'HÉPATITE C (VHC)

L'hépatite C se contracte de la même façon que l'hépatite B, c'est-à-dire par échange de fluide.

Le VHC est un virus très puissant qui peut survivre très longtemps à l'extérieur du corps, même dans une quantité microscopique de sang. Les habitudes et pratiques qui vous mettent en contact de quelque façon que ce soit avec du sang, même en quantité minime, représentent des risques possibles de contamination.

Souvent, les symptômes n'apparaissent que très tard dans l'évolution de la maladie. Les symptômes ressemblent à ceux des autres hépatites : fatigue, jaunisse (la peau et le blanc des yeux prennent une couleur jaunâtre), enflure et douleurs abdominales, nausées, vomissements, sueurs nocturnes ou fièvres récurrentes inexpliquées.

Certaines personnes réussissent à se débarrasser du virus sans aucune séquelle. Cependant, la majorité restera infectée toute leur vie. Il n'existe ni vaccin ni remède contre l'hépatite C. La prévention est votre meilleur allié contre l'infection.

LISTE DE RAPPEL

ÉTAPE SANTÉ

Je suis sur la route.

Le sourire et la gentillesse d'un peuple peuvent aisément me faire oublier que l'imprudence ne paie pas. Au jour le jour donc, je garde ces quelques règles en tête :

» *J'adapte mon comportement en tenant compte au quotidien du degré de risque du pays dans lequel je voyage.*

» *Je ne mets jamais les mains sur mon visage et surtout pas dans la bouche.*

» *Je ne bois que de l'eau embouteillée ou qui a été traitée.*

» *Je soigne rapidement et convenablement les égratignures ou plaies pour éviter toute infection.*

» *Je me protège du soleil et des moustiques.*

» *Autant que possible, je ne touche pas aux animaux de la rue.*

» *Je prends du repos et tente d'avoir un sommeil de qualité.*

» *Je suis, tous les jours, les règles de base concernant la nourriture.*

CONCLUSION

LE RETOUR À LA MAISON

Le retour d'une grande aventure pourrait et même devrait être considéré comme une étape à part entière du voyage. Mettre la clé dans la serrure de sa porte pour pénétrer chez soi après une absence de plusieurs semaines, voire parfois de plusieurs mois, est un moment un peu étrange, chargé d'émotions quelquefois fort contradictoires. C'est la joie d'un retour sain et sauf à la maison, la peine de voir se terminer une grande aventure, la joie de revoir ceux qu'on aime et qui ont suivi notre périple à travers nos courriels et nos cartes postales, la peine du retour à la vie « normale » où tout est plus prévisible, la joie de se retrouver chez soi dans ses affaires, dans son lit. La peine des images perdues, des couchers de soleil, du sable du désert, des petites rues de pavés bordées de fleurs et des champs de tournesols, la joie d'une bonne bouffe maison préparée par sa mère ou des amis. La peine de ces rencontres perdues avec ces voyageurs venant de partout dans le monde, aux vécus si différents, la joie d'un retour à un emploi que l'on aime, la peine de la prévisible routine avec ses deux jours de congé tous les cinq jours et de ses deux semaines de vacances toutes les cinquante semaines.

GRÈCE/CRÊTE | **1985** | MICHEL_22 ANS

Demain, je serai à Québec et mon grand voyage sera derrière moi. « Lorsque j'avais 22 ans, je suis allé… » Je ne sais plus quoi écrire, j'ai la tête vide. Je voudrais saisir l'émotion du moment ; de ce retour après huit mois passés sur la route, mais je ne peux pas, il n'y a plus de mots dans ma tête, c'est vide. Je me retourne, je regarde en arrière, et je n'y suis plus. Je me réveille, je me cherche sur la route et, tout à coup, j'aperçois mon rêve au loin. « Lorsque j'avais 22 ans, je suis allé… » C'est moi ça.

On met beaucoup de temps et d'énergie à préparer un grand voyage, parfois bien des sacrifices auront dû être consentis pour nous permettre d'arriver à nos fins. Peut-être est-il normal, dans ces conditions, d'éprouver toutes sortes d'émotions au retour. Et puis un retour, c'est aussi la constatation un peu troublante que nos économies durement gagnées se sont envolées. Le spectre du retour au travail et la pensée de devoir tout recommencer si on veut repartir de nouveau nous habite.

Après la joie première d'être de retour chez soi, après avoir retrouvé ceux et celles qu'on aime, on a aussi vite fait de constater que bien peu de choses ont bougé dans la vie et le quotidien de nos proches, alors que, pour notre part, on revient transformé et grandi par l'expérience que l'on vient de vivre. Sur la route, nos sens sont en éveil comme jamais, ils sont hyperstimulés. On fait des rencontres, on rit, on pleure, on se décourage, on s'extasie. Dans notre quotidien, nous ne sommes pas soumis à ce flot d'émotions journalières.

Mais alors, mais alors, mais alors… la vie, dans son quotidien, serait-elle moche ? Vais-je vraiment être contraint de repartir à nouveau pour ressentir une fois de plus cette vibrante énergie qui m'a tant plu lorsque j'étais sur la route ? La réponse à ces questions est : non. Rassurez-vous, il est normal de ressentir une sorte de « blues » lorsqu'on réatterrit après un long séjour à l'étranger.

QUÉBEC	NOVEMBRE 1992	MICHEL_32 ANS

Retour de la Chine et de l'Indonésie

Content d'être de retour. J'aime ma réalité, ici à Montréal. Le jour se réveille tranquillement, des passants circulent maintenant dans cette froide matinée de novembre. J'ai l'impression de ne pas savoir quoi faire. Je me sens la tête pleine de vide. Le voyage prend encore toute la place. Attendons encore un peu avant de vendre la maison, de mettre le feu à l'auto et de faire une offre d'achat pour acquérir la Place Ville Marie, tout à coup que je n'aurais pas les idées complètement claires.

Revenir et reprendre où on a laissé n'est pas toujours facile. Donnez-vous les moyens de digérer votre aventure à votre rythme, en vous octroyant quelques jours de repos, si vous en avez la possibilité, pour vous remettre du décalage horaire et pour avoir la chance de reprendre contact en douceur avec la réalité de la vie quotidienne. Évitez, du moins, de rentrer au travail le lendemain d'une arrivée. Faites-vous ce cadeau.

Si vous le pouvez, également, demandez à des amis ou à la personne qui s'est occupée de votre maison en votre absence de passer faire une petite épicerie, les jours précédant votre retour, histoire de remplir le réfrigérateur vidé avant le départ. C'est drôlement agréable d'avoir un pain, du jus d'orange, un bout de fromage et du lait pour le café lorsqu'on se lève — quelquefois à 4 heures du matin à cause du décalage — le lendemain d'un retour à la maison. Vous apprécierez énormément.

QUÉBEC	AVRIL 2006	MICHEL_43 ANS

Retour de Marie-Chantal d'un voyage en Italie

Marie-Chantal est revenue avant-hier de son voyage en Italie. Ce matin, elle défait son sac à dos, range un peu et lave son linge de voyage. Ce faisant, elle revient un peu plus à la maison. C'est une façon de se réapproprier sa vie ici.

C'est étrange, mais une partie de nous ne revient pas en même temps que l'avion. Une partie de nous reste de l'autre côté alors que le corps, lui, est rentré au pays. C'est différent pour chaque voyage, pour chaque destination. Ça dépend aussi du temps que l'on a passé au loin ou de l'intensité de l'expérience vécue. Ça peut prendre quelquefois jusqu'à un mois pour être complètement revenu.

Chacun son rythme, chacun son blues du retour. Soyez à l'écoute de vos émotions et respectez-vous. Donnez-vous la permission d'être triste, un peu vide à l'intérieur, nostalgique. Donnez-vous la permission de trouver votre quotidien un peu insignifiant, votre vieille robe de chambre définitivement défraîchie. Écrivez quelques lignes dans votre journal de voyage, ça fait grand bien. Les jours ou les semaines qui suivent un retour sont souvent entourés d'un voile. C'est l'heure du bilan. Et si je n'aimais plus ce travail que je fais depuis trop longtemps ? Et si je réalisais que cette vie qui a été la mienne ces dix dernières années ne me convenait plus ? Questionnement, introspection vont souvent de pair avec le retour d'un grand voyage. Chose certaine, ce blues passe, il vous abandonnera dans quelques jours ou quelques semaines aussi simplement qu'il est venu.

Et puis, si ça ne passe pas, faites d'autres projets, rien de tel qu'un cerveau occupé à faire des projets pour chasser une torpeur trop envahissante.

Je termine sur cette petite mise en garde. Alors voilà... J'ai remarqué, pour moi-même mais aussi en échangeant avec d'autres amis voyageurs, que nos proches ne sont pas tous vraiment intéressés à nous entendre raconter nos aventures de long en large et à regarder, une par une, les quatre cents photos souvenirs de notre voyage, après avoir visionné le montage vidéo de cinq heures sur nos plus beaux moments. Soyez à l'écoute sur ce point et faites-vous désirer plutôt que d'imposer. Il est normal, qu'après un retour, on ait envie de tout dire, tout raconter. On sent que l'on déborde d'images et de souvenirs uniques et on veut les partager. Faites-le si vous ne pouvez pas vous en empêcher, mais à petites doses, à moins que quelqu'un vous signifie qu'il désire vraiment vous entendre raconter votre périple et qu'il tient absolument à voir vos photos ou votre vidéo. Habituellement, une question qui ressemble à ceci : « Pis ton voyage, comment c'était ? » demande une réponse d'environ dix minutes. Après cela, votre interlocuteur aura envie de changer de sujet. Alors, préparez-vous des résumés concis et bref, même si vous êtes parti six mois. De toute façon, vous ne voyagez pas pour les autres, mais bien pour vous-même. Vos images et vos souvenirs vous appartiennent. Ils seront dans votre tête toute votre vie. C'est ça votre plus belle récompense !

Finalement, le retour, dans l'ensemble, est un moment heureux. Prenez le temps de le vivre et permettez-vous de repasser dans votre tête les images qui vous ont touché. Imprimez-les sur votre disque dur cérébral pour pouvoir les ressortir et vous évader dans les moments d'ennui ! Les voyages, ça sert aussi à cela !

CONCLUSION

Respirez, tout ira bien !

Il ne nous reste plus qu'à vous souhaiter un bon voyage ! Partez confiant, sachant que vous avez fait le maximum avant le départ. Sur la route, demeurez ouvert et souple.

Que la paix soit avec vous ! Profitez-en bien et savourez chaque minute !

NOS PRINCIPAUX VOYAGES

1978	Marie-Chantal	Mexique	2 semaines
1980	Marie-Chantal	Porto Rico	2 semaines
1982	Marie-Chantal	Costa Rica (échange étudiant)	3 semaines
1982	Marie-Chantal	Canada (Toronto)	2 mois
1983	Marie-Chantal	Costa Rica	4 semaines
1983	Marie-Chantal	Canada (Gaspésie en moto)	4 semaines
1983-1984	Michel	Canada (Toronto)	8 mois
1985	Marie-Chantal	France (Paris)	4 semaines
1984-1985	Michel	Pays-Bas, France, Portugal, Espagne, Allemagne, Grèce, Maroc, Inde, Népal (Himalaya)	8 mois
1985	Michel	Canada (d'est en ouest en moto)	2 semaines
1985-1986	Michel	Canada (Vancouver)	8 mois
1986	Michel	États-Unis (d'ouest en est en moto)	2 semaines
1986	Marie-Chantal	France (Côte d'Azur) Italie (Ligurie)	4 semaines
1986	Michel	Maroc	3 semaines
1987	Michel	Thaïlande	4 semaines
1987	Marie-Chantal	Croisière Caraïbes	2 semaines
1988	Michel	Costa Rica	3 semaines
1988	Michel	Canada (Î.P.-É)	6 semaines
1988	Marie-Chantal	France, Suisse	3 semaines
1988	Marie-Chantal	États-Unis (en auto de Montréal à la Californie)	4 semaines
1989	Michel	Canada (Nunavik)	4 semaines
1989	Marie-Chantal	Tchécoslovaquie	2 semaines
1989-1990	Michel et Marie-Chantal	Inde, Népal	9 semaines
1990	Marie-Chantal	Finlande	2 semaines
1990	Michel	Canada (Nunavik)	4 semaines
1990-1991	Michel et Marie-Chantal	Thaïlande, Vietnam, Malaisie, Singapour	8 semaines
1992	Marie-Chantal	France, Belgique, Pays-Bas	3 semaines
1992	Michel et Marie-Chantal	Chine, Tibet, Bali	8 semaines
1993	Marie-Chantal	Italie, Grèce, Turquie	4 semaines
1994	Michel et Marie-Chantal	Rép. dominicaine	1 semaine
1994	Marie-Chantal	France (Paris)	1 semaine
1994	Marie-Chantal	Canada (Baie-James)	1 semaine
1995	Michel, Marie-Chantal et Rosemarie	États-Unis (Chicago)	1 semaine
1995	Marie-Chantal	Canada (Maritimes)	3 semaines

NOS PRINCIPAUX VOYAGES : SUITE

1995-1996	Michel, Marie-Chantal et Rosemarie	Népal	4 semaines
1996	Michel	Inde (sud)	4 semaines
1997	Marie-Chantal	Jamaïque	1 semaine
1997	Michel	Pérou	4 semaines
1997-1998	Michel, Marie-Chantal Rosemarie et Victoria	Myanmar	6 semaines
1999	Michel	Argentine, Chili	4 semaines
1999	Marie-Chantal, Rosemarie et Victoria	Mexique (Ixtapa)	1 semaine
1999	Michel, Marie-Chantal Rosemarie et Victoria	Canada (Gaspésie)	3 semaines
2000-2001	Michel, Marie-Chantal Rosemarie et Victoria	Mexique (Oaxaca, Chiapas, Yucatan)	6 semaines
2001	Michel	Bolivie	4 semaines
2002-2003	Michel, Marie-Chantal Rosemarie et Victoria	Sri Lanka	6 semaines
2004	Michel et Marie-Chantal	États-Unis (New York)	1 semaine
2004-2005	Michel, Marie-Chantal Rosemarie et Victoria	Inde (nord-ouest)	8 semaines
2005	Marie-Chantal	Espagne (Andalousie)	2 semaines
2006	Michel	Argentine (Patagonie)	4 semaines
2006	Michel	Canada (Rocheuses)	1 semaine
2006	Marie-Chantal et Rosemarie	Italie (côte Amalfitaine)	2 semaines
2006-2007	Michel, Marie-Chantal Rosemarie et Victoria	Tanzanie	6 semaines
2007	Marie-Chantal	Inde (Himachal Pradesh)	3 semaines
2007	Marie-Chantal	Inde (Garhwal, Ladakh, Cachemire)	4 semaines
2007	Marie-Chantal	Égypte	3 semaines

... ET LE RESTE DU MONDE !

Cet ouvrage a été composé en Bliss light 10/13,85
et achevé d'imprimer en septembre 2007 sur les presses
de Quebecor World Saint-Romuald, Canada.

Imprimé sur du papier Quebecor Enviro 100 % postconsommation,
traité sans chlore, accrédité Éco-Logo et fait à partir de biogaz.